# Fachrechnen für den jungen Bäcker/ die junge Bäckerin

## in Schule, Praxis und Prüfung

Von Nikolaus Bleimeir

Unter Mitarbeit
von Marianne Frößler und Barbara Hopfner

6., überarbeitete Auflage

PFANNEBERG

Bestell-Nr.: 04127

**Autoren**

Nikolaus Bleimeir

Unter Mitarbeit von Marianne Frößler und Barbara Hopfner

Das vorliegende Buch wurde auf der **Grundlage der neuen amtlichen Rechtschreibregeln** erstellt.

6. Auflage 2009

Druck 5 4 3 2

Alle Drucke derselben Auflage sind parallel einsetzbar, da sie bis auf die Behebung von Druckfehlern untereinander unverändert sind.

ISBN 978-3-8057-0611-7



Umschlaggestaltung: Druckhaus Arns GmbH, 42853 Remscheid
Layout, Grafiken, Satz: rkt, 42799 Leichlingen, rktypo.com
Druck: Media-Print Informationstechnologie, 33100 Paderborn

# Vorwort

Ziel war es, ein Fachrechenbuch zu gestalten, das das Interesse an beruflichem Rechnen wecken soll und mit dem Schüler auch wirklich gerne arbeiten werden.

Aus diesem Grunde mussten folgende Gesichtspunkte ganz besonders berücksichtigt werden:

- einfache und für den Schüler leicht verständliche Sprache,
- alle rechnerischen Problemstellungen aus der täglichen Praxis des Bäckers,
- zahlreiche Musteraufgaben, die den Rechenweg aufzeigen, ihn in Teilschritte zerlegen und die Lösung somit mühelos nachvollziehbar machen,
- zusätzliche Lösungshinweise und textliche Hilfestellungen für die Bearbeitung der reichlich bemessenen Übungsaufgaben,
- eingehende Erklärungen der beruflichen Fachbegriffe,
- Verzicht auf Randthemen, um den Blick auf das Wesentliche und Wichtige zu lenken,
- volle übereinstimmung mit den gültigen Lehrplänen als unabdingbare Voraussetzung für die Vorbereitung auf die Abschlussprüfung.

Die klare Gliederung, wo immer notwendig unterstützt von grafischen Darstellungen, sowie die nach steigendem Schwierigkeitsgrad geordneten Übungsaufgaben ermöglichen es dem Schüler, einzelne Abschnitte auch selbstständig zu erarbeiten und zu vertiefen. Wissenslücken aus der Hauptschule können mit den einleitenden Abschnitten rasch behoben werden.

Von dem Fachrechenbuch für den jungen Konditor von M. Frößler und B. Hopfner wurden die Kapitel 1, 2, 3, 9 und 13 mit entsprechenden Änderungen übernommen. Auch einzelne Übungsaufgaben entstammen diesem Rechenbuch, soweit die Lehrpläne inhaltlich völlig identisch sind.

Mit dem nun in 6. überarbeiteter Auflage vorliegenden Rechenbuch wird eine enge Verknüpfung zwischen Fachtheorie, Fachpraxis und beruflicher Ausbildung hergestellt, sodass aus dieser Einheit auch wiederum ein besseres Verständnis des Schülers für die Notwendigkeit des Rechnenmüssens erwächst. Dies ist gerade heute von besonderer Wichtigkeit.

Viel Erfolg

N. Bleimeir

Augsburg, im Winter 2008/09

# Inhaltsverzeichnis

# 1 Die vier Grundrechenarten

**Weshalb werden die vier Grundrechenarten wiederholt?**

Diese Frage werden Sie sich mit Sicherheit stellen. Der Taschenrechner ist doch ein billiges und nützliches Hilfsmittel.

Aber soll man seine Rechenfähigkeit von dem Funktionieren eines Taschenrechners abhängig machen?

Außerdem zeigt der berufliche Alltag des Bäckers, dass diese kleinen Rechner ohnehin nicht zweckmäßig sind, denn Sie können sich nicht laufend die Hände waschen, wenn eine Zutat zu berechnen ist.

In der Backstube hat deshalb das sichere Kopfrechnen und sicheres Beherrschen der Grundrechenarten Vorrang.

Deshalb erhalten Sie hier nochmal Gelegenheit, eventuell vorhandene Lücken zu schließen.

## 1.1 Die Addition (Das Zusammenzählen)

| **Regel** | **Summand** | **+** | **Summand** | **=** | **Wert der Summe**[1] |
|---|---|---|---|---|---|

**Beispiele**

| | |
|---|---|
| 1. Summand: | 54 |
| 2. Summand: | 36 |
| Wert der Summe: | 90 |

| | | | | |
|---|---|---|---|---|
| 54 | + | 36 | = | 90 |
| 3,7 | + | 2,95 + 2 | = | 8,65 |

**Merke:**
**Bei der Addition von zwei oder mehreren Summanden mit Einheiten (Benennungen, z.B. €, kg) werden nur die Zahlen addiert, die Einheit wird an das Ergebnis angefügt.**

### Schriftliches Addieren

Beim schriftlichen Addieren werden untereinander stehende Ziffern von hinten, also von rechts, beginnend addiert.

Von diesem Ergebnis wird nur der Wert der Einerstelle unter den Additionsstrich geschrieben (angeschrieben), die restlichen Ziffern als „gemerkt" unter die folgende Ziffernreihe als Fußnote gesetzt und dort mitverrechnet.

Beachten Sie, dass die Zahlen Kommastelle unter Kommastelle anzuordnen sind.

```
2704,89
   1,56
 763,45
1   1 2
-------
3469,90
```

[1] Lies: Summand plus Summand ist gleich Wert der Summe.

## Übungsaufgaben

**1** Rechengymnastik:

Addieren Sie die Zahlen der Spalten (= Zahlen untereinander) und die der Zeilen (= Zahlen nebeneinander) im Kopf.

| | G | H | I | J | K |
|---|---|---|---|---|---|
| A | 5 | 17 | 6 | 9 | 14 |
| B | 24 | 9 | 36 | 12 | 42 |
| C | 7 | 25 | 19 | 39 | 32 |
| D | 108 | 27 | 4 | 33 | 276 |
| E | 18 | 35 | 97 | 84 | 63 |
| F | 7 | 29 | 52 | 4 | 244 |

**2** Die Zahlenreihen sind senkrecht und waagerecht im Kopf zu addieren.

| | E | F | G | H |
|---|---|---|---|---|
| A | 1,2 | 6,7 | 11,4 | 0,5 |
| B | 1,4 | 2,2 | 5,75 | 6,3 |
| C | 8,0 | 3,2 | 7,5 | 9,16 |
| D | 6,1 | 5,8 | 4,250 | 7,04 |

**3** Die nachstehenden Beträge wurden im Laufe des Vormittags in die Ladenkassen eingetippt. Addieren Sie jeweils die Kasseneingänge und die Gesamtsumme.

Kasse 1: 5,34 €; 6,98 €; 5,60 €; 2,10 €; 7,45 €; 3,75 €
Kasse 2: 9,70 €; 7,90 €; 2,70 €; 1,85 €; 0,34 €; 9,45 €
Kasse 3: 17,20 €; 0,25 €; 0,95 €; 22,50 €; 3,40 €; 1,65 €;
Kasse 4: 18,80 €; 3,39 €; 0,90 €; 4,15 €; 20,10 €; 1,60 €;

**4** Wie schwer ist der Hefeteig, der nach dem folgenden Rezept hergestellt wird?

2500 g Mehl, 175 g Hefe, 320 g Zucker, 360 g Volleier (Eigelb + Eiklar), 325 g Butter, 38 g Salz und 1200 g Milch.

**5** Zur Herstellung von Christstollen wiegt der Lehrling folgende Zutaten ab:

3,500 kg Mehl, 245 g Hefe, 1750 g Milch, 35 g Salz, 1300 g Sultaninen, 550 g Korinthen, 455 g Mandeln, 70 g bittere Mandeln, 245 g Zitronat, 1400 g Butter und 350 g Puderzucker.

Wie viel g Teig werden verarbeitet?

## 1.2 Die Subtraktion (Das Abziehen)

| **Regel** | Minuend | – | Subtrahend | = | Wert der Differenz[1] |
|---|---|---|---|---|---|

**Beispiele**

| | |
|---|---|
| Minuend: | 75 |
| Subtrahend: | 18 |
| Wert der Differenz: | 57 |

| | | | | |
|---|---|---|---|---|
| 75 | – | 18 | = | 57 |
| 4,17 | – | 0,8 | = | 3,37 |

[1] Lies: Minuend minus Subtrahend ist gleich Wert der Differenz.

**Merke:**
**Bei der Subtraktion von Zahlen mit Einheiten (Benennungen, z.B. € , kg) werden nur die Zahlen subtrahiert, die Einheit wird an das Ergebnis angefügt.**

### Schriftliches Subtrahieren

Beim schriftlichen Subtrahieren sind die Zahlen Kommastelle unter Kommastelle anzuordnen. Es werden untereinanderstehende Ziffern von hinten, also von rechts, beginnend auf zwei unterschiedliche Arten miteinander verrechnet.

- Ist die Ziffer des Minuenden größer als die des Subtrahenden, so wird nur die Differenz unter den Subtraktionsstrich geschrieben (angeschrieben).
- Ist dagegen die Ziffer des Subtrahenden größer, so wird zu, Ziffer des Minuenden 10 addiert und dann die Differenz gebildet. Um die „geborgte" 10 wieder auszugleichen, wird zur nächsten Ziffer des Subtrahenden 1 addiert, die auch als Fußnote hingeschrieben wird.

```
  2508,41
–   29,36
    11 1
---------
  2479,05
```

## Übungsaufgaben

**1** Rechengymnastik

Subtrahieren Sie von den folgenden Beträgen 8,20 €:

10,00 €, 24,00 €, 13,70 €, 18,90 €, 19,70 €, 1000,00 €, 54,60 €, 32,45 €, 29,95 €.

**2** Addieren Sie die Beträge der Spalten und geben Sie dem Kunden auf einen 50-€-Schein heraus.

| A | B | C | D | E | F |
|---|---|---|---|---|---|
| 2,20 € | 0,60 € | 2,80 € | 25,00 € | 17,09 € | 0,85 € |
| 3,95 € | 1,20 € | 6,35 € | 0,65 € | 2,51 € | 6,25 € |
| 4,15 € | 9,65 € | 3,45 € | 1,75 € | 7,84 € | 8,71 € |
| 12,00 € | 7,30 € | 20,10 € | 7,90 € | 2,13 € | 15,62 € |

**3** Am Freitag wurden 180 Blätterteigtaschen gebacken. Davon erhielt eine Filiale 65, eine andere 45 und eine weitere 30. Im Café des Hauptgeschäftes wurden 15 Blätterteigtaschen verzehrt.

Wie viel Blätterteigtaschen wurden im Hauptgeschäft über den Ladentisch verkauft, wenn bei Ladenschluss noch 6 Stück übrig blieben?

**4** Berechnen Sie den abendlichen Kassenbestand.

| | |
|---|---|
| Kassenbestand morgens: | 50,78 € |
| Eingänge: | 25,40 €, 39,58 €, 100,27 €, 14,13 €, 9,22 €, 12,98 €, 67,33 €, 0,90 €, 1,55 €, 0,95 € |
| Auszahlungen: | 24,94 €, 16,30 €, 7,10 €, 3,25 €, 34,97 €, 0,75 € |

**5** Für die Herstellung von Früchtebrot nutzt eine Bäckerei ein Sonderangebot und kauft bereits im Juli 80 kg Trockenbirnen, 50 kg Feigen, 35 kg Orangeat, 40 kg Zitronat und 20 kg Datteln.

Beim späteren Abwiegen der Rezepturmengen wird festgestellt, dass nur noch 78,6 kg Trockenbirnen, 47,9 kg Feigen, 34,5 kg Orangeat, 39,1 kg Zitronat und 17,4 kg Datteln zur Verfügung stehen.

Wie viel kg beträgt der gesamte Wasserverlust, der durch zu lange Lagerung entstand?

**6** Für die Herstellung von verschiedenen Sorten Weihnachtsgebäck werden folgende Mengen Haselnüsse einer 25kg-Packung entnommen:

1,250 kg, 0,500 kg, 0,750 kg, 0,680 kg, 1,150 kg, 0,375 kg.

Ⓐ Wie viel kg Haselnüsse stehen noch zur Verfügung?

Ⓑ Nachdem noch einmal 3,5 kg Haselnüsse verarbeitet wurden, stellt der Bäcker fest, dass der verbliebene Vorrat schimmelt.

Berechnen Sie den Rest, der vernichtet werden muss.

**7** Für das Herstellen verschiedener Backwaren wiegt der Geselle folgende Mehl- und Zuckermengen ab:

Mehlmengen: 6,8 kg, 1,2 kg, 0,925 kg, 7,85 kg, 13,4 kg
Zuckermengen: 0,75 kg, 0,125 kg, 2,5 kg, 1,9 kg, 0,250 kg

Ⓐ Berechnen Sie die übrig bleibende Mehl- bzw. Zuckermenge, wenn ein Sack mit jeweils 50 kg gefüllt war.

Ⓑ Berechnen Sie die verbleibende Mehl- bzw. Zuckermenge, wenn zuvor bereits 17,6 kg Mehl und 19,5 kg Zucker verarbeitet wurden.

**8** Frau Fröhlich kauft folgende Waren ein:

1 Mischbrot für 2,85 €, 1 Toastbrot für 2,95 €, 1 Nusskranz für 3,35 € und einen halben Apfelkuchen für 8,30 €.

Sie bezahlt mit einem 50-€-Schein und erhält 22,55 € als Wechselgeld zurück.

Gibt es einen Grund zur Reklamation?

## 1.3 Die Multiplikation (Das Malnehmen)

| **Regel** | **Multiplikand** | · | **Multiplikator** | = | **Wert des Produkts**[1] |
|---|---|---|---|---|---|

**Beispiele**

Multiplikand: 5
Multiplikator: 127
Wert des Produkts: 635

| | | | | |
|---|---|---|---|---|
| 5 | · | 127 | = | 635 |
| 5 | · | 1,27 | = | 6,35 |
| 0,5 | · | 1,027 | = | 0,5135 |

[1] Lies: Multiplikand mal Multiplikator ist gleich Wert des Produkts.

### Schriftliches Multiplizieren

Beim schriftlichen Multiplizieren multipliziert man den Multiplikanden schrittweise mit den Ziffern des Multiplikators. Dabei beginnt man mit der Ziffer, die dem Malzeichen am nächsten steht, und schreibt die letzte Ziffer des Zwischenergebnisses genau darunter. Gleiches gilt für die anderen Ziffern.

**A**

**1. Rechenschritt**

```
32 · 25
───────
  64
```

**2. Rechenschritt**

```
32 · 25
───────
   64
+ 160
   1
───────
  800
```

**B**

**1. Rechenschritt**

```
6,9 · 0,01
──────────
    00
```

**2. Rechenschritt**

```
6,9 · 0,01
──────────
   00
    00
```

**3. Rechenschritt**

```
 *     * *
6,9 · 0,01
──────────
   00
    00
       69
─────────
       ***
   0,069
```

**Kurzfassung**

```
6,9 · 0,01
──────────
   00
     69
   ─────
  0,069
```

**Merke:**
**Im Endergebnis wird das Komma von hinten um so viele Stellen (***) eingerückt, wie Stellen im Multiplikator (**) und Multiplikand (*) insgesamt vorhanden sind.**
**Die vorhandenen Nullen sollten jeweils angeschrieben werden, um das Komma richtig einsetzen zu können.**
**Ist im Multiplikator die Ziffer Null enthalten, so können, wie in der Kurzfassung gezeigt, Teilmultiplikationen zusammengefasst werden. Da die Teilmultiplikation mit der Ziffer „Null" den Wert „Null" ergibt, kann dieser einfach angeschrieben oder an die vorhergehende Teilmultiplikation angehängt werden. Somit müssen weniger Teilmultiplikationen addiert werden.**

**C**

**1. Rechenschritt**

```
927 · 1.08
 000
```

**2. Rechenschritt**

```
927 · 1,08
 000
 7416
```

**3. Rechenschritt**

```
          **
927 · 1,08
 000
 7416
 1
─────
      **
1001,16
```

**Kurzfassung**

```
927 ·  1,08
 000
  7416
 ──────
1001,16
```

**Merke:**
**Beginnt der Multiptikator mit der Ziffer 1, so kann der sogenannte „Einser-Vorteil" zur Anwendung kommen. Hierbei entfällt die erste Multiplikation, da der Multiplikand als erste Teilmultiplikation verwendet wird (das Ergebnis der Multiplikation mit 1 ergibt ja die Zahl, die als Multiptikand bereits dasteht). Deshalb wird der Strich auch nicht ganz durchgezogen. Diese erste Zahl darf beim Addieren nicht vergessen werden.**

### Rechenhilfe

Bei der Multiplikation kann man den Wert des Multiplikators und den des Multiplikanden, also die Zahlen, beliebig vertauschen, um so Rechenvorteile auszunützen. Es ist zum Beispiel günstiger, die Zahl mit kleinen Ziffern als Multiplikator zu haben.

**Beispiel**

| | | |
|---|---|---|
| 121 · 876 | = | 876 · 121 |
| 121 · 876 | | 876 · 121 |
| 968 | | 1752 |
| 847 | | 876 |
| 726 | | **105996** |
| **105996** | | |

## Übungsaufgaben

**1** Rechengymnastik. Multiplizieren Sie (wenn möglich im Kopf) die Zahlen der Aufgaben A bis D mit 10, 2, 5, 4, 7, 9 und 12.

(A) 6 7 12 19 24

(B) 2,1 6,2 7,3 9,2 11,5

(C) 0, 1 0,08 1,04 0,05 3,07

(D) 5,06 0,07 0,00 7,5 20,6

**2** Zeigen Sie nun, dass Sie auch das schriftliche Multiplizieren beherrschen.

| (A) | (B) | (C) |
|---|---|---|
| 34,70 · 125 | 52,09 · 4,5 | 60,74 · 405 |
| 89,97 · 0,01 | 49,27 · 0,00159 | 89,51 · 27,009 |
| 10004,07 · 950 | 28,01 · 487 | 0,997 · 25,08 |
| 999,99 · 5,55 | 802,06 · 15,39 | 2005,002 · 0,008 |
| 90705,0 · 7,509 | 1,293 · 192,95 | 8449,51 · 5,4 |

**3** Meister Rau lässt einen Auszubildenden Zuaten für folgende Gebäcke vorbereiten:

a) Nussbeugel (je 4-fache Menge)
500 g Mehl, 40 g Eigelb, 80 g Zucker, 175 g Butter, 90 g Schmelzmargarine, 27 g Hefe, 45 g Wasser, 8 g Salz

Für die Füllung:
280 g Nüsse, 190 g Brösel, 120 g Marzipan, 90 g Eiweiß, 210 g Zucker, 75 g Milch

b) Nussknacker (1,5-fache Menge)
750 g Haselnüsse, 190 g Zucker, 85 g Honig, 110 g Butter, 90 g G lykose, 115 g Sahne

c) Krapfen (Berliner) (4,5-fache Menge)
1000 g Mehl, 550 g Milch, 125 g Zucker, 140 g Eier, 120 g Butter, 60 g Hefe, 15 g Salz

d) Sachertorte (6-fache Menge)
175 g Butter, 70 g Zucker (schaumig rühren)
160 g Eigelb, 125 g Mehl, 3 g Backpulver (in die Fettmasse einarbeiten)
170 g Kuvertüre (auflösen und zur Fettmasse)
240 g Eiweiß, 95 g Zucker, 85 g Mehl (Eischnee melieren)

(A) Berechnen Sie die Zutaten im Kopf und notieren Sie die Mengen.

(B) Welche Probe zur Oberprüfung der einzelnen Zutaten bietet sich an?

4 Der Meister kauft im Großhandel ein und erhält folgende Rechnung (inkl. MWSt.):

| Menge | Artikel | Einzelpreis | Betrag |
|---|---|---|---|
| 25 kg | Kuvertüre | 3,90 € | 97,50 € |
| 12,5 kg | Mandeln | 4,70 € | 58,75 € |
| 15 kg | Erdnussfett | 2,85 € | 48,75 € |
| 22,5 kg | Puderzucker | 1,10 € | 24,75 € |
| 5 Pakete | Gelatine | 19,50 € | 97,50 € |
| | | zu zahlender Betrag | **233,50 €** |

Jede Rechnung wird grundsätzlich überprüft.

Besteht bei dieser Rechnung ein Grund für eine Reklamation?

## 1.4 Die Division (Das Teilen)

| **Regel** | Dividend | : | Divisor | = | Wert des Quotienten[1] |
|---|---|---|---|---|---|

**Beispiele**

Dividend: 28
Divisor: 7
Wert des Quotienten: 4

| | | | | | |
|---|---|---|---|---|---|
| A | 28 | : | 7 | = | **4** |
| B | 43294 | : | 25 | = | **1731,76** |
| C | 43,294 | : | 25 | = | **1173176** |
| D | 43294 | : | 2,5 | = | **17317,6** |
| E | 4,3294 | : | 0,025 | = | **173,176** |

**Schriftliches Dividieren**

Beim Dividieren fasst man beim Dividenden von vorne beginnend so viele Ziffern zu einer Zahl zusammen (durch „⌒" kennzeichnen), dass der Divisor mindestens einmal darin enthalten ist (im Beispiel also 2 Ziffern).

Nun wird ermittelt, wie oft der Divisor in diese Zahl hineinpasst und das Ergebnis als erste Ziffer nach dem Gleichheitszeichen festgehalten (in unserem Beispiel ist also 25 in 43 1-mal enthalten).

Diese Ziffer, multipliziert mit dem Divisor, wird von der mit dem Bogen gekennzeichneten Zahl abgezogen. An die Differenz wird nun die nächste Ziffer des Dividenden angehängt („heruntergeholt").

Jetzt verfährt man wieder wie oben beschrieben.

Ist die neue Zahl nicht durch den Divisor teilbar, muss noch eine Ziffer heruntergeholt werden, auf der Ergebnisseite wird dies mit einer 0 vermerkt, da ja die zu kleine Zahl 0-mal durch den Divisor teilbar ist.

[1] Lies: Dividend geteilt durch Divisor ist gleich Wert des Quotienten.

zu B **Ausführliche Form**

```
 43294 : 25 = 1731,76
- 25
  1
 182
- 175
   1
   79
 - 75
    44
  - 25
    1
    190*
  - 175
     1
     150*
   - 150
     000
```

**Kurzform**

```
43294 : 25 = 1731,76
182
  79
   44
   190
    150
```

**Merke:**
**Geht das Ergebnis nicht auf, so muss mit einem Komma weitergerechnet werden. Vor dem Weiterrechnen muss nach jeder Subtraktion an die errechnete Differenz* eine Null angehängt werden.**

**Wendet man beim Dividieren die Kurzform an, so erfolgt die Multiplikation und Subtraktion im Kopf. Nur das notwendige Zwischenergebnis wird festgehalten.**

zu C

```
43,294 : 25 = 1,73176
182
  79
   44
   190
    150
```

**Merke:**
**Wird vom Dividenden die Ziffer nach dem Komma in die Rechenoperation mit einbezogen, muss gleichzeitig im Ergebnis ein Komma gesetzt werden.**

zu D 43294 : 2,5 | · 10

```
432940 : 25 = 17317,6
182
 79
  44
  190
   150
```

**Merke:**
**Befindet sich im Divisor ein Komma, muss sowohl der Dividend als auch der Divisor entsprechend der Kommastellen erweitert werden (1 Stelle · 10; 2 Stellen · 100 usw.).**

zu E 4,3294 0,025 = | · 1000

4329,4 : 25 = **173,176**
182
79
44
190
150

## Übungsaufgaben

1 Rechengymnastik: Teilen Sie folgende Zahlen

| | |
|---|---|
| (A) durch 10, 100, 2, 4 und 8: | 64 – 48 – 1,6 – 2,4 – 120 – 7,2 |
| (B) durch 10, 100, 5 und 3: | 45 – 6 – 15 – 0,75 – 10,5 – 350 |
| (C) durch 3, 4, 9 und 12: | 36 – 3,6 – 72 – 0,72 – 180 – 18 |

2 Zeigen Sie nun, dass Sie auch das schriftliche Dividieren beherrschen.

| | | |
|---|---|---|
| (A) 2325 : 25 | (E) 972,9 : 69 | (I) 80,2 : 0,47 |
| (B) 343 : 7 | (F) 267,9 : 47 | (J) 29,65 : 1,3 |
| (C) 684 : 57 | (G) 11,7 : 0,33 | (K) 998,71 : 64 |
| (D) 774,3 : 87 | (H) 24,9 : 0,07 | (L) 72,43 : 9,6 |

Teilen Sie, wenn notwendig, bis zur 3. Stelle hinter dem Komma.

3 Während einer Werbewoche kauft der Meister 8,5 kg Zitronat.
Wie viel Stollen kann er damit herstellen, wenn er für einen Stollen 0,125 kg Zitronat benötigt?

4 Stefan muss eine Quarkfüllung, die er zuvor angerührt hatte, auf 75 Quarktaschen verteilen.
Quarkfüllung: 1000 g Quark, 150 g Eier, 150 g Zucker, 50 g Krempulver, 225 g Milch.

Wie viel g Füllung werden auf jedes Teigstück gegeben?

5 Der Chef einer Bäckerei zahlt an seine 8 Mitarbeiter in der Backstube auf Grund seines 10jährigen Betriebsjubiläums zusammen 2856,00 €.
In der Backstube arbeiten ein Meister, drei Gesellen und vier Auszubildende.

Wie viel € bekommt jeder, wenn der Meister doppelt so viel wie ein Geselle und ein Auszubildender die Hälfte des Geldes eines Gesellen bekommen soll?

## 1.5 Übungsaufgaben zu den Grundrechenarten

1 Altdeutscher Sandkuchen kann nach dem „All-in-Verfahren" hergestellt werden. Das bedeutet, dass alle Zutaten zugewogen, d.h. nacheinander in einem Kessel auf die bereits vorhandenen Zutaten gewogen werden. Dieses Herstellungsverfahren stellt eine erhebliche Zeitersparnis für den Bäcker dar.
Rezept: 300 g Butter, 300 g Vollei, 300 g Zucker, 300 g Weizenpuder, Salz/Gewürze

Geben Sie jeweils das Gewicht an, das die Waage durch die Zugabe der einzelnen Zutaten anzeigt, wenn der Kessel 200 g wiegt.

❷ In einem Kupferkessel mit einem Gewicht von 1500 g soll der Auszubildende die Zutaten zu Florentiner-Röstmasse zuwiegen.

Rezept: 100 g Butter, 180 g Zucker, 70 g Honig, 35 g Glykose, 60 g Orangeat, 190 g Mandeln, 40 g Sahne, Salz, Zitrone

Ⓐ Welches Gewicht zeigt die Waage nach Zugabe jeder einzelnen Zutat an?

Ⓑ Wie viel g Röstmasse stehen zur Weiterverarbeitung zur Verfügung?

Ⓒ Wie viel Röstmasse wird pro Florentiner verarbeitet, wenn das Rezept 25 Stück ergibt?

❸ Bei der Herstellung von Plunderteig werden in 4200 g Hefeteig 1200 g Ziehfett eingezogen.

Ⓐ Aus der Hälfte des ausgerollten Teiges werden Dreiecke für 60 Nusshörnchen geschnitten. Wie schwer ist ein einzelnes Teigstück für ein Nusshörnchen?

Ⓑ Von der zweiten Hälfte des Teiges werden 30 Quadrate mit je 50 g Gewicht für Aprikosentaschen weggenommen. Wie viele Teigstücke kann man dann aus dem verbliebenen Teigrest noch ausschneiden,wenn eines 60 g wiegen soll?

❹ Im Maschinenkessel mit einem Leergewicht von 6250 g wird ein Ansatz aus 700 g Mehl, 125 g Hefe und 375 g Milch für Osterfladen bereitet.

Nach der Vorgabe hat der Auszubildende die restlichen Zutaten vorsichtig zuzuwiegen.

Restliche Zutaten: 1300 g Mehl, 250 g Butter, 250 g Kokosfett, 225 g Zucker, 20 g Salz, 150 g Vollei, 85 g Eigelb, 1125 g Sultaninen, 180 g Mandeln, 60 g Orangeat, 60 g Zitronat, 80 g Rum

Ⓐ Welchen Wert muss die Waage nach der Zugabe des Eigelbs anzeigen?

Ⓑ Welches Gewicht muss die Waage zum Schluss anzeigen?

Ⓒ Wie viel kg Teig muss der Auszubildende zu Osterfladen ausformen?

Ⓓ Wie viel Fladen zu je 830 g muss der Auszubildende aufarbeiten?

❺ Der Meister gibt Ihnen den Auftrag, die 7,5-fache Menge von folgendem Makronenrezept herzustellen.

500 g Marzipanrohmasse, 80 g Zucker, 80 g Eigelb, Gewürze

Rechnen Sie aus, welche Makronenmasse zur Verfügung steht, damit Sie den passenden Kessel wählen können.

❻ Meister Sirch will feststellen, wie viel Fondant beim Glacieren von Plunderstücken verbraucht werden. Bevor er mit dem Glacieren beginnt, wiegt der Topf einschließlich Fondant 2435 g. Nachdem der Meister 70 Gebäcke glasiert hat, zeigt die Waage noch 2120 g an.

Wie viel g Glasur wurden je Stück verbraucht?

❼ Von einem Mischbrotteig wurden abgewogen:

48 Teigstücke zu je 0,875 kg, 35 Teigstücke zu je 1,150 kg und 24 Teigstücke zu je 1,425 kg.

Es blieb ein Teigrest von 0,240 kg übrig.

Ⓐ Wie schwer war der gesamte Teig?

Ⓑ Wie viel kg Staubmehl wurde im Durchschnitt je Teigstück verbraucht, wenn anfangs 2,670 kg und am Ende nur noch 1,386 kg vorhanden waren?

Ⓒ Wie viele Teigstücke zu je 1700 g hätte man von dem gesamten Teig abwiegen können?

Berechnen Sie auch den Teigrest in kg.

# 2 Das Rechnen mit Rechenvorteilen

Die Fähigkeit, eine Aufgabe schnell im Kopf auszurechnen, ist keine Hexerei und erfordert auch keine außergewöhnliche Begabung. Sie wird erlangt durch häufiges Training.

Daneben gibt es einige Tricks, die das Kopfrechnen erleichtern.

Hier sind sie:

**Regeln**

| | | |
|---|---|---|
| $\cdot\ 10$ | ➡ | Kommaverschiebung um eine Stelle nach rechts |
| $\cdot\ 100$ | ➡ | Kommaverschiebung um zwei Stellen nach rechts |
| $:\ 10$ | ➡ | Kommaverschiebung um eine Stelle nach links |
| $:\ 100$ | ➡ | Kommaverschiebung um zwei Stellen nach links |
| $\cdot\ 9$ | ➡ | $10 \cdot$ Einzelgröße $- 1 \cdot$ Einzelgröße |
| $\cdot\ 99$ | ➡ | $100 \cdot$ Einzelgröße $- 1 \cdot$ Einzelgröße |
| $\cdot\ 25$ | ➡ | $100 \cdot$ Einzelgröße $: 4$, denn 25 ist $\frac{1}{4}$ von Hundert |
| $\cdot\ 75$ | ➡ | $\frac{100 \cdot \text{Einzelgröße} \cdot 3}{4}$, denn 75 ist $\frac{3}{4}$ von Hundert |
| $\cdot\ 125$ | ➡ | $100 \cdot$ Einzelgröße $+ \frac{1}{4}$ der Einzelgröße |

## Übungsaufgaben

**1** Rechengymnastik. Berechnen Sie im Kopf:

Ⓐ

| | | |
|---|---|---|
| 9 Eier | zu je | 0,14 € |
| 9 Stück Bienenstich | zu je | 1,10 € |
| 9 Stück Sachertorte | zu je | 1,90 € |
| 9 Stück Sandkuchen | zu je | 0,85 € |
| 9 Weihnachtsmänner | zu je | 5,20 € |
| 9 Stück Hefe | zu je | 0,14 € |
| 9 Stück Obstkuchen | zu je | 1,40 € |
| 9 Schachteln Pralinen | zu je | 11,20 € |

Ⓑ

| | | | |
|---|---|---|---|
| $99 \cdot 45$ | $99 \cdot 1{,}60$ | $99 \cdot 0{,}7$ | $99 \cdot 81$ |
| $99 \cdot 16{,}5$ | $99 \cdot 9{,}5$ | $99 \cdot 0{,}11$ | $99 \cdot 54$ |

Ⓒ

| | |
|---|---|
| 25 Stück Himbeerkuchen | zu je 1,80 € |
| 25 Stück Zwetschgenkuchen | zu je 1,70 € |
| 25 Tafeln Schokolade | zu je 0,90 € |
| 25 Marzipanfiguren | zu je 7,20 € |
| 25 Stück Nussbeugel | zu je 1,10 € |
| 25 Stück Plundertaschen | zu je 0,90 € |
| 25 Eisbecher | zu je 3,30 € |
| 25 Baiserschalen | zu je 0,60 € |

Ⓓ

| | | | |
|---|---|---|---|
| $75 \cdot 84$ | $75 \cdot 2{,}40$ | $75 \cdot 0{,}6$ | $75 \cdot 35$ |
| $75 \cdot 16{,}8$ | $75 \cdot 9{,}6$ | $75 \cdot 0{,}64$ | $75 \cdot 56$ |

(E) Wie viel Gramm Zucker müssen abgewogen werden, wenn die 16-fache Menge von 125 g benötigt wird?

(F)

| | | |
|---|---|---|
| 125 Stück Mohrenköpfe | zu je | 0,20 € |
| 125 Stück Eier | zu je | 0,14 € |
| 125 Beutel Bonbons | zu je | 1,60 € |
| 125 g Zucker | zu | 0,80 € je kg |
| 125 kg Zitronat | zu | 2,90 € je kg |
| 125 kg Mehl | zu | 0,34 € je kg |
| 125 kg Lebkuchen | zu je | 2,40 € |
| 125 Stück Dauergebäck | zu je | 1,80 € |

**2** Der Meister gibt beim Großhändler folgende Bestellung auf:

| | | |
|---|---|---|
| 125 kg Weizenmehl | zu je | 0,38 € |
| 125 kg Zucker | zu je | 0,78 € |
| 25 kg Marzipan | zu je | 3,90 € |
| 75 kg Auszugsmehl | zu je | 0,44 € |
| 25 kg Sultaninen | zu je | 2,40 € |

Hat der Meister richtig gerechnet, wenn er 327,50 € überweist?

**3** Ein Geschäftsmann möchte 9 guten Kunden zu Weihnachten jeweils den gleichen Geschenkkorb überreichen. Jedes Präsent besteht aus:

| | | |
|---|---|---|
| 1 Weidenkorb | zu | 8,40 € |
| 1 Weihnachtsmann | zu | 4,10 € |
| 1 Päckchen Pralinen | zu | 3,70 € |
| 1 Flasche Sekt | zu | 6,30 € |
| 1 Christstollen | zu | 12,40 € |
| 1 Beutel Plätzchen | zu | 4,90 € |

Wie viel EURO muss er bezahlen?

**4** Ein Krankenhaus bestellt:

| | | |
|---|---|---|
| 99 Apfeltaschen | zu je | 0,90 € |
| 99 Berliner | zu je | 0,70 € |
| 9 Schnecken | zu je | 0,60 € |
| 9 Florentiner | zu je | 1,05 € |
| 99 Amerikaner | zu je | 0,70 € |
| 99 Diabetikergebäcke | zu je | 2,80 € |

Wie viel EURO muss die Krankenhausverwaltung überweisen?

**5** Ihr Chef erteilt Ihnen den Auftrag, die 9-fache Menge der Zutaten von folgendem Brandteigrezept bereitzustellen.

250 g Wasser, 50 g Butter, 10 g Zucker, 150 g Mehl, 200 g Vollei, Salz

Wie viel Gramm der einzelnen Zutaten müssen abgewogen werden?

**6** Der Auszubildende Franz soll die 18-fache Menge des Grundrezeptes für Mürbeteig vorbereiten.

100 g Zucker, 200 g Butter, 300 g Mehl

(A) Welchen Rechenvorteil soll er nützen?

(B) Wieviel g muss er an Zutaten jeweils abwiegen?

# 3 Das Schätzen

Schätzen hilft Rechenfehler vermeiden.

Man erhält dadurch ein angenähertes Ergebnis, das für so genannte Überschlagsrechnungen oft zunächst ausreicht.

## Beispiele

**1. Multiplikation**

Rechenaufgabe 389,7 · 21 = **8183,7**

Schätzvorgang 390 · 20 = **7800** (im Kopf: 2 · 39 = 78 und 2 Nullen)

**2. Division**

Rechenaufgabe 2765,3 : 7,15 = **386,8**

Schätzvorgang 2800 : 7 = **400** (im Kopf: 28 : 7 = 4 und 2 Nullen)

**Merke:**

**Beim Schätzen werden die gleichen Rechenoperationen mit großzügig auf- oder abgerundeten Zahlen vollzogen.**

**Es sollen immer solche Zahlen gewählt werden, die es möglich machen, die Schätzaufgabe mühelos im Kopf zu lösen.**

## Übungsaufgaben

**1** Rechengymnastik. Ermitteln Sie das Schätzergebnis:

Ⓐ

| | | |
|---|---|---|
| 9,9 · 3,35 | 5,4 · 24,8 | 17,4 · 20,65 |
| 98 · 109 | 125 · 4,96 | 108 · 31,25 |
| 738 · 51,5 | 13,2 · 689 | 998 · 12,75 |
| 4,47 · 32,77 | 29,3 · 0,1 | 73,69 · 0,5 |
| 0,48 · 0,19 | 39,14 · 0,75 | 12678 · 48 |

Ⓑ

| | | |
|---|---|---|
| 9,8 : 3,33 | 24,65 : 6,48 | 25,14 : 4,98 |
| 32,9 : 7,6 | 55,35 : 8,17 | 81,4 : 8,81 |
| 61,7 : 14,9 | 419 : 71,6 | 108 : 11,5 |
| 362,1 : 5,5 | 728 : 9,1 | 9,4 : 0,25 |
| 42,96 : 0,3 | 47,72 : 0,6 | 38,7 : 3 |

**2** Ein Geselle stellt für einen Großauftrag 26,560 kg Wiener Masse her.

Wie viele Formen sind vorzubereiten, wenn in eine Form 0,385 kg Masse gefüllt werden? 48 Stück – 68 Stück – 90 Stück?

Überlegen Sie durch Schätzen, welches Ergebnis richtig sein muss.

**3** Eine Bäckerei beschenkt 82 Kinder des Waisenhauses mit Weihnachtsgebäck. Es stehen 34,200 kg Gebäckmischung zur Verfügung.

Ⓐ Schätzen Sie die Plätzchenmenge je Kind und finden Sie damit das richtige Ergebnis. 50 g – 417 g oder 4200 g?

Ⓑ Wie viel g Plätzchen bleiben als Rest übrig, die der Lehrling verspeist?

# ❹ Das Rechnen mit Brüchen

In Rezepturen werden Mengenangaben des Öfteren in Brüchen ausgedrückt. Aus diesem Grund muss der Bäcker mit ihnen rechnen können.

Im folgenden Kapitel hat er deshalb noch einmal die Möglichkeit, sich das Bruchrechnen anzueignen.

**Beispiele**

$\frac{3}{8}$ ➠ Zähler (3) ➠ Nenner (8)

**Gemeine Brüche:**

$\frac{3}{8}$ Zähler kleiner als Nenner = **echter Bruch** ①

$\frac{11}{8}$ Zähler größer als Nenner = **unechter Bruch** ②

$1\frac{3}{8}$ Eine ganze Zahl steht vor dem Bruch = **gemischter Bruch** ③

**Dezimalbruch:**

0,375 = **Dezimalbruch** ④

**Übung**

Ordnen Sie folgende Brüche den Brucharten durch Zuordnung der Ziffern ① – ④ zu.

$\frac{4}{7}$; 0,625; $3\frac{5}{10}$; $\frac{4}{8}$; 0,250; $\frac{7}{9}$; 0,1; $14\frac{5}{21}$; 1,875; $\frac{1}{6}$; $\frac{8}{1}$; $\frac{27}{2}$; $\frac{9}{6}$; $\frac{14}{37}$; 0,5; $3\frac{4}{5}$; $16\frac{2}{3}$; $\frac{9}{2}$; $\frac{7}{1}$; $20\frac{3}{2}$; $3\frac{8}{9}$

## 4.1 Das Kürzen und Erweitern von Brüchen

Kürzen erleichtert das Rechnen, weil sich dadurch kleinere Zahlen ergeben. Außerdem gilt, dass eine Rechenaufgabe erst dann richtig gelöst ist, wenn das Ergebnis nicht mehr weiter gekürzt werden kann. (Also z.B. nie $15\frac{4}{6}$ als Ergebnis stehen lassen, richtig ist $15\frac{2}{3}$.)

> **Merke:**
> **Beim Kürzen und Erweitern ändern sich nur die Zahlen des Nenners und des Zählers, nicht aber der Wert des Bruches.**

**Beispiele**

**Kürzen:**

$\frac{2}{4} = \frac{1}{2}$

$3\frac{2}{4} = 3\frac{1}{2}$ Rechenweg: $\frac{\text{Zähler} : 2}{\text{Nenner} : 2}$

**Erweitern:**

$\frac{1}{2} = \frac{2}{4}$

$3\frac{1}{2} = 3\frac{2}{4}$ Rechenweg: $\frac{\text{Zähler} \cdot 2}{\text{Nenner} \cdot 2}$

**Regeln**

Zähler und Nenner müssen für das Kürzen durch die gleiche Zahl ohne Rest teilbar sein. Die ganze Zahl vor einem Bruch bleibt dabei unberührt.

Beim Erweitern werden Zähler und Nenner mit der gleichen Zahl multipliziert. Auch hier bleibt die ganze Zahl vor dem Bruch unberührt.

Folgende Hinweise zeigen, wie die Möglichkeit des Kürzens erkannt werden kann.

**Ein Bruch lässt sich kürzen mit:**

2, wenn die letzten Ziffern von Zähler und Nenner durch 2 teilbar sind, z.B. $\frac{24}{138}$

4, wenn die letzten 2 Ziffern von Zähler und Nenner durch 4 teilbar sind, z.B. $\frac{136}{148}$

8 , wenn die letzten 3 Ziffern von Zähler und Nenner durch 8 teilbar sind, z.B. $\frac{1016}{2152}$

12, wenn Zähler und Nenner durch 3 und durch 4 teilbar sind, z.B. $\frac{96}{144}$

3, wenn die Quersummen[1] von Zähler und Nenner durch 3 teilbar sind, z.B. $\frac{174}{306}$

9, wenn die Quersummen von Zähler und Nenner durch 9 teilbar sind, z.B. $\frac{171}{4122}$

6, wenn Zähler und Nenner eine gerade[2] Zahl bilden, deren Quersummen durch 3 teilbar sind, z.B. $\frac{126}{402}$

5, wenn die letzte Ziffer von Zähler und Nenner null oder fünf lautet, z.B. $\frac{635}{1200}$

25, wenn die letzten 2 Ziffern von Zähler und Nenner Nullen oder wenn sie durch 25 teilbar sind, z.B. $\frac{200}{975}$

## Übungsaufgaben

**1** Kürzen Sie folgende Brüche:

| | | |
|---|---|---|
| (A) mit 2: $\frac{36}{50}; \frac{72}{106}; \frac{34}{54}$ | (D) mit 12: $\frac{84}{624}; \frac{2124}{2400}; \frac{204}{1152}$ | (G) mit 6: $\frac{54}{222}; \frac{1380}{1782}; \frac{1050}{2004}$ |
| (B) mit 4: $\frac{244}{816}; \frac{56}{364}; \frac{104}{236}$ | (E) mit 3: $\frac{369}{825}; \frac{789}{8940}; \frac{276}{495}$ | (H) mit 5: $\frac{690}{325}; \frac{245}{830}; \frac{45}{750}$ |
| (C) mit 8: $\frac{152}{176}; \frac{1280}{1576}; \frac{1064}{2232}$ | (F) mit 9: $\frac{504}{801}; \frac{1233}{2052}; \frac{135}{4086}$ | (I) mit 25: $\frac{625}{850}; \frac{50}{75}; \frac{875}{1050}$ |

1 Die Quersumme wird durch Addition der einzelnen Ziffern des Zählers bzw. Nenners ermittelt, z.B. $\frac{174}{306}$
Quersumme: 1 + 7 + 4 = 12 Quersumme: 3 + 6 = 9

2 Gerade Zahlen sind durch 2 teilbar.

**2** Für kluge Köpfe: Zeigen Sie, dass Sie kürzen können.

Ⓐ $\frac{95}{175}; \frac{22}{54}; \frac{165}{348}; \frac{612}{891}; \frac{120}{216}; \frac{762}{888}$

Ⓑ $\frac{180}{396}; \frac{984}{1095}; \frac{14}{26}; \frac{75}{200}; \frac{60}{155}; \frac{108}{642}$

Ⓒ $\frac{1208}{1272}; \frac{63}{117}; \frac{34}{72}; \frac{297}{1050}; \frac{45}{750}; \frac{748}{1412}$

Ⓓ $\frac{320}{445}; \frac{90}{126}; \frac{84}{552}; \frac{264}{588}; \frac{248}{376}; \frac{175}{375}$

Ⓔ $\frac{528}{1544}; \frac{125}{750}; \frac{270}{306}; \frac{312}{596}; \frac{104}{136}; \frac{72}{186}$

**3** Kürzen Sie folgende Brüche:

Ⓐ $\frac{6}{9}; \frac{15}{45}; \frac{3}{27}; \frac{14}{28}; 2\,\frac{5}{15}$

Ⓑ $4\,\frac{8}{36}; 12\,\frac{4}{28}; 9\,\frac{27}{42}; 1\,\frac{76}{120}; 5\,\frac{60}{15}$

Ⓒ $\frac{4}{6}; \frac{42}{60}; 3\,\frac{75}{25}; \frac{99}{150}; 2\,\frac{77}{140}$

Ⓓ $\frac{24}{48}; \frac{108}{156}; 1\,\frac{78}{143}; \frac{84}{140}; \frac{56}{176}$

## 4.2 Die Umwandlung von Brüchen

Brüche werden umgewandelt,

- damit man sie überhaupt mit anderen ganzen Zahlen bzw. Brüchen multiplizieren, dividieren, addieren oder subtrahieren kann,
- wegen des besseren Überblicks: möglichst in einen gemischten Bruch. Das ist übersichtlicher als ein unechter Bruch.

### 4.2.1. Die Umwandlung von unechten Brüchen in gemischte Brüche

**Beispiel**

$\frac{7}{3} = 2\,\frac{1}{3}$ Rechenweg: $7 : 3 = \left(\frac{3}{3} + \frac{3}{3} + \frac{1}{3}\right) = \left(1 + 1 + \frac{1}{3}\right) = \left(2 + \frac{1}{3}\right)$

oder $7 : 3 =$ **2 Ganze**, Rest $1 : 3 = \frac{1}{3} = \mathbf{2\,\frac{1}{3}}$

**Regel**
Es wird ausgerechnet, wie oft der Nenner im Zähler enthalten ist. Diese Zahl ergibt die ganze Zahl vor dem Bruch.

**Übung**

Wandeln Sie folgende Brüche in gemischte Brüche um:

Ⓐ $\frac{10}{3}; \frac{18}{5}; \frac{24}{6}; \frac{39}{4}; \frac{35}{12}$

Ⓑ $\frac{23}{8}; \frac{17}{6}; \frac{9}{2}; \frac{31}{9}, \frac{14}{5}$

Ⓒ $\frac{7}{6}; \frac{17}{4}; \frac{29}{3}; \frac{13}{7}, \frac{27}{9}$

Ⓓ $\frac{4}{3}; \frac{117}{12}; \frac{63}{5}; \frac{74}{6}; \frac{48}{3}$

### 4.2.2. Die Umwandlung von gemischten Brüchen in unechte Brüche

**Beispiel**

$3\frac{1}{2} = \frac{7}{2}$

Rechenweg: 3 Ganze $= \frac{3}{1}$

Beachte: $1 = \frac{1}{1}$, daraus folgt $3 = \frac{3}{1}$

$\frac{3}{1}$ so erweitern, dass Nenner 2 ergibt

$= \frac{3}{1} \cdot \frac{2}{2}$; es bleibt dann noch $\frac{1}{2}$ des gemischten Bruchs, der hinzuaddiert werden muss.

$$\left(\frac{3}{1} \cdot \frac{2}{2} + \frac{1}{2}\right) = \left(\frac{6}{2} + \frac{1}{2}\right) = \frac{7}{2}$$

**Regel**

Die ganze Zahl muss in einen unechten Bruch umgewandelt werden. Dann werden Zähler und Nenner dieses Bruchs mit dem vorhandenen Nenner erweitert (d.h. multipliziert) und anschließend mit dem gleichgemachten Nenner zum echten Bruch der ursprünglichen Zahl addiert.

**Übung**

Wandeln Sie folgende Brüche in unechte Brüche um:

Ⓐ $4\frac{1}{6}; 8\frac{1}{3}; 5\frac{7}{9}; 6\frac{2}{3}; 7\frac{3}{6}$

Ⓑ $3\frac{3}{4}; 8\frac{2}{5}; 11\frac{4}{7}; 10\frac{7}{12}; 2\frac{5}{6}$

Ⓒ $1\frac{27}{28}; 2\frac{19}{76}; 5\frac{12}{110}; 4\frac{35}{48}; 3\frac{17}{19}$

Ⓓ $6\frac{31}{40}; 9\frac{13}{24}; 12\frac{9}{12}; 7\frac{8}{23}; 16\frac{1}{20}$

## 4.3 Das Rechnen mit mehreren Brüchen

### 4.3.1 Das Addieren und das Subtrahieren

**Beispiele**

$$\frac{4}{5} + \frac{1}{3} = \frac{12}{15} + \frac{5}{15} = \frac{12+5}{15} = \frac{17}{15} = \mathbf{1\frac{2}{15}}$$

$$\frac{4}{5} - \frac{1}{3} = \frac{12}{15} - \frac{5}{15} = \frac{12-5}{15} = \mathbf{\frac{7}{15}}$$

**Regel**

a) Es muss ein gemeinsamer Hauptnenner gefunden werden, in dem alle anderen Nenner enthalten sind. Dieser kann durch Multiplikation der Nenner gefunden werden.

b) Der Zähler wird mit der Zahl erweitert, die angibt, wie oft der ursprüngliche Nenner im Hauptnenner enthalten ist,

c) Bei gleichem Hauptnenner können dann die verschiedenen Brüche addiert oder subtrahiert werden.

d) Oft ist nach dem Rechenvorgang Kürzen notwendig.

## Übungsaufgaben

**1** Zählen Sie folgende Brüche zusammen:

(A) $\frac{4}{5}+\frac{1}{3}$; $\frac{3}{4}+\frac{11}{15}$; $\frac{1}{2}+\frac{1}{3}$; $\frac{1}{2}+\frac{1}{7}$; $\frac{2}{3}+\frac{1}{2}$

(B) $1\frac{3}{4}+\frac{5}{6}$; $2\frac{6}{7}+\frac{1}{2}$; $3\frac{2}{5}+\frac{3}{10}$; $2\frac{4}{9}+\frac{5}{6}$; $12\frac{2}{3}+\frac{4}{5}$

(C) $2\frac{1}{3}+4\frac{1}{4}$; $2\frac{3}{4}+3\frac{4}{5}$; $4\frac{5}{6}+1\frac{7}{8}$; $2\frac{5}{8}+1\frac{1}{2}$; $1\frac{11}{12}+7\frac{1}{3}$

(D) $2\frac{1}{4}+3\frac{3}{5}+4\frac{1}{6}$; $12\frac{3}{4}+28\frac{2}{3}+23\frac{1}{2}+14\frac{4}{5}$

**2** Ziehen Sie folgende Brüche voneinander ab:

(A) $\frac{1}{2}-\frac{1}{7}$; $\frac{3}{4}-\frac{2}{3}$; $\frac{11}{15}-\frac{2}{5}$; $\frac{1}{4}-\frac{1}{6}$; $\frac{7}{9}-\frac{4}{6}$

(B) $1\frac{3}{4}-\frac{5}{6}$; $3\frac{1}{2}-\frac{2}{3}$; $1\frac{3}{5}-\frac{5}{12}$; $5\frac{3}{7}-\frac{1}{4}$; $2\frac{5}{9}-\frac{1}{2}$

(C) $13\frac{2}{3}-1\frac{1}{2}$; $3\frac{3}{4}-2\frac{1}{6}$; $7\frac{3}{7}-3\frac{1}{5}$; $6\frac{4}{9}-4\frac{1}{3}$; $5\frac{3}{8}-1\frac{2}{7}$

(D) $7\frac{2}{3}-1\frac{1}{6}-2\frac{1}{9}$; $14\frac{4}{7}-2\frac{1}{3}-5\frac{5}{6}$

**3** Lösen Sie folgende Aufgaben:

(A) $60\frac{2}{5}-2\frac{1}{4}+5\frac{3}{5}+8\frac{9}{10}$

(B) $5\frac{2}{9}-1\frac{1}{3}+\frac{4}{6}-1\frac{1}{2}$

(C) $7\frac{8}{9}+2\frac{2}{3}-3\frac{1}{6}-\frac{3}{18}$

(D) $6\frac{3}{4}+\frac{5}{12}-\frac{5}{8}+1\frac{1}{6}$

## 4.3.2 Das Multiplizieren und das Dividieren

### Das Multiplizieren

Beispiele

| | |
|---|---|
| $8 \cdot \frac{3}{4} = \frac{24}{4} = \mathbf{6}$ | Rechenweg: $8 = \frac{8}{1}$[1] $\quad \frac{8}{1} \cdot \frac{3}{4} = \frac{8 \cdot 3}{1 \cdot 4}$ |
| $\frac{1}{3} \cdot \frac{3}{4} = \frac{3}{12} = \mathbf{\frac{1}{4}}$ | Rechenweg: $\frac{1}{3} \cdot \frac{3}{4}$ |
| $7 \cdot 1\frac{1}{3} = 7 \cdot \frac{4}{3} = \frac{28}{3} = \mathbf{9\frac{1}{3}}$ | Rechenweg: $\frac{7}{1} \cdot \frac{4}{3}$ |
| $2\frac{1}{2} \cdot 1\frac{1}{3} = \frac{5}{2} \cdot \frac{4}{3} = \frac{20}{6} = 3\frac{2}{6} = \mathbf{3\frac{1}{3}}$ | Rechenweg: $\frac{5}{2} \cdot \frac{4}{3}$ |

**Regel**

Brüche werden miteinander multipliziert, indem man Zähler mal Zähler und Nenner mal Nenner nimmt (multipliziert).

Gemischte Brüche und ganze Zahlen müssen zuvor in unechte Brüche umgewandelt werden.

### Das Dividieren

Beispiele

| | |
|---|---|
| $8 : \frac{2}{3} = \frac{8}{1} : \frac{2}{3} = \frac{8}{1} \cdot \frac{3}{2} = \frac{24}{2} = \mathbf{12}$ | Rechenweg: $\left(\frac{8}{1} : \frac{2}{3} = \frac{8}{1} \cdot \frac{3}{2}\right) = \frac{8 \cdot 3}{1 \cdot 2}$ |
| $\frac{4}{9} : \frac{1}{6} = \frac{4}{9} \cdot \frac{6}{1} = \frac{24}{9} = 2\frac{6}{9} = \mathbf{2\frac{2}{3}}$ | Rechenweg: $\left(\frac{4}{9} : \frac{1}{6} = \frac{4}{9} \cdot \frac{6}{1}\right)$ |
| $12 : 2\frac{1}{3} = \frac{12}{1} : \frac{7}{3} = \frac{12}{1} \cdot \frac{3}{7} = \frac{36}{7} = \mathbf{5\frac{1}{3}}$ | Rechenweg: $\left(\frac{12}{1} : \frac{7}{3} = \frac{12}{1} \cdot \frac{3}{7}\right)$ |
| $4\frac{1}{6} : 2\frac{1}{2} = \frac{25}{6} : \frac{5}{2} = \frac{25}{6} \cdot \frac{2}{5} = \frac{50}{30} = 1\frac{20}{30} = \mathbf{1\frac{2}{3}}$ | Rechenweg: $\left(\frac{25}{6} : \frac{5}{2} = \frac{25}{6} \cdot \frac{2}{5}\right)$ |

**Regel**

Zwei Brüche werden miteinander dividiert, indem man den ersten Bruch mit dem Kehrwert des zweiten Bruches multipliziert.

(Kehrwert: Vertauschen von Zähler und Nenner, z.B. $\frac{2}{3}$ Kehrwert: $\frac{3}{2}$)

## Übungsaufgaben

**1** Üben Sie in folgenden Aufgaben das Multiplizieren:

Ⓐ $8 \cdot \frac{3}{8}$; $2 \cdot \frac{4}{7}$; $1 \cdot \frac{1}{5}$; $4 \cdot \frac{6}{7}$; $3 \cdot \frac{2}{3}$

Ⓑ $\frac{1}{6} \cdot \frac{8}{9}$; $\frac{4}{5} \cdot \frac{3}{7}$; $\frac{1}{3} \cdot \frac{2}{5}$; $\frac{4}{7} \cdot \frac{1}{8}$; $\frac{1}{2} \cdot \frac{1}{9}$

Ⓒ $2 \cdot 4\frac{1}{2}$; $9 \cdot 2\frac{1}{3}$; $4 \cdot 9\frac{7}{8}$; $3 \cdot 4\frac{1}{6}$; $5 \cdot 1\frac{7}{9}$

Ⓓ $2\frac{5}{6} \cdot 3\frac{1}{4}$; $8\frac{1}{3} \cdot 2\frac{11}{12}$; $4\frac{1}{2} \cdot 1\frac{1}{6}$; $3\frac{5}{6} \cdot 2\frac{1}{4}$; $9\frac{2}{3} \cdot 3\frac{2}{7}$

Ⓔ $\frac{3}{7} \cdot 2\frac{1}{8} \cdot 4$; $2\frac{5}{9} \cdot 3 \cdot \frac{5}{12}$

---

[1] Siehe Seite23, Umwandlung ganzer Zahlen in Brüche.

**2** Üben Sie in folgenden Aufgaben das Dividieren:

Ⓐ $8 : \frac{2}{3}$; $3 : \frac{5}{8}$; $12 : \frac{4}{9}$; $7 : \frac{1}{6}$; $5 : \frac{2}{7}$

Ⓑ $\frac{1}{13} : \frac{5}{9}$; $\frac{7}{9} : \frac{3}{4}$; $\frac{1}{10} : \frac{6}{7}$; $\frac{4}{5} : \frac{2}{3}$; $\frac{3}{8} : \frac{1}{2}$

Ⓒ $8 : 1\frac{1}{4}$; $12 : 2\frac{1}{3}$; $15 : 5\frac{3}{4}$; $19\frac{1}{2} : 8$; $14\frac{2}{7} : \frac{11}{12}$

Ⓓ $2\frac{1}{3} : 1\frac{6}{7}$; $1\frac{1}{2} : 4\frac{1}{6}$; $2\frac{5}{8} : 2\frac{11}{12}$; $1\frac{7}{9} : 3\frac{3}{4}$; $4\frac{5}{12} : 2\frac{1}{10}$

## 4.4 Das Rechnen mit Dezimalbrüchen

Gewichtsangaben in Rezepturen können sowohl als gemeiner Bruch wie auch als Dezimalbruch aufgeführt sein.

$\frac{1}{8}$ = 0,125 — 0 , 1 2 5 (125 Tausendstel)

gemeiner Bruch — Dezimalbruch

Zehntel ▲
Hundertstel ▲
Tausendstel ▲

Der Bäcker muss in der Lage sein, mit beiden Arten von Brüchen umzugehen.

### Umwandlung von gemeinen Brüchen in Dezimalbrüche

**Regeln mit Beispielen**

- $\frac{1}{2}$ bedeutet 1 : 2 = 0,5 ➠ entsprechend ist $\frac{1}{5}$ = 1 : 5 = 0,2
  (0,5: Die erste Stelle nach dem Komma gibt, wie oben gezeigt, die Zehntel an; also ist 0,5 = $\frac{5}{10}$; jetzt kürzen: $\frac{5}{10} = \frac{1}{2}$. Genauso verhält es sich mit den anderen gemeinen Brüchen und den dazugehörenden Dezimalzahlen.)
  $\frac{3}{8}$ bedeutet 3 : 8 = 0,375

- $\frac{1}{10}$ bedeutet 1 : 10 = 0,1 ➠ $\frac{1}{10}$ = 0,1
  $\frac{7}{40}$ bedeutet 7 : 40 = 0,175

- $\frac{1}{100}$ bedeutet 1 : 100 = 0,01 ➠ $\frac{1}{100}$ = 0,01
  $\frac{54}{250}$ bedeutet 54 : 250 = 0,216
  Auf die gleiche Weise werden alle anderen gemeinen Brüche in Dezimalbrüche umgewandelt.
  Wird der Dezimalbruch zu lang, rundet man an sinnvoller Stelle,
  z.B. $\frac{54}{251}$ kg = 0,2151394 = 0,215 kg

- $\frac{1}{1000}$ bedeutet 1 : 1000 = 0,001 ➠ $\frac{1}{1000}$ = 0,001
  $\frac{310}{2000}$ bedeutet 310 : 2000 = 0,155

### Übung

Verwandeln Sie in Dezimalbrüche:

Ⓐ $\frac{3}{5}$; $\frac{1}{2}$; $\frac{8}{10}$; $\frac{6}{8}$; $\frac{4}{5}$; $\frac{7}{8}$; $\frac{5}{8}$; $\frac{2}{5}$; $\frac{1}{4}$; $\frac{1}{5}$

Ⓑ $\frac{5}{16}$; $\frac{4}{25}$; $\frac{5}{32}$; $\frac{6}{50}$; $\frac{9}{16}$; $\frac{18}{24}$; $\frac{3}{25}$; $\frac{3}{16}$

Ⓒ $\frac{6}{100}$; $\frac{30}{125}$; $\frac{30}{250}$; $\frac{1}{500}$; $\frac{15}{240}$; $\frac{875}{1000}$; $\frac{625}{2000}$

Ⓓ $4\frac{2}{3}$; $5\frac{1}{6}$; $12\frac{3}{4}$; $7\frac{1}{8}$; $15\frac{2}{5}$; $16\frac{1}{4}$; $1\frac{9}{8}$; $6\frac{4}{13}$; $34\frac{6}{25}$; $22\frac{9}{59}$

### Umwandlung von Dezimalbrüchen in gemeine Brüche

**Regeln mit Beispielen**

- 0,2 ist 2zehntel ➡ $\frac{2}{10} = \frac{1}{5}$
- 0,25 ist 25hundertstel ➡ $\frac{25}{100} = \frac{1}{4}$
- 0,125 ist 125tausendstel ➡ $\frac{125}{1000} = \frac{1}{8}$

### Übung

Verwandeln Sie in einen gemeinen Bruch und kürzen Sie, wenn möglich:

Ⓐ 0,1; 1,2; 12,3; 0,4; 8,5; 0,6; 6,7; 9,8; 0,9

Ⓑ 0,75; 0,14; 6,88; 0,32; 4,23; 11,16; 0,35; 9,54; 0,72; 15,64

Ⓒ 0,875; 3,255; 1,128; 0,425; 7,184; 11,108; 5,205; 14,104; 0,264; 6,252

## 4.5 Übungsaufgaben zum Bruchrechnen

❶ Verwandeln Sie in gemeine Brüche und rechnen Sie:

Ⓐ $3{,}2 + 4\frac{1}{2} + 5{,}24 + 19\frac{7}{10}$

Ⓑ $28\frac{7}{8} - 13{,}65 - 1\frac{3}{4} - 1{,}72$

Ⓒ $19\frac{3}{8} - 9{,}4 + 3\frac{2}{5} - 4{,}3$

Ⓓ $\frac{5}{6} \cdot 20{,}4$

Ⓔ $9{,}125 \cdot 4\frac{1}{5}$

Ⓕ $9{,}875 : 6\frac{1}{6}$

Ⓖ $24\frac{3}{12} : 12{,}75$

❷ Der Meister findet folgendes alte Lebkuchenrezept:

$\frac{6}{8}$ Teile Mehl; $\frac{1}{4}$ Teil Zucker, $\frac{7}{20}$ Teile Honig, $\frac{3}{20}$ Teile Eier, $\frac{2}{25}$ Teile Kakao, $\frac{1}{5}$ Teil Nüsse, $\frac{1}{25}$ Teil Lebkuchengewürz

Ⓐ Wie viel Gramm Lebkuchenteig kann verarbeitet werden, wenn in das Rezept an Stelle der Teile die Gewichtsangabe Kilogramm eingesetzt wird?

Ⓑ Wie viel kg der einzelnen Zutaten sind abzuwiegen?

❸ Ein Rezept für Nusstörtchen lautet:

$\frac{1}{4}$ kg Ei, $\frac{3}{10}$ kg Butter, $\frac{7}{40}$ kg Zucker, $\frac{3}{20}$ kg Mehl, $\frac{1}{8}$ kg Nüsse

Ⓐ Wie viel Gramm der einzelnen Rohstoffmengen sind für das dreifache Rezept abzuwiegen?

Ⓑ Wie viel g Masse stehen zur Verfügung?

Ⓒ Wie viel Förmchen sind vorzubereiten, wenn jeweils $\frac{1}{8}$ kg eingefüllt werden soll?

❹ Bei Bienenstich muss das Gewicht des Belages mindestens $\frac{1}{5}$ des Teiggewichts betragen.

Welche Mengen an Röstmasse müssen demnach bei folgenden Teiggewichten mindestens hergestellt werden?

Teiggewichte: 2500 g; 1200 g; 1375 g

❺ Der Volleianteil bei Biskuitmassen muss mindestens $\frac{2}{3}$ des Mehl- und Stärkeanteils betragen.

Geben Sie den jeweiligen Mindestgehalt an Vollei an, den die nachstehenden Rezepte aufweisen müssen.

| | |
|---|---|
| Rezept 1: | 200 g Zucker, 200 g Mehl, Gewürze/Salz |
| Rezept 2: | 60 g Wasser, 300 g Zucker, 350 g Mehl, Gewürze/Salz |
| Rezept 3: | 125 g Zucker, 70 g Mehl, 60 g Weizenpuder, Gewürze/Salz |

❻ Ein Mandelstollen muss mindestens $\frac{1}{5}$ Mandeln, bezogen auf den Mehl-/Stärkeanteil, enthalten.

$13\frac{1}{2}$ kg Mehl, 1350 g Hefe, $4\frac{1}{8}$ l Milch, 300 g Vollei, 90 g Rum, $3\frac{3}{5}$ kg Zucker, $4\frac{1}{2}$ kg süße Mandeln, 180 g bittere Mandeln, $2\frac{1}{4}$ kg Zitronat, $4\frac{1}{2}$ kg Butter, $\frac{1}{5}$ kg Gewürz, 180 g Salz

Ⓐ Das Rezept ergibt 9 Stollen. Wie viel kg wiegt ein Stollen vor dem Backen?

Ⓑ Leider hat der Meister für das obenstehende Rezept nur einen Rest von $2\frac{1}{8}$ kg süßer Mandeln und 0,015 kg bitterer Mandeln zur Verfügung.

Dürfen die Stollen noch als Mandelstollen bezeichnet werden?

❼ Wie viel kg Honigkuchen ergibt das folgende Rezept?

$\frac{6}{8}$ kg Weizenmehl, $\frac{3}{12}$ kg Roggenmehl, $\frac{1}{1}$ kg Honig, $\frac{1}{8}$ kg Eigelb, $\frac{2}{50}$ kg Gewürze, $\frac{1}{100}$ kg Triebmittel.

# 5 Die Gewichtsmaße

Bei den berufsbezogenen Rechnungen wird der Bäcker häufig mit den verschiedenen Gewichtsmaßen konfrontiert. Damit Ihnen beim Umrechnen keine Fehler unterlaufen, müssen Sie mit den Gewichtsmaßen gut vertraut sein.

Wir unterscheiden folgende Gewichtseinheiten[1]:

| | | | | | | |
|---|---|---|---|---|---|---|
| Tonne | = t | 1 t | = 1000 kg | 1 kg | $= \frac{1}{1000}$ t | Umrechnungszahl = 1000 |
| Kilogramm | = kg | 1 kg | = 1000 g | 1 g | $= \frac{1}{1000}$ kg | Umrechnungszahl = 1000 |
| Gramm | = g | 1 g | = 1000 mg | 1 mg | $= \frac{1}{1000}$ g | Umrechnungszahl = 1000 |
| Milligramm[2] | = mg | | | | | |
| Dezitonne[3] | = dt | 1 dt | = 100 kg | 1 kg | $= \frac{1}{100}$ dt | Umrechnungszahl = 100 |

**Hilfe zur Umwandlung:**
Wenn Sie beim Umwandeln von Gewichtsmaßen immer wieder Probleme haben, sollten Sie die folgende Methode genau durcharbeiten.

## 1 Umwandeln von der größeren zur kleineren Einheit

**Beispiele**

| | t | kg | | | g | | | mg | | |
|---|---|---|---|---|---|---|---|---|---|---|
| 5,00 t = ? kg | 5 | 0 | 0 | 0 | | | | | | |
| 0,02 t = ? g | 0, | 0 | 2 | 0 | 0 | 0 | 0 | | | |
| 1,500 kg = ? mg | | | | 1, | 5 | 0 | 0 | 0 | 0 | 0 |

Sie setzen 5 bei t ein und ergänzen die drei Nullen bei kg, da in kg umzuwandeln ist.

0,02 t werden bei kg eingetragen, und zwar dem Dezimalbruch entsprechend. Die drei Nullen bei g sind dann noch zu ergänzen. Entsprechend verfahren Sie bei 1,500 kg ➠ mg.

## 2 Umwandeln von der kleineren zur größeren Einheit:

**Beispiele**

| | t | kg | | | g | | | mg | | |
|---|---|---|---|---|---|---|---|---|---|---|
| 5 kg = ? t | 0, | 0 | 0 | 5 | | | | | | |
| 50 g = ? kg | | | | 0, | 0 | 5 | 0 | | | |
| 800 mg = ? kg | | | | 0, | 0 | 0 | 0 | 8 | 0 | 0 |

Sie setzen 5 kg bei kg ein und fügen die zwei Nullen links davon ein. Wenn die gesuchte Benennung erreicht ist, nämlich t, setzen Sie das Komma und davor noch eine Null.

[1] Alte Gewichtseinheiten, die zum Teil heute noch in der Praxis verwendet werden:

| | | | | |
|---|---|---|---|---|
| Zentner = Ztr. | 1 Ztr. = 50 kg | 1 kg = $\frac{1}{50}$ Ztr. | Umrechnungszahl = 50 |
| Pfund = Pfd. | 1 Pfd. = 0,500 kg | 1 kg = 2 Pfund | Umrechnungszahl = 0,5 |

[2] Milli… = lat.: Tausendstel

[3] Dezi… = lat.: Zehntel

## Übungsaufgaben

**1** Wandeln Sie die folgenden Gewichtseinheiten in die nächstkleinere Gewichtseinheit um:
t ➠ kg, kg ➠ g, g ➠ mg.

Ⓐ 0,8 t; 2 t; 350 g; 5 g

Ⓑ 0,03 kg; 10 g; 14,7 kg; 0,8 kg

Ⓒ 2,5 kg; 1,004 t; 0,1 g; 0,15 t

**2** Wandeln Sie die folgenden Gewichtseinheiten in die nächstgrößere Gewichtseinheit um:
g ➠ kg usw.

Ⓐ 15 mg; 298 mg; 1475 mg; 2,9 kg

Ⓑ 4 kg; 45 kg; 515 kg, 37,9 kg

Ⓒ 275 g; 9 g; 14 g; 565 g

**3** Verwandeln Sie in kg und zählen Sie zusammen.

Ⓐ 0,5 kg + 125 kg + 3072 g + 12 g + 13 kg 25 g + 1 kg 3 g

Ⓑ $\frac{1}{8}$ kg + 2 $\frac{1}{2}$ kg + 5 $\frac{1}{4}$ kg + 4 kg 15 g + 3 $\frac{7}{8}$ kg + 4 $\frac{3}{4}$ kg

Ⓒ 55 g + $\frac{3}{8}$ kg + 6 $\frac{1}{4}$ kg + 2 $\frac{5}{8}$ kg + 700 g + 5kg 30g

Ⓓ 3500 g + 25 kg + $\frac{1}{5}$ t + 70 kg + 75 kg + $\frac{3}{8}$ t

Ⓔ 250 g + 625 g + $\frac{1}{2}$ kg + 125 g + $\frac{1}{8}$ kg + 2 $\frac{3}{4}$ kg

**4** Verwandeln Sie in Gramm und zählen Sie zusammen.

Ⓐ 3 kg + 750 mg + $\frac{3}{8}$ kg + $\frac{3}{4}$ kg + 0,8 kg + $\frac{1}{2}$ kg + 0,250 g

Ⓑ 24,5 kg + $\frac{3}{4}$ kg + 90 g + $\frac{5}{8}$ kg + $\frac{1}{5}$ kg + $\frac{4}{10}$ kg

Ⓒ $\frac{6}{5}$ kg + 4 $\frac{5}{10}$ kg + 75 g + 7150 g + 3 $\frac{1}{10}$ kg

**5** Aus einem Kuvertürevorrat von 150 kg werden folgende Mengen entnommen:

300 g; 2 $\frac{3}{8}$ kg; $\frac{1}{4}$ kg; 0,700 kg; 2 $\frac{1}{4}$ kg; 3 $\frac{3}{4}$ kg; 675 g; 10 kg.

Wie viel kg Kuvertüre stehen noch zur Verfügung?

**6** Eine Pralinenmischung wird hergestellt aus $\frac{1}{2}$ kg Trüffelpralinen, $\frac{3}{4}$ kg Marzipanpralinen, $\frac{7}{8}$ kg Krokantpralinen und 1 $\frac{1}{4}$ kg Likörpralinen.

Ⓐ Wie viel kg wiegt die Pralinenmischung?

Ⓑ Wie viele Tüten je 125 g können abgefüllt werden?

**7** Für ein Altenheim soll die Bäckerei Frisch 15 kg Weihnachtsgebäck liefern. Dazu wiegt Herr Frisch folgende Mengen ab:

3100 g Spritzgebäck, 2,7 kg Nussmakronen, 1 $\frac{3}{4}$ kg Zimtsterne, 2 $\frac{1}{5}$ kg Spekulatius, 3 $\frac{1}{2}$ kg Kokosmakronen. Der Rest wird durch Zuwiegen von Buttergebäck ergänzt.

Wie viel kg Buttergebäck muss hinzugefügt werden?

# 6 Die Längen- und Flächenmaße

## 6.1 Die Längenmaße

Bei den Längen unterscheiden wir folgende Maße:

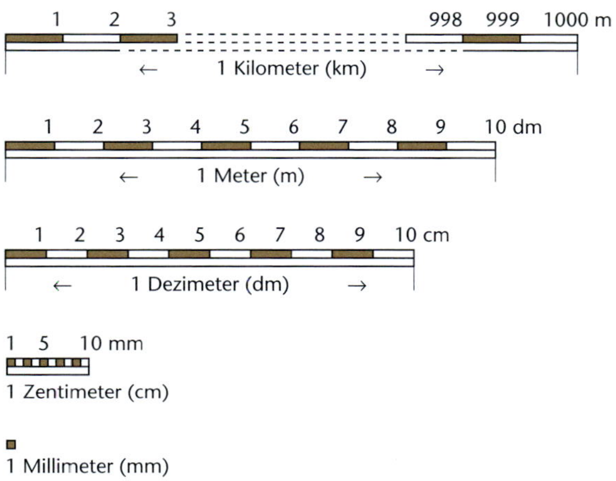


| | |
|---|---|
| 1 km = 1000 m | 1 m = $\frac{1}{1000}$ km |
| 1 m = 10 dm | 1 dm = $\frac{1}{10}$ m |
| 1 dm = 10 cm | 1 cm = $\frac{1}{10}$ dm |
| 1 cm = 10 mm | 1 mm = $\frac{1}{10}$ cm |

**Merke:**
**Die Umrechnungszahl ist 10, jedoch bei km in m und umgekehrt ist sie 1000.**

### Übungsaufgaben

**1** Ⓐ Wandeln Sie in km um: 300 m; 12000 cm; 7300 m; 17500 m
Ⓑ Geben Sie in m an: 1,2 km; 0,83 km; 45 cm; 920 mm
Ⓒ Drücken Sie in cm aus: 3,5 km; 9,6 m; 32 mm; 8mm
Ⓓ Wandeln Sie in mm um: 2 cm; 6,5 m; 1,4 dm; 35 cm
Ⓔ Wie viel dm sind: 4 cm; 5,2 m; 7mm; 0,8 km

**2** Ⓐ Wie viel dm (m) ergeben die Längenangaben: 0,2 dm + 1,8 m + 0,005 km?
Ⓑ Wie viel cm ergeben die Längenangaben: 8 dm + 16 cm + 0,45 m + 0,9 dm?

**3** Wie viel km muss Fritz täglich zurücklegen, um von seiner Wohnung zur Arbeitsstätte zu gelangen?

| | | | | | |
|---|---|---|---|---|---|
| Wohnung | ➠ | Bahnhof | (zu Fuß) | 650 m | (384 m) |
| Bahnhof | ➠ | Hauptbahnhof | (Zug) | 10,28 km | (7,190 km) |
| Hauptbahnhof | ➠ | Stadtplatz | (S-Bahn) | 4916 m | (5143 m) |
| Stadtplatz | ➠ | Süßstraße | (Straßenbahn) | 0,285 km | (0,469 km) |
| Süßstraße | ➠ | Arbeitsstätte | (zu Fuß) | 380 dm | (920 dm) |

## 6.2 Die Flächenmaße

$$A_{\square} = l \cdot b$$

$l$ = Länge
$b$ = Breite

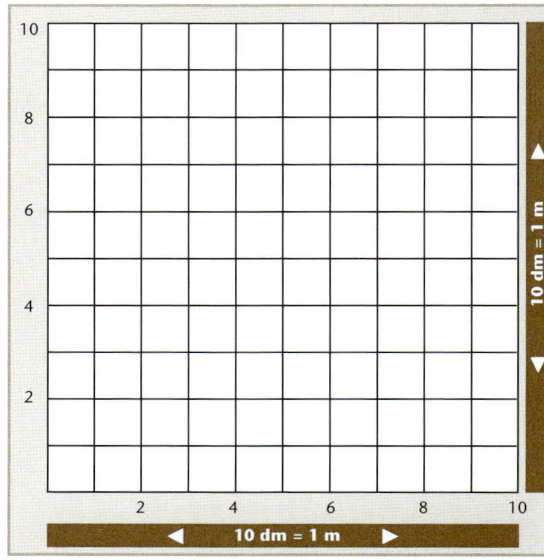


**Beispiel**

1 Meter × 1 Meter = 1 Quadratmeter ($m^2$)

10 Dezimeter × 10 Dezimeter = 100 Quadratdezimeter ($dm^2$)

$1\ m^2 = 100\ dm^2$

**Merke:**
**Die Umrechnungszahl bei Flächenmaßen ist 100.**

Es werden folgende Flächenmaße unterschieden:

$1\ km^2 = 100\ ha \Rightarrow 1\ ha = \frac{1\ km^2}{100}$

$1\ ha = 100\ a \Rightarrow 1\ a = \frac{1\ ha}{100}$

$1\ a = 100\ m^2 \Rightarrow 1\ m^2 = \frac{1\ a}{100}$

$1\ m^2 = 100\ dm^2 \Rightarrow 1\ dm^2 = \frac{1\ m^2}{100}$

$1\ dm^2 = 100\ cm^2 \Rightarrow 1\ cm^2 = \frac{1\ dm^2}{100}$

$1\ cm^2 = 100\ mm^2 \Rightarrow 1\ mm^2 = \frac{1\ cm^2}{100}$

1 1 Quadratkilometer = $km^2$ (1000 m × 1000 m)

2 1 Hektar = ha 100 m × 100 m)

3 1 Ar = a (10 m × 10 m)

4 1 Quadratmeter = $m^2$ (1 m × 1 m)

5 1 Quadratdezimeter = $dm^2$ (0,1 m × 0,1 m)

6 1 Quadratzentimeter = $cm^2$ (0,01 m × 0,01 m)

7 1 Quadratmillimeter = $mm^2$ (0,001 m × 0,001 m)

## Flächenberechnungen

$s$ = Seite  $b$ = Breite  $g$ = Grundlinie
$l$ = Länge  $h$ = Höhe  $r$ = Radius (Halbdurchmesser)

| | Form | Inhalt | Umfang |
|---|---|---|---|
| **Quadrat** |  | $A = s \cdot s$ | $U = 4 \cdot s$ |
| **Rechteck** | 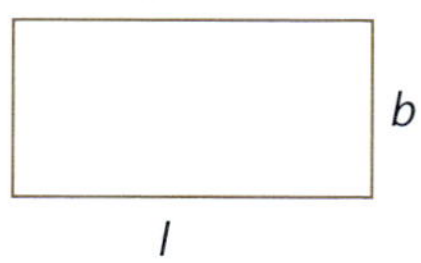 | $A = l \cdot b$ | $U = 2 \cdot l + 2 \cdot b$ |
| **Dreieck** | 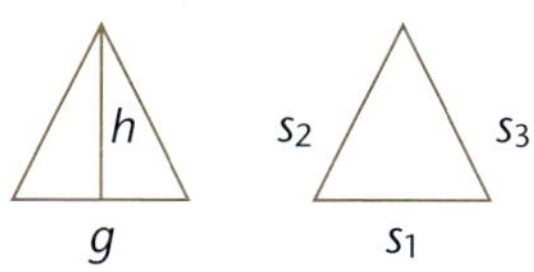 | $A = \frac{g \cdot h}{2}$ | $U = s_1 + s_2 + s_3$ |
| **Kreis** | 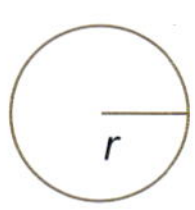 | $A = r \cdot r \cdot 3{,}14$ | $U = 2 \cdot 3{,}14 \cdot r$ |

## Übungsaufgaben

**1** (A) Wie viel $cm^2$ sind: 90 $mm^2$; 2 $dm^2$; 3,2 $m^2$; 120 $mm^2$
(B) Wandeln Sie in $dm^2$ um: 3 $cm^2$; 34 $m^2$; 0,7 $m^2$; 36 $cm^2$
(C) Geben Sie in $m^2$ an: 1700 $cm^2$; 3 a; 10 $dm^2$; 150 $dm^2$
(D) Drücken Sie in a aus: 12000 $dm^2$; 0,05 ha; 25 $m^2$; 930 $m^2$
(E) Wie viel ha sind: 210 a; 350 000 $km^2$; 0,13 $km^2$; 45 a
(F) Wandeln Sie in $km^2$ um: 1400 ha; 21 ha; 390 ha

**2** Verwandle und zähle zusammen:
(A) in $m^2$  0,0004 a + 230 $dm^2$ + 0,25 $m^2$
(B) in ha  0,05 $km^2$ + 42 a + 1,935 ha
(C) in $dm^2$  8 $m^2$ + 3 $dm^2$ + 90 $cm^2$
(D) in $cm^2$  18 $m^2$ + 78 $mm^2$ + 19 $dm^2$ + 4 $dm^2$
(E) in $mm^2$  78 $dm^2$ +80 $mm^2$ + 0,47 $m^2$

[1] 3,14 ist eine fest vorgegebene Zahl (= $\pi$; lies Pi; Kreiszahl $\pi$).

**3** Der Laden einer Bäckerei mit einer Länge von 9,80 m und einer Breite von 7,9 m soll mit Fliesen im Format 40 × 40 cm ausgelegt werden.

Ausgenommen bleibt die Fläche der Verkaufstheke, Länge 3,20 m, Breite 1,60 m.

Eine Platte kostet einschließlich Verlegearbeiten 24,20 €.

(A) Wie viele Platten werden benötigt?

(B) Berechnen Sie die zu erwartenden Gesamtkosten.

**4** Ein Stikkenwagen kann 15 Backbleche aufnehmen. Die Backbleche sind 780 mm lang und 580 mm breit.

Wie viel $m^2$ Backfläche ergeben die 15 Bleche in dem Stikkenwagen?

**5** Berechnen Sie die Fläche von 18 Backblechen, die die Abmessungen 580 × 980 mm haben.

**6** Welche gesamte Backfläche hat ein Backofen, der fünf Herde hat? Ein Herd ist 1600 mm tief und 1200 mm breit.

**7** In der Bäckerei Schumann steht ein Elektrobackofen mit fünf Herden, die je 1600 mm tief und 600 mm breit sind.

(A) Welche gesamte Backfläche steht zur Verfügung?

(B) Mit wie viel Brötchen kann der Ofen belegt werden, wenn je $m^2$ Backfläche 82 Stück gerechnet werden?

(C) Wie viel $cm^2$ Backfläche sind für 30 Brötchen[1] notwendig?

**8** Auf einem $m^2$ Backfläche können 18 Brote mit je 500 g Backgewicht oder 11 Brote mit je 1500 g Backgewicht gebacken werden.

Berechnen Sie die Backfläche für die beiden Brotgrößen je Stück in $cm^2$.

**9** Berechnen Sie:

(A) die Fläche des Ofens,

(B) die Fläche des Gärschrankes,

(C) die Arbeitsfläche (ohne Ofen und Gärschrank),

(D) die Fläche der Sozialräume,

(E) die Fläche des Magazins,

(F) die Gesamtfläche der Arbeitstische,

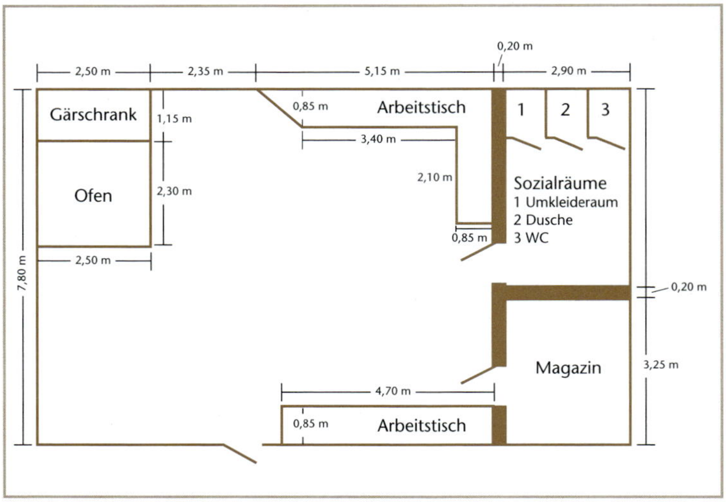


(G) die Anzahl der Personen, die beschäftigt werden dürfen, da je Arbeitskraft mindestens 4 $m^2$ Fläche vorgeschrieben sind.

[1] Eine Presse = 30 Brötchen

# 7 Die Raum- und Hohlmaße

## 7.1 Die Raummaße

$$V = g \cdot H$$

$V$ = Volumen (Rauminhalt)

$g$ = Grundfläche

$h$ = Höhe

**Beispiel**

$1\ \text{m} \cdot 1\ \text{m} \cdot 1\ \text{m} = 1$ Kubikmeter ($\text{m}^3$)

$10\ \text{dm} \cdot 10\ \text{dm} \cdot 10\ \text{dm} = 1000\ \text{dm}^3$

$1\ \text{m}^3 = 1000\ \text{dm}^3$

**Merke:**
**Die Umrechnungszahl ist bei Raummaßen 1000.**

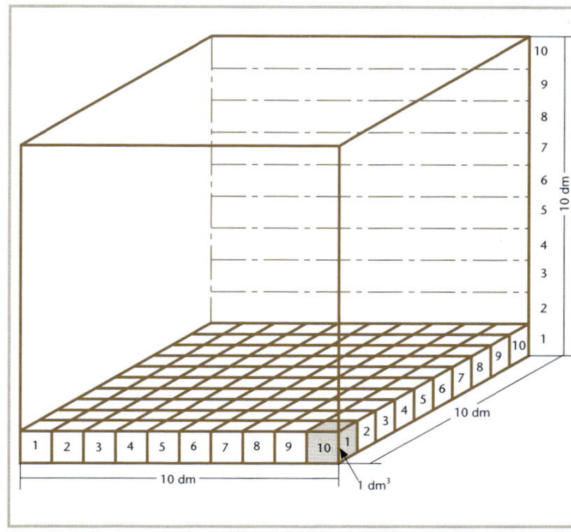


1 Kubikdezimeter ($\text{dm}^3$) = 1000 Kubikzentimeter ($\text{cm}^3$) $\quad 1\ \text{dm}^3 = \frac{1}{1000}\ \text{m}^3$

1 Kubikzentimeter ($\text{cm}^3$) = 1000 Kubikmillimeter ($\text{mm}^3$) $\quad 1\ \text{cm}^3 = \frac{1}{1000}\ \text{dm}^3$

$1\ \text{mm}^3 = \frac{1}{1000}\ \text{cm}^3$

**Körperberechnungen**

| | Form | Rauminhalt | |
|---|---|---|---|
| **Quader** | 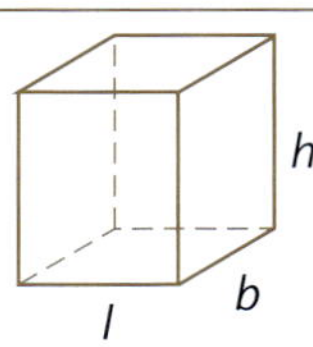 | $V = l \cdot b \cdot h$ | $l$ = Länge<br>$b$ = Breite<br>$h$ = Höhe |
| **Zylinder** | 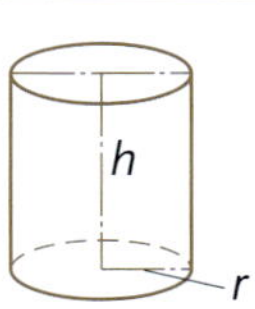 | $V = r \cdot r \cdot 3{,}14 \cdot h$<br>$V = g \cdot h$ | $r$ = Radius<br>$h$ = Höhe<br>3,14 = Kreiszahl π |
| **Kegel** | 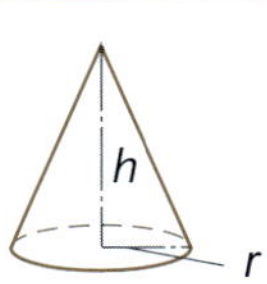 | $V = \frac{r \cdot r \cdot 3{,}14 \cdot h}{3}$<br>$V = \frac{g \cdot h}{3}$ | $r$ = Radius<br>$h$ = Höhe<br>3,14 = Kreiszahl π |

**Beachte**
**Damit man bei den vielen Nullen für Stellen hinter dem Komma nicht die Obersicht verliert, wandelt man am sichersten schrittweise in die jeweils nächst höhere/niedrigere Einheit um.**

**Beispiel**

12 cm³ = ? m³
12 cm³ = 0,012 dm³
0,012 = 0,000012 m³

Vgl. S. 29: Bei der Umrechnungszahl 1000 hatten wir gelernt: 3-stellige Ziffern bilden durch Auffüllen mit Nullen nach links und dann davor eine Null mit Komma setzen.

Und umgekehrt: 2,4 m³ = ? cm³
2,4 m³ = 2400 dm³
2400 dm³ = 2400000 cm³

Bei der Umwandlungszahl 1000 wird das Komma um 3 Stellen nach rechts verschoben, oder, falls es sich um eine ganze Zahl handelt, werden eben 3 Nullen angefügt. Dies entspricht der Multiplikation mit 1000.

## Übungsaufgaben

**1** Ⓐ Wandeln Sie in m³ um: 3 dm³; 120 cm³; 12 cm³; 40 dm³
Ⓑ Geben Sie in dm³ an: 15 cm³; 12 m³; 2,9 m³; 149 cm³
Ⓒ Drücken Sie in cm³ aus: 0,025 m³; 19,4 dm³; 2700 mm³; 0,70 dm³
Ⓓ Wie viel mm³ sind: 2,6 m³; 34 cm³; 3,2 dm³; 720 cm³

**2** Verwandeln Sie und zählen Sie zusammen:
Ⓐ in cm³: 47 cm³ + 0,045 dm³ + 6,5 dm³ + 0,08 m³ + 3,5 dm³ + 0,007 m³
Ⓑ in dm³ 3,9 m³ + 47000 cm³ + 83,5 dm³ +0,46 m³ + 0,867 m³
Ⓒ in m³ 35 dm³ + 96,2 m³ + 24 260 000 cm³ + 7630 dm³

**3** Aus einer Flasche Maraschinolikör mit 0,7 dm³ Inhalt werden im Laufe eines Arbeitstages entnommen: 50 cm³, 6000 mm³, 0,250 dm³ und 120 cm³.

Berechnen Sie den verbliebenen Rest in cm³.

## 7.2 Die Hohlmaße

| | | | | | | |
|---|---|---|---|---|---|---|
| Hektoliter[1] | = hl | 1 hl | = 100 l | 1 l | $= \frac{1}{100}$ hl | Umrechnungszahl = **100** |
| Liter | = l | 1 l | = 10 dl | 1 dl | $= \frac{1}{10}$ l | Umrechnungszahl = **10** |
| Deziliter[2] | = dl | 1 dl | = 10 cl | 1 cl | $= \frac{1}{10}$ dl | Umrechnungszahl = **10** |
| Zentiliter[3] | = cl | 1 cl | = 10 ml | 1 ml | $= \frac{1}{10}$ cl | Umrechnungszahl = **10** |
| Milliliter[4] | = ml | 1 ml | | | | |

[1] Hekto... = lat.: Hundert
[2] Dezi... = lat.: Zehntel
[3] Zenti... = lat.: Hundertstel
[4] Milli... = lat.: Tausendstel

**Rechenhilfe zum Umwandeln**

| | | hl | l | | dl | cl | ml | |
|---|---|---|---|---|---|---|---|---|
| 1 hl | = | 1 | 0 | 0 | | | | = 100 l |
| 1 l | = | | | 1 | 0 | 0 | | = 100 cl |
| 1 l | = | | | 1 | 0 | 0 | 0 | = 1000 ml |
| 25 l | = | | 2 | 5 | 0 | | | = 250 dl |
| 12 ml | = | 0, | 0 | 0 | 0 | 1 | 2 | hl |
| 12 ml | = | | | 0, | 0 | 1 | 2 | l |
| 50 cl | = | 0, | 0 | 0 | 5 | 0 | 0 | hl |

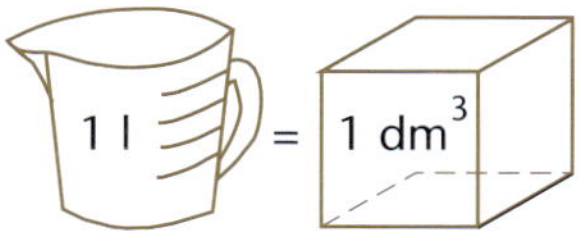


1 l = 1 $dm^3$

1 $m^3$ = 1000 l

Bei Volumenberechnungen in Liter ist es sehr vorteilhaft, alle Längenmaße in dm umzuwandeln.

## Übungsaufgaben

**1** (A) Wandeln Sie in Liter um: 25 $dm^3$; $\frac{2}{5}$ $dm^3$; 2000 $cm^3$; 1 ml; 25 ml; 250 $cm^3$

(B) Geben Sie in dl an: 4 l; 0,7 l; 125 cl; 64 cl; 7 ml; 3,4 $dm^3$

(C) Drücken Sie in cl aus: 35 ml; 3,4 dl; 0,65 l; 1,3 l; 2000 ml; 18 dl

(D) Wie viel ml sind: 1 $dm^3$; 1,5 l; 2,5 l; $\frac{3}{4}$ l; 25 $cm^3$; 1,2 $dm^3$

**2** Verwandeln Sie und zählen Sie zusammen:

(A) in l: 1,5 l + 2,5 $dm^3$ + 250 ml + 250 cl

(B) in dl: 3 dl + 140 cl + 0,75 1 + 1\2 l + 800 ml

(C) in cl: 0,7 $dm^3$ + 2,4 l + 240 dl + 1200 ml

(D) in ml: 25 cl + 0,4 l + 190 dl + 0,75 $dm^3$ + 0,l cl

**3** Ein Gärschrank hat folgende Innenmaße: Länge 2405 mm, Breite 800 mm, Höhe 1975 mm.

(A) Berechnen Sie das Volumen in Liter.

(B) Wie viel Liter Wasser werden verbraucht, wenn man für die Erzeugung von einem $m^3$ Dampf 38 ml Wasser benötigt?

**4** Welches Volumen (Fassungsvermögen) hat ein Mehlwagen, der 9,5 dm breit, 105 cm lang und 780 mm tief ist?

(Maße = Innenmaße. Volumen in Liter angeben)

**5** Eine Backstube ist 13,55 m lang, 10,30 m breit und 3,5 m hoch. In dem Raum steht ein Backofen und daneben ein Gärschrank, die zusammen 2,52 × 2,1 × 3,05 m messen. Die übrigen Einrichtungen werden auf 5 $m^3$ geschätzt.

(A) Berechnen Sie den verbleibenden Luftraum.

(B) Wie viele Personen können beschäftigt werden, wenn 15 $m^3$ Luftraum pro Beschäftigten vorgeschrieben sind?

**6** Auf fünf Backblechen (je 580 mm × 780 mm), die mit Hefeteig belegt sind, soll jeweils eine 1 mm dicke Schicht Vanillecreme aufgestrichen werden.

Wie viel Liter Vanillecreme sind vorzubereiten?

**7** Ein (nicht isoliertes) Wasserrohr für heißes Wasser hat einen Innendurchmesser von 12 mm und ist 8 m lang (vom Heizkessel zum Wasserhahn).

(A) Wie viel Liter muss man ablaufen lassen, bis das heiße Wasser kommt?

(B) Wie hoch ist die Wassereinsparung, wenn die Heißwasserleitung statt dessen einen Durchmesser von 8 mm hat?

**8** Ein Tauchbad für Brezeln ist 600 mm lang, 400 mm breit und 285 mm hoch. Das Tauchbad soll bis 35 mm unter die Oberkante gefüllt werden.

(A) Wie viel Liter Lauge müssen eingefüllt werden?

(B) Nach zwei Tagen ist der Laugenstand um 40 mm abgesunken. Um wie viel cm steigt die Flüssigkeit an,wenn 10 Liter nachgefüllt werden?

**9** Ein tourierter Blätterteig hat folgende Maße: 20 cm × 35 cm × 3,2 cm. Er soll 4 mm dick und 50 cm breit ausgerollt werden.

Reicht die ausgerollte Teigbahn aus, um 50 Quadrate mit der Kantenlänge 10 cm zu erhalten?

**10** Plunderteig ist 4,2 mm dick ausgerollt. Die Teigbahn ist 50 cm breit und 1,2 m lang.

Wie lang wird die Teigbahn, wenn bei gieicher Breite bis auf 3,5 mm ausgerollt wird?

**11** Berechnen Sie den Inhalt der einzelnen Mehlsilos in Liter!

| Silos | 1 | 2 | 3 | 4 | 5 |
|---|---|---|---|---|---|
| d | 220 cm | 240 cm | 180 cm | 194 cm | 240 cm |
| $H_1$ | 270 cm | 300 cm | 185 cm | 210 cm | 220 cm |
| $H_2$ | 85 cm | 90 cm | 62 cm | 76 cm | 90 cm |

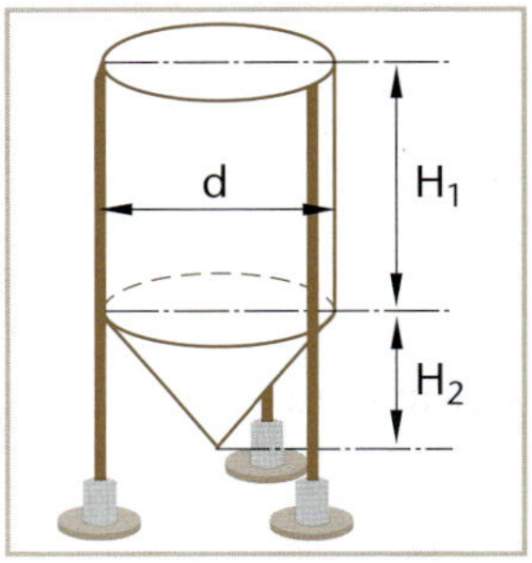


Wie viel kg Mehl (auf 100 kg gerundet) können in jedem Silo gelagert werden, wenn 1 $m^3$ Mehl ca. 400 kg wiegt?

# 8 Das Auf- und Abrunden von Endergebnissen

In der „Rechenwirklichkeit" gehen die errechneten Ergebnisse oftmals nicht auf, d.h. es ergeben sich viele Stellen nach dem Komma. Dies ist entweder unübersichtlich oder, z.B. bei EURO-Beträgen, unüblich, da ja 1 Cent die kleinste Zahleinheit ist. Was ist zu tun? Man bricht den Rechenvorgang an sinnvoller Stelle ab und rundet das Ergebnis. Folgende Regeln helfen Ihnen dabei, die Ergebnisse richtig runden zu können.

**Regeln**

1. Um für die Praxis sinnvoll zu runden, müssen je nach Einheit (Benennung) verschieden viele Stellen errechnet werden:

   Und zwar immer um 1 Stelle mehr als die Einheit vorgibt.

   | | | | | |
   |---|---|---|---|---|
   | z.B. | bei Gewichtsangaben: | 1 g = 0,001 kg | ➠ | also 4 Stellen, |
   | | bei Preisangaben: | 1 Cent = 0,01 € | ➠ | also 3 Stellen, |
   | | bei Hohlmaßen: | 1 ml = 0,001 l | ➠ | also 4 Stellen, |
   | | bei Längenmaßen: | 1 cm = 0,01 m | ➠ | also 3 Stellen. |

2. Die jeweils letzte errechnete Stelle wird gerundet.
3. Bis einschließlich 4 wird abgerundet.
4. Ab einschließlich 5 wird aufgerundet.

**Beispiele**

Abrunden: 0,0014 kg = 0,001 kg

Aufrunden: 0,0015 kg = 0,002 kg

## Übungsaufgaben

**1** Runden Sie:

| | | |
|---|---|---|
| (A) 1,473 € | (G) 0,9216 kg | (M) 1,936 € |
| (B) 0,38992 kg | (H) 129,9139 kg | (N) 10,514 l |
| (C) 9,4555 € | (I) 742,9361 l | (O) 0,1478 kg |
| (D) 3,471 € | (J) 6,524 € | (P) 3,0155 m |
| (E) 12,475 m | (K) 268,3488 l | (Q) 1,0029 kg |
| (F) 11,017 € | (L) 0,0173 m | (R) 7,002 € |

**2** 1 kg Trüffelpralinen kostet laut Kalkulation 43,65 €. Wie viel kostet 1\8 kg dieser Pralinensorte?

**3** Das Rezept für Rohmarzipan lautet: 2\3 Mandeln und 1\3 Zucker.

Wie viel kg Zucker und Mandeln werden für 10,450 kg Rohmarzipan benötigt?

**4** Der Preis für 1 kg Hefezopf beträgt 8,75 €. Für ein Stadtfest soll ein Bäcker einen Riesenzopf mit einem Gewicht von 99,999 kg herstellen.

(A) Wie viel EURO muss er dafür in Rechnung stellen?

(B) 1 kg Hefezopf wird in einer Länge von ca. 8 cm ausgebacken. Wie lang muss der Tisch sein, auf dem der 99,999 kg schwere Hefezopf aufgebaut wird?

# 9 Das Dreisatzrechnen

Im folgenden Kapitel werden Ihre Kenntnisse vom Dreisatzrechnen nochmals aufgefrischt. Wenn Sie bei dieser Rechenart nicht absolut sattelfest sind, sollten Sie die nächsten Seiten sehr sorgfältig durcharbeiten. Fast alle berufsbezogenen Rechenaufgaben lassen sich mit Hilfe des Dreisatzes lösen. Es gibt mehrere Möglichkeiten, den Dreisatz darzustellen. Häufig wird der *Dreisatz* zum *Zweisatz* verkürzt oder aber zur „x-Rechnung" umgewandelt. Diese beiden Formen sind vom Dreisatz abgeleitet, der nun ausführlich erklärt werden soll.

## Musteraufgabe

8 kg Zucker kosten 7,44 €.

Wie teuer sind 5 kg Zucker?

1. **Bedingungssatz:**
   Er gibt uns an, was aus der Aufgabenstellung bekannt ist.

   *Erklärung:*
   Schreiben Sie den 1. Satz immer so an, dass die gefragte Benennung rechts vom ≙ steht.

   Also nicht: 7,44 ≙ 8 kg.

2. Wir schließen auf die Einheit, auf 1 (kg, 1, € o.a.)

   *Erklärung:*
   1 kg kostet den 8ten Teil, also ⑧ unter den Bruchstrich, denn der Bruchstrich bedeutet ja geteilt (:).

   Rechts vom ≙ steht nun der noch nicht ausgerechnete Preis für 1 kg Zucker.

3. **Fragesatz:** Wir berechnen die gefragte Mehrheit aus der Aufgabenstellung.

   *Erklärung:*
   5 kg kosten dann 5-mal so viel. Die Zahl ⑤ kommt deshalb auf den Bruchstrich.

$$\textcircled{8}\ \text{kg} \mathrel{\widehat{=}} 7{,}44\ €$$

↓

$$1\ \text{kg} \mathrel{\widehat{=}} \frac{7{,}44}{\textcircled{8}}\ €$$

↓

$$5\ \text{kg} \mathrel{\widehat{=}} \frac{7{,}44 \cdot \textcircled{5}}{\textcircled{8}}\ €$$

$$= \mathbf{4{,}65\ €}$$

**Beachten Sie, ...**

**... dass gleiche Benennungen immer untereinander stehen, denn wenn Sie die Seiten vertauschen, kann diese Form des Dreisatzes nicht mehr verwendet werden. Erst nachdem der Bruchstrich ganz aufgebaut ist, wird zuerst multipliziert und dann dividiert, um Rundungsfehler zu vermeiden. Gelegentlich bietet sich das Kürzen des aufgebauten Bruchs an.**

Überlegen Sie, warum man beim Dreisatzrechnen auf die **Einheit** schließt.

**Der verkürzte Dreisatz:**

8 kg ≙ 7,44 €

<u>5 kg ≙ ? €</u>

8 kg ≙ 7,44 €

$$5\ \text{kg} \mathrel{\widehat{=}} \frac{7{,}44\ € \cdot 5}{8}$$

$$= \mathbf{4{,}65\ €}$$

**Dreisatz mit x:**

8 kg ≙ 7,44 €

5 kg ≙ x €

$$x \mathrel{\hat{=}} \frac{7{,}44 \cdot 5}{8} \text{ €}$$

x = **4,65 €**

Beim verkürzten Dreisatz erspart sich der geübte Rechner die Zwischenzeile „schließen auf die Einheit" und schreibt die Division (hier : 8) und nachfolgend die Multiplikation (hier · 5) sofort auf einen Bruchstrich.

Bei der „x-Rechnung" wird an Stelle des „Platzhalters" ? ein x geschrieben. x hat in der Mathematik etwa die Bedeutung: zunächst noch unbekannte Zahl.

## Übungsaufgaben

1 100 kg Mehl kosten 32,00 €. Berechnen Sie den Preis für 68 kg, 37 $\frac{1}{2}$ kg, 145 kg.

2 2 $\frac{1}{2}$ kg Zucker kosten 2,35 €. Wie teuer sind 50 kg, 3,5 kg, 9 kg, 125 kg, 1 $\frac{3}{4}$ kg?

3 Rezept: Hefeteig

| | |
|---|---|
| 1000 g Mehl | je kg 0,34 € |
| 50 g Hefe | je kg 1,40 € |
| 80 g Zucker | je kg 0,94 € |
| 125 g Butter | je kg 3,30 € |
| 100 g Ei (= 2 St.) | je St. 0,12 € |
| 10 g Salz | je kg 0,72 € |
| 500 g Milch | je kg 0,55 € |

(A) Berechnen Sie die Mengenpreise der einzelnen Zutaten.

(B) Berechnen Sie den Materialpreis (Gesamtpreis).

4 12,5 kg Puderzucker kosten 13,00 €. Wie teuer sind 20 kg?

5 5 kg Haselnüsse kosten 22,50 €. Welcher Preis ist für 3,75 kg zu zahlen?

6 30 kg Backpulver der Marke Triebfix kosten 58,80 €. 5 kg Backpulver der Marke Triebflott kosten 10,60 €.

Welches Backpulver ist, gleiche Qualität vorausgesetzt, preisgünstiger?

7 Der Backstubenleiter kauft 9 Kartons Dunstapfelstücke im Sonderangebot zu 183,60 €. 1 Karton enthält 6 Dosen.

Berechnen Sie den Preis für eine Dose.

8 Für die Herstellung eines Mürbeteiges werden laut Rezept gebraucht:

| | |
|---|---|
| 1,100 kg Zucker | (50 kg kosten 46,50 €) |
| 2,200 kg Margarine | (15 kg kosten 28,50 €) |
| 3,300 kg Mehl | (50 kg kosten 18,00 €) |

Welchen Materialwert hat dieser Mürbeteig?

**9** 12,5 kg Marzipanrohmasse kosten den Bäckermeister Edermann 40,00 €.

Ⓐ Der Auszubildende Simon nimmt 0,4 kg mit nach Hause. Wie viel muss er an den Meister bezahlen, wenn er die Rohmasse zum gleichen Preis erhält, wie sie Herr Edermann eingekauft hat?

Ⓑ Wie viel kg Marzipan kann er für 5,00 € abwiegen?

*Beachten Sie:* bei Ⓑ wird nicht gefragt, wie viel € der Auszubildende für eine gegebene Menge bezahlen muss, sondern umgekehrt, welche Menge er für 5,00 € erhält. Da die Fragestellung umgekehrt ist, muss auch der Bedingungssatz verändert werden. Die erste Zeile des Dreisatzes muss demnach so geschrieben werden, dass die Menge rechts vom ≙ steht.

*Beispiel:*

$$40{,}00\ € \triangleq 12{,}5\ \text{kg}$$
$$1\ € \triangleq \frac{12{,}5}{40}\ \text{kg}$$
$$5{,}00\ € \triangleq\ ?\ \text{kg}$$

**10** Ausgehend von 20 kg Mehl plus der übrigen Teigzutaten können 39 kg Brot hergestellt werden.

Ⓐ Wie viel kg Brot erhält man aus 45 kg Mehl?

Ⓑ Wie viel kg Mehl benötigt man für 15,6 kg Brot?

**11** Eine Flasche Rum mit 0,7 l Inhalt kostet im Einkauf 9,60 €.

Ⓐ Welchen Materialwert stellen 120 ml Rum dar, die für die Tränke der Savarins[1] benötigt werden? (1 l = 1000 ml.)

Ⓑ Wie viel ml Rum dürfen für die Tränke der Savarins abgemessen werden, wenn in der Materialkostenberechnung nur 2,80 € für den Rum vorgesehen sind?

**12** Bei Hefeteig nimmt man in der Regel 30 g Hefe für 500 g Mehl.

Ⓐ Wie viel Gramm Hefe sind demnach für 2,4 kg Mehl erforderlich?

Ⓑ Für wie viel kg Mehl sind 500 g Hefe ausreichend?

**13** Ein Eimer Aprikosenkonfitüre mit dem Inhalt von 12,5 kg kostet 31,00 €.
Ein Berliner wird durchschnittlich mit 6 g Konfitüre gefüllt.

Ⓐ Wie viel kg Konfitüre werden für 75 Berliner verbraucht?

Ⓑ Wie viel € muss der Bäcker für die Füllung der 75 Berliner veranschlagen?

Ⓒ Wie viel Gramm Konfitüre können für 2 Cent je Berliner eingefüllt werden?

**14** Im Großmarkt kosten 12,5 kg Pflaumen 13,14 €.

Ⓐ Wie viel EURO muss man beim Kauf von 24 kg bezahlen?

Ⓑ Wie viel kg Pflaumen erhält man für 15,00 €?

**15** Die Verkäuferin Monika kauft bei ihrem Chef für 10,00 € Teegebäck. Für 100 g muss sie 2,10 € bezahlen. Wie viel Gramm erhält sie?

**16** Ein Sack Zucker ist aufgeplatzt und es wurden 1.8 kg am Boden verstreut.

Ⓐ Berechnen Sie den Materialverlust, wenn 50 kg Zucker 47,00 € kosten.

Ⓑ Wie viel g Zucker wären verstreut worden, wenn der Materialwert 1,20 € ist?

---

[1] Savarins sind kleine Hefegebäcke, die nach dem Backen in eine Tränke, die aus Wasser, Zucker, Wein und Rum besteht, getaucht und anschließend mit Fondant glasiert werden.

**17** Der Geselle Dirk testet den Benzinverbrauch seines Autos. Für 439 km hat sein PKW 42,6 Liter verbraucht.

Ⓐ Wie viel Liter Sprit braucht sein Auto für 100 km?

Ⓑ Wie viel Kilometer kann er mit einem Liter Benzin fahren?

Ⓒ Wie viel Liter kann man er für 30,00 € tanken,wenn 5 Liter 5,20 € kosten?

**18** Ein Karton Eier mit 360 Stück der Gewichtsklasse 3 kosten 32,40 €.

Ⓐ Wie teuer sind 25 Stück?

Ⓑ Wie viel Eier würde man für 10,00 € erhalten?

**19** Wie viel Berliner kann man mit 2,5 kg Konfitüre füllen, wenn man für 30 Stück 0,18 kg benötigt?

**20** Ein Obstgeschäft bietet Bananen in drei Güteklassen an.

Angebot 1: 720 g kosten 0,94 €
Angebot 2: 1255 g kosten 1,88 €
Angebot 3: 850 g kosten 1,19 €

Ⓐ Berechnen Sie die Preise für jeweils 1000 g.

Ⓑ Wie viel Bananen erhält man für 2,50 € jeweils?

**21** In einem Päckchen Backhefe mit 500 g befinden sich ca. 5 Billionen Hefepilze.
In den Supermärkten wird die Hefe in 42-g-Würfeln angeboten.
Wie viel Milliarden Hefepilze sind in diesem Würfel enthalten?
(1 Billion = 1000 · 1 000 000 000 [= 1 Milliarde])

**22** Der Geselle Thomas verdient, da er sehr tüchtig ist, in 8 Stunden 89,60 €.

Ⓐ Wie viel EURO verdient er brutto, wenn er insgesamt 172 Arbeitsstunden geleistet hat?

Ⓑ Für sein Auto muss er monatlich 170,00 € aufwenden. Wie viel Stunden arbeitet er nur für das Auto?

**23** Aus 5 kg Weizenmehl (zuzüglich Wasser, Hefe, Backmittel und Salz) erhält man 150 Brötchen zu je 44 g Backgewicht. Wie viel kg Mehl benötigt man für 480 Brötchen?

**24** In der Bäckerei werden statt Milch häufig Wasser und Milchpulver verwendet. 860 Gramm Wasser plus 140 Gramm Milchpulver entsprechen 1000 Gramm Milch.

Ⓐ Wie viel Gramm Milchpulver muss man für 2500 Gramm Wasser abwiegen?

Ⓑ Wie viel Gramm Wasser muss man abmessen, wenn man ausgehend von 100 g Milchpulver Milch anrühren will?

Ⓒ Für ein Rezept werden 2,5 Liter Milch gebraucht. Wie viel Gramm Wasser und Milchpulver sind miteinander zu mischen?

**25** Die Bäckerei Neumann verarbeitet in sechs Tagen 22,5 dt Mehl. Herrr Neumann möchte immer einen Vorrat für fünf Tage auf Lager haben.

Wie viel dt Mehl muss er demnach ständig im Lager vorrätig haben?

**26** Bäckermeister Sibig verwendet zur Herstellung von 15 Broten mit 500 g Backgewicht, 11 Broten mit 750 g Backgewicht sowie 6 Broten mit 1000 g Backgewicht 10 kg Weizenmehl und 5 kg Roggenmehl.

Wie viel ganze Brote mit 1000 Gramm Backgewicht würde Herr Sibig erhalten, wenn er 18 kg Weizen- und 9 kg Roggenmehl nähme?

# ⑩ Das Prozentrechnen

In der Bäcker-Fachklasse 10a sind von 25 Schülern 5 Mädchen, in der Parallelklasse 10b sind bei einer Klassenstärke von 20 Schülern ebenfalls 5 Mädchen. In den beiden Klassen ist die *Anzahl* der Schülerinnen gleich, jeweils 5, nicht gleich ist aber der *Anteil* der Mädchen. Um den Anteil der Mädchen vergleichen zu können, braucht man eine gleiche Ausgangsgröße. Als eine sehr praktikable Ausgangs- oder Bezugsgröße bietet sich die Zahl 100 an: Wie viel Schülerinnen wären in jeder Klasse, wenn jede Klasse 100 Schüler hätte?

| 10 a Bäcker | | |
|---|---|---|
| 25 Schüler | · 4 | = 100 |
| davon Mädchen | · 4 | = **20** |

| 10 b Bäcker | | |
|---|---|---|
| 20 Schüler | · 5 | = 100 |
| davon 5 Mädchen | · 5 | = **25** |

In der Klasse 10a ist der Anteil der Mädchen 20 vom Hundert, in der Klasse 10b ist der Anteil der Mädchen 25 vom Hundert und somit um 5 höher.

Geht man von der Vergleichszahl 100 aus, so bezeichnet man dies als Prozentrechnen.

Das Wort Prozent ist lateinischen Ursprungs: „pro centum" und bedeutet „vom Hundert". Wenn wir also gelernt haben, dass Weizenmehl der Type 405 ca. 9% Trockenkleber enthält, so besagt dies, dass 9 g von 100 g dieses Mehls Trockenkleber ist. Beim Prozentrechnen unterscheidet man zwischen Grundwert, Prozentwert und Prozentsatz:

**Grundwert** = 100%

Er ist die Ausgangsbasis (Bezugspunkt) beim Prozentrechnen (s.o.: 100 g Mehl)

**Prozentsatz** %

Er trägt das Prozentzeichen % und gibt die Anzahl der Hundertstel an:

$20\% = \frac{20}{100} = 20$ vom Hundert

(s.o. 9% Kleberanteil)

**Prozentwert**

Der Prozentwert ist der Teil des Grundwertes, der durch den Prozentsatz bestimmt wird (s.o.: 9 g Trockenkleber).

Er hat dieselbe Benennung wie der Grundwert.

**Merke:**
**Wenn zwei Werte gegeben sind, dann kann der dritte Wert immer errechnet werden.**

# 10.1 Der Prozentwert ist gesucht

## Musteraufgabe

Wie viel € sind 20% von 200,00 €?

Bei jeder Prozentaufgabe muss vorab geklärt werden, was der Grundwert ist.

**1. Schritt:**

Die Aufgabe wird zerlegt in das Gegebene und das Gesuchte. Für ein besseres Verständnis der Textaufgaben ist es oft vorteilhaft, wenn Sie sich eine kleine Skizze anfertigen und die Angaben der Aufgabe dort eintragen.

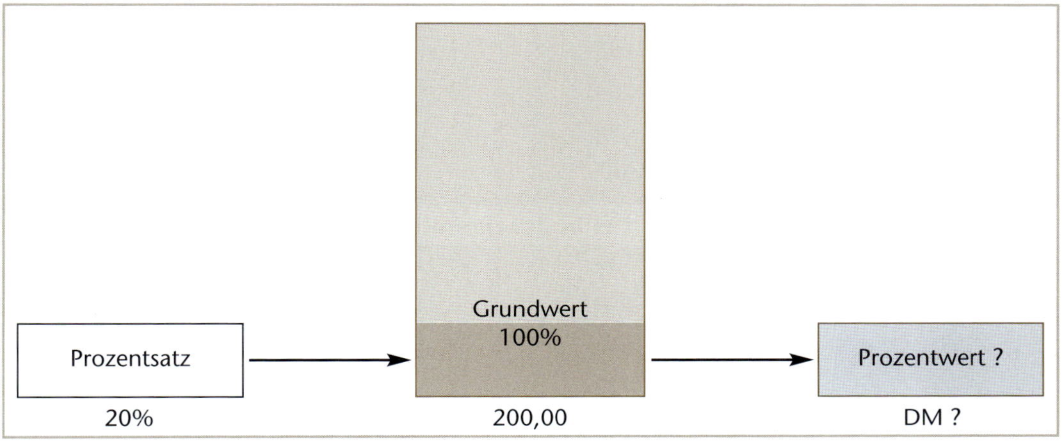


Gegeben: Prozentsatz ≙ 20 %
Grundwert ≙ 200,00 € ➠ 200,00 € ≙ 100%

Gesucht: Prozentwert (€)

**2. Schritt**

Lösung: Prozentaufgaben werden mit Hilfe des Dreisatzes gelöst.

$$100\% \mathrel{\widehat{=}} 200{,}00\ €$$

$$1\% \mathrel{\widehat{=}} \frac{200}{100}\ €$$

$$20\% \mathrel{\widehat{=}} \frac{2\cancel{00} \cdot 20}{1\cancel{00}}\ € = \mathbf{40{,}00\ €};$$ kürzen mit 100;

Ableiten der Formel für den Prozentwert:

$$40{,}00\ € = \frac{200{,}00\ \text{(Grundwert)} \cdot 20\ \text{(Prozentsatz)}}{100}$$

$$\textbf{Prozentwert} = \frac{\textbf{Grundwert} \cdot \textbf{Prozentsatz}}{\textbf{100}}$$

## *Antwort*

20% von 200,00 € sind 40,00 €.

## Übungsaufgaben

**1** Berechnen Sie bei den folgenden Aufgaben den Prozentwert. Die Prozentsätze sind so gewählt, dass die Aufgaben im Kopf gerechnet werden können.

Wie viel € sind 12,5 % von 24,00 €?

12,5 % ➠ 12,5 von 100 = $\frac{12,5}{100} = \frac{1}{8}$ (der 8. Teil vom Ganzen; Probe: 8 · 12,5 = 100)

$\frac{1}{8}$ von 24,00 € = $\frac{24}{8}$ = **3,00 €** Antwort: 12,5 % von 24,00 € sind 3,00 €.

Ⓐ

| Prozentsatz | | Grundwerte | | | Prozentwerte | | |
|---|---|---|---|---|---|---|---|
| 5% | von | 500 | 600 | 450 | ? | ? | ? |
| 1% | von | 300 | 206 | 155 | ? | ? | ? |
| 2% | von | 140 | 350 | 284 | ? | ? | ? |
| 10% | von | 242 | 560 | 378 | ? | ? | ? |
| 12,5% | von | 800 | 640 | 960 | ? | ? | ? |
| 20% | von | 400 | 180 | 150 | ? | ? | ? |
| 25% | von | 500 | 240 | 144 | ? | ? | ? |
| 50% | von | 133 | 789 | 554 | ? | ? | ? |
| 75% | von | 120 | 280 | 640 | ? | ? | ? |
| $33\frac{1}{3}$% | von | 150 | 186 | 279 | ? | ? | ? |
| $66\frac{2}{3}$% | von | 240 | 960 | 183 | ? | ? | ? |

Ⓑ

| Prozentsatz | | Grundwerte | | | Prozentwerte | | |
|---|---|---|---|---|---|---|---|
| 1% | von | 25,00 | 34,00 | 7,00 | ? | ? | ? |
| 2% | von | 55,50 | 79,00 | 37,00 | ? | ? | ? |
| 5% | von | 12,00 | 3,60 | 18,00 | ? | ? | ? |
| 10% | von | 0,50 | 56,70 | 12,02 | ? | ? | ? |
| 12,5% | von | 16,80 | 44,00 | 64,96 | ? | ? | ? |
| 20% | von | 75,50 | 0,84 | 1,60 | ? | ? | ? |
| 25% | von | 68,50 | 32,40 | 6,40 | ? | ? | ? |
| 50% | von | 8,50 | 14,90 | 35,50 | ? | ? | ? |
| 75% | von | 24,00 | 36,80 | 4,12 | ? | ? | ? |
| $33\frac{1}{3}$% | von | 3,45 | 27,60 | 0,42 | ? | ? | ? |
| $66\frac{2}{3}$% | von | 36,12 | 57,00 | 0,39 | ? | ? | ? |

Ⓒ Der Grundwert ist bei den Aufgaben Ⓐ immer größer als 100. Zu welchem Ergebnis kommen Sie, wenn Sie den Prozentsatz mit dem Prozentwert vergleichen?

Ⓓ Vergleichen Sie den Prozentsatz mit dem Prozentwert, wenn der Grundwert kleiner als 100 ist. (Siehe Aufgaben Ⓑ)

Ⓔ Wann ist der Prozentsatz gleich dem Prozentwert?

**2** Berechnen Sie den Prozentwert.

Ⓐ 18,5 % von 2580,00 €
Ⓑ 56,2 % von 369,00 €
Ⓒ 5,75% von 6730,00 €
Ⓓ 0,45% von 945,00 €
Ⓔ 115% von 832,4 kg
Ⓕ 158% von 248,3 kg
Ⓖ 285% von 0,59 kg
Ⓗ 174% von 1,58 kg

**3** Der Auszubildende Michael erhält beim Kauf einer Stereoanlage, die mit 1280,00 € ausgezeichnet ist, 4% Preisnachlass.

Ⓐ Berechnen Sie den Nachlass in EURO.
Ⓑ Welchen Betrag muss Michael für die Anlage bezahlen?

**4** Meister Braun gewährt den Beschäftigten 14% Personalrabatt. Was muss Martin für 4 Bienenstiche zu je 1,10 €, 5 Quarktaschen zu je 1,05 €, 6 Blätterteigstücke zu je 0,80 € und 1 Mischbrot zu 2,10 € (alles Ladenpreise) bezahlen?

**5** In der Bäckerei Renner werden zum 01.04. die Löhne um 4,2% erhöht. Der Geselle Richard verdiente bisher 1632,00 € und die Verkäuferin Monika 1320,00 €.

Welchen Lohn erhalten sie ab April?

**6** Der Geselle Alex Roth hat mit seinern Chef einen Stundenlohn von 13,20 € brutto vereinbart.

Ⓐ Was verdient Herr Roth im Mai brutto bei 21 Arbeitstagen mit je 8 Stunden?

Ⓑ Wie viel EURO werden ihm in diesem Monat abgezogen an:
- Lohnsteuer (12,6%)
- Kirchensteuer (8% von der Lohnsteuer)
- Solidaritätszuschlag (5,5% von der Lohnsteuer)
- Krankenkasse (7,9%)
- Rentenversicherung (9,95%)
- Arbeitslosenversicherung (1,65%)
- Pflegeversicherung (0,975%)

Ⓒ Wie viel EURO verdient Herr Roth im Monat Mai netto?

**7** Herr Wiener hat den gleichen Stundenlohn und die gleichen gesetzlichen Abzüge wie Herr Roth. Da Herr Wiener einen Sparvertrag für vermögenswirksame Leistungen abgeschlossen hat, ändert sich seine Lohnabrechnung.

| | | |
|---|---|---|
| | 21 · 8 Arbeitsstunden · ...... € Stundenlohn = | ......... € |
| + | vermögenswirksame Leistungen des Arbeitgebers | 20,00 € |
| = | Bruttoverdienst | ......... € |
| | – Lohnsteuer (12,6%) | ......... € |
| | – Solidaritätszuschlag (5,5% von der Lohnsteuer) | ......... € |
| | – Kirchensteuer (8% von der Lohnsteuer) | ......... € |
| | – Krankenkasse (7,9%) | ......... € |
| | – Rentenversicherung (9,95%) | ......... € |
| | – Arbeitslosenversicherung (1,65%) | ......... € |
| | – Pflegeversicherung (0,975%) | ......... € |
| = | Nettolohn | ......... € |
| | – vermögenswirksame Leistungen | 40,00 € |
| | + Arbeitnehmersparzulage (9% von 40,00) | ......... € |
| = | auszuzahlender Betrag | **......... €** |

Berechnen Sie die einzelnen Posten der Lohnabrechnung.

**8** Der Arbeitgeber von Herrn Roth muss zum Bruttolohn noch folgende Lohnnebenkosten zahlen:

100% Bruttolohn = 10,20 €

\+ 55% gesetzliche Sozialaufwendungen (Bezugsbasis: Bruttolohn)
Arbeitgeberanteil zur Kranken-, Renten-, Arbeitslosen- und Pflegeversicherung; Unfallversicherung; Lohnfortzahlung im Krankheitsfall (bis zu sechs Wochen); Lohnfortzahlung an Feiertagen

\+ 35 % tariflich vereinbarte Leistungen (Bezugsbasis: Bruttolohn)
Urlaubsgeld; Weihnachtsgeld; vermögenswirksame Leistungen

Ⓐ Wie viel EURO muss derArbeitgeber je Arbeitsstunde für die gesetzlichen Sozialaufwendungen bezahlen?

Ⓑ Wie viel EURO betragen die tariflich vereinbarten Leistungen je Arbeitsstunde?

Ⓒ Wie viel EURO betragen die gesamten Lohnnebenkosten?

Ⓓ Welchen Stundenlohn muss der Arbeitgeber von Herrn Roth bei seinen Kalkulationen einsetzen?

## 10.2 Der Prozentsatz ist gesucht

**Musteraufgabe**

Beim Kauf eines gebrauchten Kleinkraftrades, das 2400,00 € kostet, müssen 1080,00 € sofort bezahlt werden, der Rest später.

Wie viel Prozent des Kaufpreises beträgt die Anzahlung?

Gegeben: Kaufpreis = 2400,00 €
Anzahlung = 1080,00 €

Gesucht: Anzahlung in %

***Musterlösung***

Daraus folgt Grundwert (100%)

Dreisatz: 2400,00 € ≙ 100% Da der Prozentsatz gesucht ist, steht 100% rechts vom ≙-Zeichen.

$$1{,}00\ € \mathrel{\hat{=}} \frac{100}{2400}\ \%$$

$$1080{,}00\ € \mathrel{\hat{=}} \frac{10\not{0} \cdot 1080}{240\not{0}}\ \% = 45\%$$

Es müssen 45% des Kaufpreises angezahlt werden.

Ableiten der Formel für den Prozentsatz:

$$45\% = \frac{100 \cdot 1080 \text{ (Prozentwert)}}{2400 \text{ (Grundwert)}} \%$$

$$\textbf{Prozentsatz} = \frac{\textbf{100} \cdot \textbf{Prozentwert}}{\textbf{Grundwert}}$$

## Übungsaufgaben

**1** Berechnen Sie bei den folgenden Aufgaben den Prozentsatz jeweils im Kopf. Die Prozentwerte ermöglichen einen vereinfachten Rechengang.

Beispielsweise: Wie viel % sind 15,00 € von 75,00 €?

Lösung: 15 von 75 = $\frac{15}{75} = \frac{1}{5}$

$\frac{1}{5}$ von 100% (Grundwert) = **20%**

| | Prozentwert | Grundwert | | | Prozentsatz | | |
|---|---|---|---|---|---|---|---|
| (A) | 1,00 € von | 10,00 | 50,00 | 20,00 | ? | ? | ? |
| (B) | 2,00 € von | 20,00 | 10,00 | 16,00 | ? | ? | ? |
| (C) | 3,00 € von | 10,00 | 15,00 | 9,00 | ? | ? | ? |
| (D) | 4,00 € von | 4,00 | 12,00 | 32,00 | ? | ? | ? |
| (E) | 5,00 € von | 25,00 | 2,50 | 7,50 | ? | ? | ? |
| (F) | 6,00 € von | 3,00 | 48,00 | 9,00 | ? | ? | ? |
| (G) | 7,00 € von | 56,00 | 3,50 | 2,80 | ? | ? | ? |
| (H) | 8,00 € von | 64,00 | 6,40 | 2,00 | ? | ? | ? |
| (I) | 12,00 € von | 60,00 | 96,00 | 144,00 | ? | ? | ? |
| (J) | 15,00 € von | 75,00 | 120,00 | 9,00 | ? | ? | ? |
| (K) | 12,50 € von | 37,50 | 62,50 | 10,00 | ? | ? | ? |

**2** Wann ist der Prozentsatz:

(A) größer als der Prozentwert?
(B) kleiner als der Prozentwert?
(C) gleich groß wie der Prozentwert?

**3** Dem Gesellen Armin werden von 1730,00 € Monatslohn 626,08 € für Lohnsteuer und Sozialversicherungen abgezogen.

(A) Berechnen Sie die Abzüge in Prozent.
(B) Wie hoch ist sein Nettogehalt in EURO und in Prozent vom Monatslohn?

**4** Laut Lohnsteuertabelle werden bei einem Monatsverdienst von 1736,80 € brutto an Lohnsteuer[1] abgezogen bei:

| | |
|---|---|
| Lohnsteuerklasse I[2] | 216,83 € (Ledige, Geschiedene...) |
| Lohnsteuerklasse III | 20,00 € (Verheiratete, wenn nur ein Arbeitnehmer beschäftigt ist.) |
| Lohnsteuerklasse IV | 216,83 € (beide Ehepartner stehen in einem Arbeitsverhältnis.) |
| Lohnsteuerklasse V | 476,33 € (bei zwei berufstätigen Ehegatten kann einer die Besteuerung nach Klasse III beantragen.) |

Berechnen Sie bei den jeweiligen Steuerklassen die Lohnsteuer in Prozent.

[1] Der Solidaritätszuschlag (5,5% von der Lohnsteuer) ist nicht enthalten, da er nur vorübergehend berechnet wird.)
[2] Lohnsteuerklasse II: Gleicher Personenkreis wie bei I, aber über 50 Jahre bzw. mindestens ein Kinderfreibetrag.

## 10.3 Der Grundwert ist gesucht

### Musteraufgabe

Bäckermeister Schuster würde beim Kauf eines neuen Lieferwagens, bei dem es sich um ein Auslaufmodell handelt, 9% Rabatt vom Händler erhalten. Herr Schuster erklärt seinem Backstubenleiter, dass er dadurch 1665,00 € einsparen könnte. Wie teuer wäre der Lieferwagen ohne den Rabatt?

Gegeben: Rabatt in % = 9%
Rabatt in € = 1665,00

Gesucht: ursprünglicher Preis

### *Musterlösung*

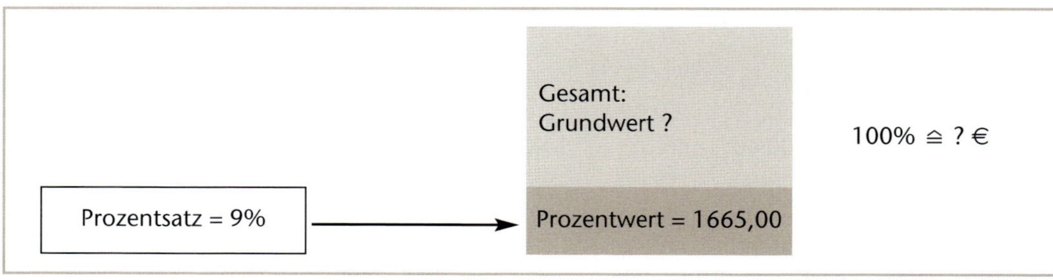


Dreisatz: $9\% \triangleq 1665{,}00\ €$ € rechts vom ≙, da der Grundwert in € zu berechnen ist.

$$1\% \triangleq \frac{1665}{9}\ €$$

$$100\% \triangleq \frac{1665 \cdot 100}{9}\ €$$

$$= \mathbf{18500{,}00\ €}$$

Das Lieferauto hätte ohne Rabatt **18500,00 €** gekostet.

Ableiten der Formel:

$$100\% = \frac{1665{,}00\ \text{(Prozentwert)} \cdot 100}{9\ \text{(Prozentsatz)}}$$

$$\textbf{Grundwert} = \frac{\textbf{Prozentwert} \cdot \textbf{100}}{\textbf{Pozentsatz}}$$

### Übungsaufgaben

**1** Berechnen Sie bei folgenden Aufgaben jeweils den Grundwert im Kopf, indem Sie den Rechenvorteil nützen.

z.B. $12{,}5\% \triangleq 8{,}00\ €$ $12{,}5\% = \frac{1}{8}$

$\frac{1}{8} \triangleq 8{,}00\ €$

$\frac{8}{8} \triangleq 8 \cdot 8{,}00\ € = 64{,}00\ €$ ➠ $100\% \triangleq 64{,}00\ €$

| Prozentsatz | | Prozentwert | | | Grundwert in €? | | |
|---|---|---|---|---|---|---|---|
| (A) | 10 % | 40,00 | 2,40 | 0,03 € | ? | ? | ? |
| (B) | 12,5 % | 4,00 | 15,00 | 12,10 € | ? | ? | ? |
| (C) | 20 % | 7,00 | 18,00 | 1,90 € | ? | ? | ? |
| (D) | 25 % | 17,00 | 1,95 | 0,29 € | ? | ? | ? |
| (E) | $33\frac{1}{3}$ % | 21,00 | 10,50 | 1,02 € | ? | ? | ? |
| (F) | 40 % | 3,00 | 5,00 | 1,13 € | ? | ? | ? |
| (G) | 50 % | 7,40 | 13,60 | 2,54 € | ? | ? | ? |
| (H) | $66\frac{2}{3}$ % | 2,00 | 3,00 | 0,80 € | ? | ? | ? |
| (I) | 75 % | 18,00 | 4,50 | 0,51 € | ? | ? | ? |
| (J) | 80 % | 4,00 | 0,16 | 4,56 € | ? | ? | ? |

**2** Ermitteln Sie den ursprünglichen Preis.

(A) 3 % Preisnachlass ≙ 11,97 €

(B) $2\frac{1}{2}$ % Preisnachlass ≙ 6,75 €

(C) $2\frac{3}{4}$ % Preisnachlass ≙ 16,50 €

(D) $1\frac{1}{2}$ % Preisnachlass ≙ 5,63 €

(E) 11 % Preisnachlass ≙ 26,95 €

(F) 9 % Preisnachlass ≙ 14,13 €

**3** Ein Auszubildender kauft für seine Freundin 250 g Praiinen aus eigener Herstellung. Er muss als Angestellter 20% weniger bezahlen und spart damit 2,00 €.

(A) Wie viel € betrug der ursprüngliche Preis?

(B) Zu welchem Preis müssen 100 g Pralinen ausgezeichnet sein?

# 10.4 Erhöhter und verminderter Grundwert sind gesucht

## 10.4.1 Erhöhter Grundwert

### Musteraufgabe

Der Preis eines Kuchens steigt von 2,75 € auf 2,85 € an. Berechnen Sie die Preiserhöhung in Prozent.

Gegeben: alter Preis = 2,75 €
neuer Preis = 2,85 €

Gesucht: Preisanstieg in Prozent

### *Musterlösung*

Als erstes muss geklärt werden, weicher der beiden Beträge der Grundwert ist.

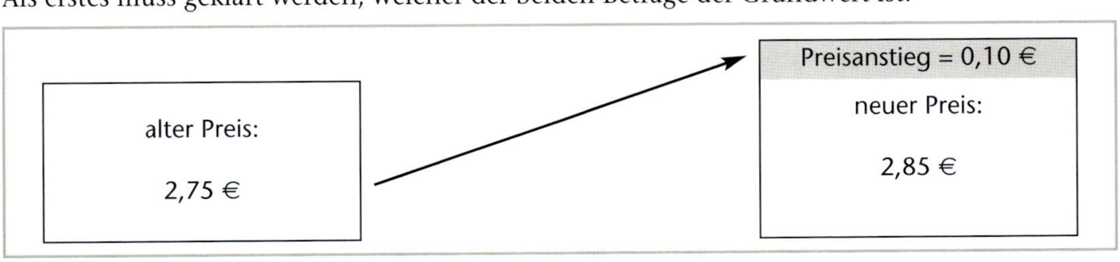

**Merke:**
**Es ist immer der Betrag, der ursprünglich bzw. früher war, der Grundwert. Daraus folgt, dass 2,75 € der Grundwert und 2,85 € der erhöhte Grundwert sind.**

Dreisatz: $2{,}75\ € \triangleq 100\%$ % rechts vom ≙-Zeichen, da % gesucht ist.

$$1{,}00\ € \triangleq \frac{100}{2{,}75}\ \%$$

$$0{,}10\ € \triangleq \frac{100 \cdot 0{,}10}{2{,}75}\ \% = \mathbf{3{,}64\ \%}$$

Der Preis stieg um **3,64 %** an.

## 10.4.2 Verminderter Grundwert

### Musteraufgabe

Der Preis des Kuchens wird von 2,85 € auf 2,75 € gesenkt. Berechnen Sie die Preissenkung in Prozent.

Gegeben: alter Preis = 2,85 €
neuer Preis = 2,75 €

Gesucht: Preissenkung in Prozent

### *Musterlösung*

Welcher Preis war vorher (ursprüng)ich)?

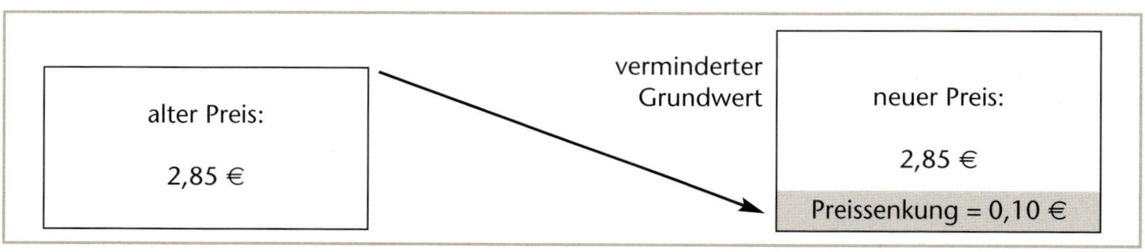


Dreisatz: $2{,}85\ € \triangleq 100\%$

$$1{,}00\ € \triangleq \frac{100}{2{,}85}\ \%$$

$$0{,}10\ € \triangleq \frac{100 \cdot 0{,}10}{2{,}85}\ \% = \mathbf{3{,}51\%}$$

Der Preis wurde um 3,51% gesenkt.

Erklären Sie, warum bei den beiden Aufgaben 14.4.1 und dieser hier zwei unterschiedliche Prozentsätze (3,51% bzw. 3,64%) ermittelt wurden, obwohl der Preisunterschied immer 0,10 € betrug.

## Übungsaufgaben zu vermindertem und erhöhtem Grundwert

**1** Der Auszubildende Frank erhält von seinem Meister 30,00 € monatlich mehr, wodurch seine Ausbildungsbeihilfe auf 440,00 € ansteigt.

Ⓐ Wie viel verdiente Frank vorher?

Ⓑ Um wie viel Prozent hat der Meister die Ausbildungsbeihilfe erhöht?

**2** Das Bekleidungshaus Maier bietet im Schaufenster eine Arbeitsjacke an, die von 76,00 € auf 56,00 € abgepreist ist. Berechnen Sie die Preisreduzierung in Prozent.

**3** In der Bäckerei Johannsen wurden ab 1. Oktober die folgenden Artikel …

| | | |
|---|---|---|
| … um 0,05 € erhöht und werden jetzt verkauft: | Nusshörnchen | 0,95 € |
| | Brezel | 0,40 € |
| | Berliner | 0,80 € |
| | Toastbrot | 1,55 € |
| | Mischbrot | 2,10 € |
| … um 0,10 € erhöht und werden jetzt verkauft: | Stück Nusstorte | 1,70 € |
| | Quarktasche | 0,85 € |
| | Schillerlocke | 1,45 € |
| | Stück Mokkatorte | 1,75 € |
| | Stück Apfelkuchen | 1,25 € |

Berechnen Sie:

Ⓐ wie teuer die Backwaren vor der Preiserhöhung waren,

Ⓑ um wie viel Prozent die Preise angehoben wurden.

**4** Im Juli hatte die Bäckerei Schneeweiß auf Grund des heißen Wetters 1576,00 € weniger umgesetzt als im Juni. Im Juli betrug der Umsatz 18124,00 €.

Ⓐ Welchen Umsatz hatte Meister Schneeweiß im Juni?

Ⓑ Berechnen Sie den Umsatzrückgang gegenüber dem Monat Juni in Prozent.

**5** Herr Schneeweiß kann seinen Umsatz im November gegenüber Oktober um 3472,00 € auf 21700,00 € steigern.

Berechnen Sie:

Ⓐ den Umsatz im Oktober,

Ⓑ die Umsatzsteigerung in Prozent.

**6** Bäckermeister Zeiß kauft auf der Fachausstellung eine Ausrollmaschine, für die er nach Abzug von 12% Messerabatt[1] 14 784,00 € bezahlen muss.

Ⓐ Wie teuer wäre die Ausrollmaschine ohne Messerabatt gewesen?

Ⓑ Welchen Betrag spart Herr Zeiß durch den Kauf auf der Messe ein?

**7** Für ein Hallenbad kostet eine Eintrittskarte 2,50 €. Beim Kauf einer Sechserkarte müssen 13,00 € bezahlt werden.

Ⓐ Was kostet ein Hallenbadbesuch mit einer Sechserkarte?

Ⓑ Um wie viel Prozent verbilligt sich der Eintritt, wenn man die Sechserkarte löst?

**8** Die Bäckerei & Konditorei Ledel bietet im Oktober eine Flasche Orangen-Fruchtsaft zum Preis von 1,30 € an. Beim Kauf eines Kartons mit sechs Flaschen muss nur der Preis für fünf Flaschen bezahlt werden.

Ⓐ Wie viel € muss man für einen Karton mit sechs Flaschen bezahlen?

Ⓑ Welchen Preis zahlt der Käuferje Flasche,wenn ereinen ganzen Karton kauft?

Ⓒ Berechnen Sie den Mengenrabatt in Prozent.

[1] Der Rabatt ist ein Preisnachlass.

9 Bäckermeister Krause kauft für die Backstube eine neue Waage. Da er die Rechnung innerhalb von 10 Tagen bezahlte, konnte er 3% Skonto[2] vom Rechnungsbetrag abziehen, und er überwies 4365,00 €.

(A) Wie hoch war der Rechnungsbetrag?

(B) Wie viel EURO Skonto hatte der Meister vom Rechnungsbetrag abgezogen?

10 In der Bäckerei & Konditorei Göbbel wurde eine festlich garnierte Aufsatztorte bestellt. Sie kostete einschließlich Mehrwertsteuer (7%) 90,95 €.

Der Kunde wünschte eine Rechnung, auf der die Mehrwertsteuer einzeln aufgeführt wurde.

Beachten Sie: Nettoverkaufspreis + Mehrwertsteuer = Bruttoverkaufspreis.

(A) Wie hoch war der Nettoverkaufspreis (Preis ohne MWSt.)?

(B) Berechnen Sie die MWSt in €.

## 10.5 Wiederholungsaufgaben zum Prozentrechnen

Die folgenden Aufgaben handeln zwar von derselben Maschine, doch ist die Fragestellung und somit die Problematik unterschiedlich. Üben Sie vor allem den Ansatz, um sicher zu werden.

1 Der Bäckermeister will eine gebrauchte Maschine für 45% des ehemaligen Kaufpreises abgeben. Der Neupreis betrug 580,00 €.

Wie viel EURO verlangt er jetzt für die Maschine?

2 Ein Bäcker will eine neue Maschine kaufen, die zunächst mit 580,00 € ausgezeichnet war. Im Sonderangebot soll sie 507,50 € kosten.

Wie viel % sind dies vom ursprünglichen Preis?

3 Der Bäckermeister gibt eine gebrauchte Maschine für 45% des ehemaligen Kaufpreises ab und erhält so 261,00 €.

Wie viel EURO kostete die Maschine ursprünglich?

4 Der Preis von 580,00 € enthält 19% Mehrwertsteuer.Wie hoch ist der Nettopreis?

5 Der Bäckermeister zahlt für die Maschine nach Abzug von 2% Skonto 568,40 €.

Wie hoch ist der normaie Verkaufspreis?

6 Der Hersteller empfiehlt für die Maschine einen Preis in Höhe von 580,00 €. Beim Fachhändler A soll sie aber 5% mehr kosten.

Wie viel EURO kostet sie dort?

7 Der Händler B bietet die Maschine 5% billiger an. Der vom Hersteller empfohlene Preis beträgt 580,00 €.

Wie viel EURO verlangt der Händler B?

Lösungshinweise für dieselben Aufgaben finden Sie in der Zusammenfassung Prozentrechnen auf den nächsten beiden Seiten. Schlagen Sie aber erst dann nach, wenn Sie alle Aufgaben selbstständig gelöst haben.

[2] Das Skonto ist ebenfalls ein Preisnachlass, es sind gesetzlich jedoch maximal 3% erlaubt. Skonto wird z.B. gewährt, wenn man die Rechnung innerhalb von 10 Tagen bezahlt.

## Zusammenfassung Prozentrechnen

### Prozentwert

Der Bäckermeister will eine gebrauchte Maschine für 45% des ehemaligen Kaufpreises abgeben. Der Neupreis betrug 580,00 €. Wie viel EURO verlangt er jetzt für die Maschine?

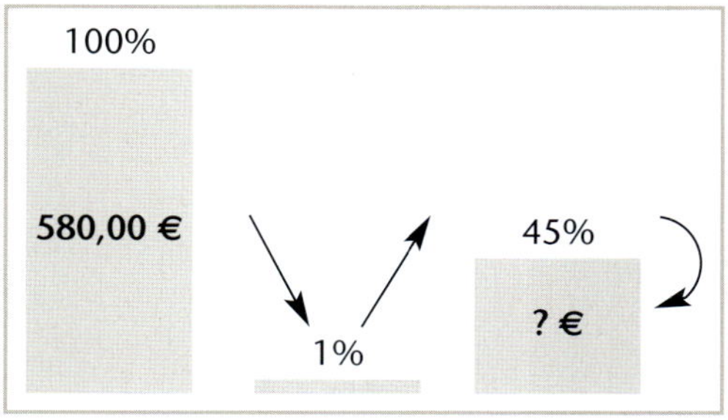


$100\% \mathrel{\hat{=}} 580{,}00$ €
$45\% \mathrel{\hat{=}} ?$ €

$$\frac{580 \cdot 45}{100} \text{ €} = \mathbf{? \text{ €}}$$
= **Prozentwert**

### Prozentsatz

Ein Bäcker will eine neue Maschine kaufen, die zunächst mit 580,00 € ausgezeichnet war. Im Sonderangebot soll sie 507,50 € kosten. Wie viel % ist dies vom ursprünglichen Preis?

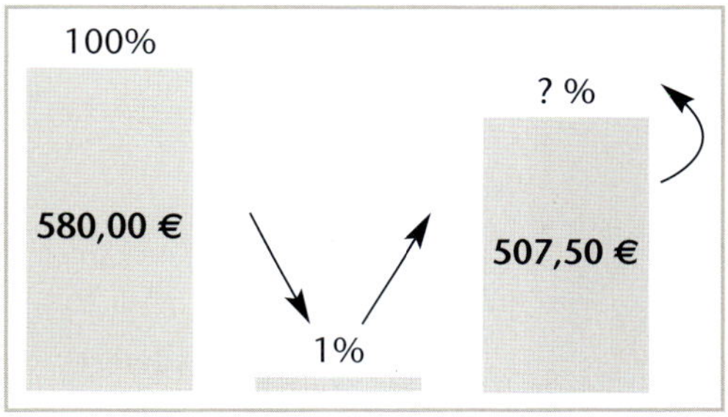


$580{,}00$ € $\mathrel{\hat{=}} 100\%$
$507{,}50$ € $\mathrel{\hat{=}} ?\ \%$

$$\frac{100 \cdot 507{,}50}{580} \% = \mathbf{?\ \%}$$
= **Prozentsatz**

### Grundwert

Der Bäckermeister gibt eine gebrauchte Maschine für 45% des ehemaligen Kaufpreises ab und erhält so 261,00 €. Wie viel EURO kostete die Maschine ursprünglich?

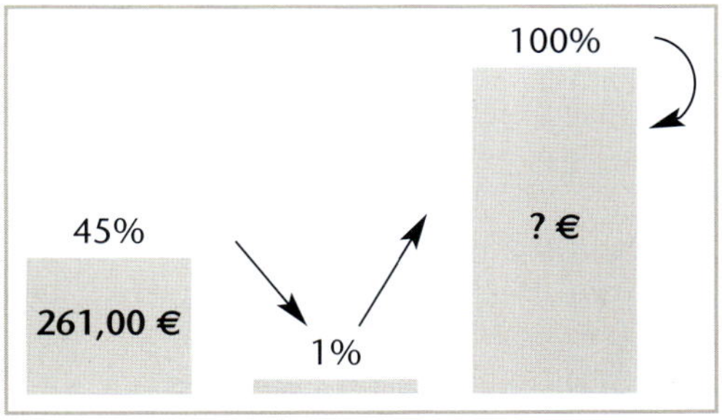


$45\% \mathrel{\hat{=}} 261{,}00$ €
$100\% \mathrel{\hat{=}} ?$ €

$$\frac{261 \cdot 100}{45} \text{ €} = \mathbf{? \text{ €}}$$
= **Grundwert**

### Grundwert (vom *erhöhten* Grundwert aus)

Der Preis von 580,00 € enthält 19% Mehrwertsteuer.

Wie hoch ist der Nettopreis?

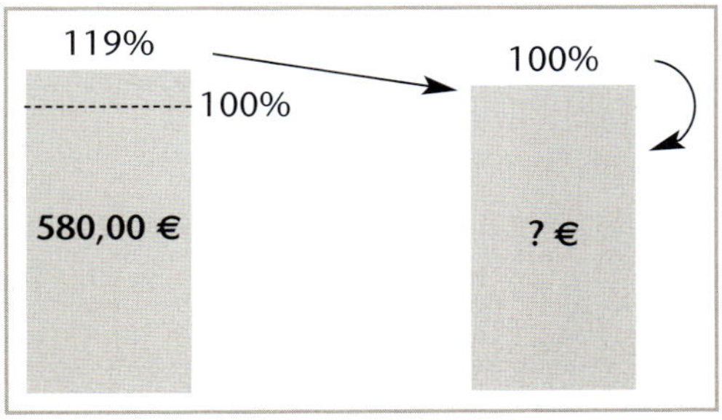


$119\% \mathrel{\hat{=}} 580{,}00$ €

$100\% \mathrel{\hat{=}} ?$ €

$$\frac{580 \cdot 100}{119} \text{ €} = \mathbf{? \text{ €}}$$
= **Grundwert**

## Grundwert (vom *verminderten* Grundwert aus)

Der Bäckermeister zahlt für die Maschine nach Abzug von 2% Skonto 568,40 €.

Wie hoch ist der normale Verkaufspreis?

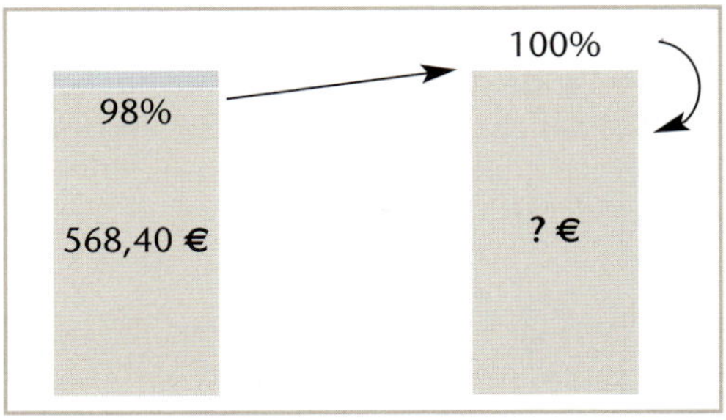


98% ≙ 568,40 €
100% ≙ ? €

$\frac{568{,}40 \cdot 100}{98}$ € = **? €**

= **Grundwert**

## Erhöhter Grundwert

Der Hersteller empfiehlt für die Maschine einen Preis in Höhe von 580,00 €. Beim Fachhändler A soll sie aber 5% mehr kosten. Wie viel EURO kostet sie dort?

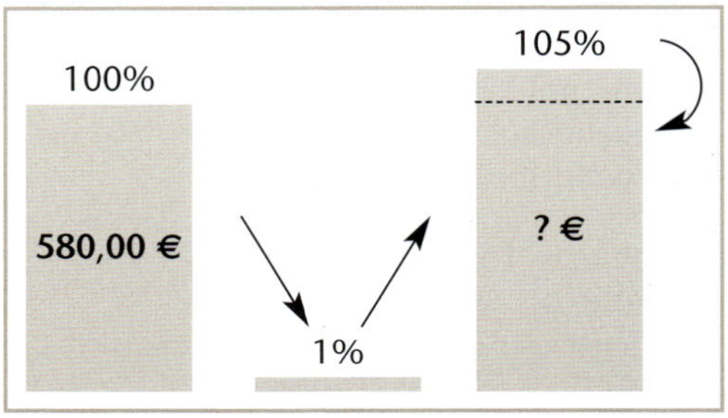


100% ≙ 580,00 €
105% ≙ ? €

$\frac{580 \cdot 105}{100}$ € = **? €**

= **erhöhter Grundwert**

oder:

5% von 580,00 € = $\frac{580 \cdot 5}{100}$ € = **29,00 €**

Grundwert + Erhöhung = 580,00 € + 29,00 € = **? €**

## Verminderter Grundwert

Der Händler B bietet die Maschine 5% billiger an. Der vom Hersteller empfohlene Preis beträgt 580,00 €.

Wie viel EURO verlangt der Händler B?

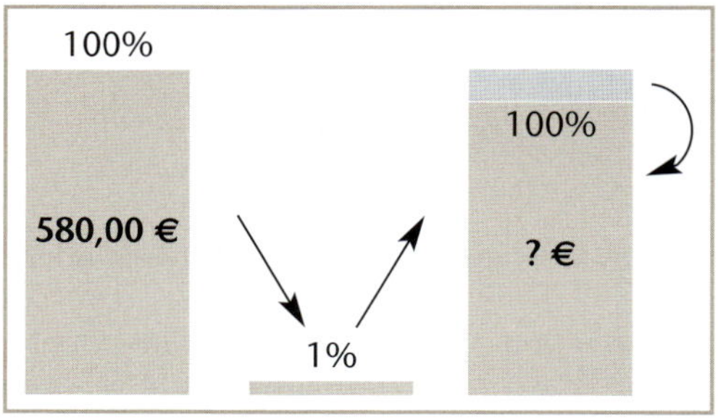


100% ≙ 580,00 €
95% ≙ ? €

$\frac{580 \cdot 95}{100}$ € = **? €**

= **verminderter Grundwert**

oder:

5% von 580,00 € = $\frac{580 \cdot 5}{100}$ € = **29,00 €**

Grundwert – Abzug = 580,00 € – 29,00 € = **? €**

# ⑪ Berufsbezogene Prozentaufgaben

In einer Bäckerei werden die beiden Mehle Weizenmehl Type 550 und Roggenmehl Type 997 am häufigsten verwendet. Diese Mehle setzen sich wie folgt zusammen:

| Nährstoffgehalt in Prozent | | |
|---|---|---|
| Nährstoffe | Weizenmehl Type 550 | Roggenmehl Type 997 |
| Eiweiß | 9,5 | 8,0 |
| Stärke | 70,0 | 68,0 |
| lösliche Zuckerstoffe | 2,0 | 4,0 |
| Zellulose | 0,1 | 0,4 |
| Fett | 1,0 | 0,9 |
| Mineralstoffe | 0,4 | 0,8 |
| Pentosane | 2,0 | 2,9 |
| Wasser | 15,0 | 15,0 |

**Übungsaufgaben**

1 Berechnen Sie mündlich, wie viel kg von den einzelnen Bestandteilen in 100 kg, 50 kg, 200 kg, 25 kg und 150 kg Weizenmehl/Roggenmehl enthalten sind.

2 Um wie viel Prozent ist der Anteil an Zellulose, Mineralstoffen und an Pentosanen in 100 kg Roggenmehl *höher* als in 100 kg Weizenmehl?

3 Um wie viel Prozent ist der Anteil an Eiweiß, Stärke und an Fett in 100 kg Roggenmehl gegenüber 100 kg Weizenmehl *geringer?*

4 Eine Mischung besteht zu 65% aus Weizenmehl und zu 35% aus Roggenmehl. Berechnen Sie die in der Tabelle angegebenen Nährstoffe in kg, die in 80 kg Mehlmischung enthalten sind.

5 Welche prozentuale Zusammensetzung weist ein Mischmehl auf, das zu 40% aus Roggen- und zu 60% aus Weizenmehl gemischt worden ist?

## 11.1 Der Ausmahlungsgrad

Der Ausmahlungsgrad gibt an, wie viel Teile Mehl aus 100 Teilen Getreide gezogen werden. Wenn ein Müller aus 100 kg Getreide nur 40 kg Mehl gewinnt, so ist der Ausmahlungsgrad

40 Teile Mehl von 100 Teilen Getreide = 40%

$$\frac{\textbf{Mehl} \cdot \textbf{100}}{\textbf{Getreide}} = \textbf{Ausmahlungsgrad}$$

**Übungsaufgaben**

1 Die Müllerei Kurz hatte 12,45 t Weizen vermahlen. Das Getreide wurde zu 65% ausgemahlen.

Wie viel kg Mehl ergibt das?

2 Ein Getreidesilo fasst 124 t Weizen. Wie viel Säcke Mehl mit 50 kg Füllgewicht können abgewogen werden, wenn mit 42% Ausmahlungsgrad gearbeitet wird?

**3** Wie viel kg Roggen muss ein Müller vermahlen, um 1000 kg Roggenmehl der Type 997 zu erhalten? Für dieType 997 muss das Getreide zu 76% ausgemahlen werden.

**4** Bäckermeister Huber hat
15 dt Roggenmehl der Type 997 (Ausmahlungsgrad 76%),
15 dt Roggenmehl der Type 1150 (Ausmahlungsgrad 82%) und
7 dt Roggenmehl der Type 1370 (Ausmahlungsgrad 85%)
bestellt.

Wie viel dt Roggen müssen für diese Bestellung vermahlen werden?

**5** In den Haushalten wird fast nur Auszugsmehl verwendet. Es hat einen Ausmahlungsgrad von 41% (Type 405). Für ein Weizenmehl der Type 550 muss das Getreide nur zu 65% ausgemahlen werden.

(A) Wie viel Tonnen Weizen müssen für 10000 kg Auszugsmehl vermahlen werden?

(B) Wie viel kg Mehl würde man mehr erhalten, wenn dieselbe Menge Weizen, die für 10000 kg Auszugsmehl benötigt wird, zu 65% ausgemahlen würde?

(C) Um wie viel Prozent ist die Mahlausbeute (Mehlmenge) der Type 550 höher gegenüber der Type 405?

**6** Berechnen Sie die fehlenden Werte:

| | Getreide | Ausmahlungsgrad | Mehlmenge |
|---|---|---|---|
| (A) | 18,50 t | 72% | ? kg |
| (B) | 24,40 t | ? % | 16256 kg |
| (C) | ? t | 48% | 10560 kg |
| (D) | 5,48 t | ? % | 4658 kg |
| (E) | ? t | 82% | 3772 kg |

**Zusammenhang zwischen Ausmahlungsgrad und Type (Tabellenauszug)**

| Weizen: Ausmahlungsgrad in % | Weizen: Type | Roggen: Ausmahlungsgrad in % | Roggen: Type |
|---|---|---|---|
| 0 – 41 | 405 | 0 – 60 | 610 |
| 0 – 69 | 550 | 0 – 70 | 815 |
| 0 – 73 | 630 | 0 – 75 | 997 |
| 0 – 78 | 812 | 0 – 80 | 1150 |
| 0 – 82 | 1050 | 0 – 85 | 1370 |
| 0 – 85 | 1200 | 0 – 93 | 1740 |
| 0 – 92 | 1600 | 0 – 95 | 1800 |
| 0 – 94 | 1700 | | |

Wird z.B. Weizen zu 80% ausgemahlen,so ergibt dies die WM-Type 1050.

## 11.2 Berechnung der Typenzahl

Die Typenzahl eines Mehls gibt an, wie viel Gramm Mineraistoffe in 100 kg wasserfreiem Mehl enthalten sind. 100 kg wasserfreies Weizenmehl der Type 550 enthält also 550 g Mineralstoffe. Da sich die Typenzahl auf 100 kg bezieht, kann man die Type auch in Prozent ausdrücken: Type 550 ≙ 0,55 % Mineralstoffe.

100 kg getrocknetes Mehl ≙ 100%

$$1 \text{ kg getrocknetes Mehl} \mathrel{\hat{=}} \frac{100}{100}\,\%$$

$$0{,}550 \text{ kg Mineralstoffe} \mathrel{\hat{=}} \frac{100 \cdot 0{,}550}{100}\,\% = \mathbf{0{,}55\%}$$

Das Mehl der Type 550 enthält **0,55%** Mineralstoffe.

Um die Mineralstoffe bestimmen zu können, wird eine kleine Mehlmenge (ohne Wasser) bei ca. 900 °C verglüht. Bei dieser hohen Temperatur verbrennen alle Mehlbestandteile außer den Mineralstoffen, die nicht brennbar sind und somit als Asche zurückbleiben. Der Mineralstoffgehalt wird deshalb häufig als Aschegehalt bezeichnet.

| **Mineralstoffgehalt in der Trockensubstanz** | | | | | |
|---|---|---|---|---|---|
| **Type** | **Weizenmehl** | | **Type** | **Roggenmehl** | |
| | mindestens | höchstens | | mindestens | höchstens |
| 405 | 0,38 | 0,47% | 610 | 0,58 | 0,65% |
| 550 | 0,49 | 0,58% | 815 | 0,79 | 0,87% |
| 630 | 0,60 | 0,70% | 997 | 0,95 | 1,07% |
| 812 | 0,75 | 0,87% | 1150 | 1,10 | 1,25% |
| 1050 | 1,00 | 1,15% | 1370 | 1,30 | 1,45% |
| 1200 | 1,16 | 1,35% | 1740 | 1,64 | 1,84% |
| 1600 | 1,55 | 1,75% | 1800[1] | 1,65 | 2,00% |
| 1700[1] | 1,60 | 1,90% | | | |

Die Mindest- und Höchstgrenzen sind eingeführt worden, weil die Müller überfordert wären, wenn sie Mehle anbieten müssten, bei denen der Mineralstoffgehalt exakt der Typenzahl entsprechen würde (z.B. Type 550 ≙ 0,55 %).

### Musteraufgabe

Eine kleine Probe von 5 g getrocknetem Roggenmehl ergab nach dem Verbrennen 0,084 g Mineralstoffe. Um welche Type handelt es sich?

Dreisatz: 5 g Roggenmehl ≙ 0,084 g Mineralstoffe

$$1 \text{ g Roggenmehl} \mathrel{\hat{=}} \frac{0{,}084}{5} \text{ g Mineralstoffe}$$

$$100 \text{ g Roggenmehl} \mathrel{\hat{=}} \frac{0{,}084 \cdot 100}{5} \text{ g} = \mathbf{1{,}68 \text{ g}} \text{ Mineralstoffe}$$

1,68% entspricht lt.Tabelle der Type 1740, da der Wert zwischen 1,64 und 1,84% liegt.

[1] Bei diesen beiden Typen spricht man von Schrotmehlen.

## Übungsaufgaben

**1** Bestimmen Sie die Typen der folgenden Mehlproben:

Ⓐ 10 g getrocknetes Weizenmehl ergaben 0,040 g Mineralstoffe
Ⓑ 20 g getrocknetes Weizenmehl ergaben 0,260 g Mineralstoffe
Ⓒ 6 g getrocknetes Weizenmehl ergaben 0,047 g Mineralstoffe
Ⓓ 8 g getrocknetes Weizenmehl ergaben 89,600 mg[1] Mineralstoffe
Ⓔ 12 g getrocknetes Weizenmehl ergaben 201,600 mg Mineralstoffe
Ⓕ 5 g getrocknetes Weizenmehl ergaben 22,500 mg Mineralstoffe

Unter den Proben A – F ist eine, die nicht den Vorschriften der Mehltypenverordnung entspricht. Welche ist das?

**2** Bestimmen Sie die Typen der einzelnen Roggenmehlproben. Zwei Proben sind zu beanstanden, da sie nicht der Mindest- bzw. Höchstmenge der einzelnen Roggentypen entsprechen.

Ⓐ 12,5 g getrocknetes Roggenmehl ergaben 0,169 g Mineralstoffe
Ⓑ 5 g getrocknetes Roggenmehl ergaben 0,049 g Mineralstoffe
Ⓒ $16\frac{2}{3}$ g getrocknetes Roggenmehl ergaben 213 mg Mineralstoffe
Ⓓ 6,25 g getrocknetes Roggenmehl ergaben 53,100 mg Mineralstoffe
Ⓔ 25 g getrocknetes Roggenmehl ergaben 462,500 mg Mineralstoffe
Ⓕ 8 g getrocknetes Roggenmehl ergaben 57,600 mg Mineralstoffe

Die Typenkennzeichnung bezieht sich auf die Trockensubstanz des Mehls (Trockensubstanz = Mehl ohne Feuchtigkeit). Die Trocknung des Mehls ist mit viel Zeitaufwand verbunden. Einfacher ist es, den Wassergehalt der Mehlprobe zu bestimmen und die Wassermenge dann vom Gewicht der Mehlprobe abzuziehen.

### Musteraufgabe

Bei einer Weizenmehlprobe wurde ein Wassergehalt von 14,5% gemessen. Von diesem Mehl wurden 10 g verglüht und anschließend 49,6 mg Mineralstoffe gewogen.

Ⓐ Wie schwer war die Trockensubstanz der Probe?
Ⓑ Um welche Type handelt es sich?

### *Musterlösung zu Ⓐ*

|  |  |  |  |
|---|---|---|---|
|  | 100,0 % | ≙ | 10,00 g Mehlprobe |
| – | 14,5 % | ≙ | 1,45 g Wasser |
|  | 85,5 % | ≙ | 8,55 g Mehltrockensubstanz |

### *Musterlösung zu Ⓑ*

8,55 g Mehltrockensubstanz ≙ 100%

1 g Mehltrockensubstanz ≙ $\frac{100}{8{,}55}$ %

0,0496 g Mehltrockensubstanz ≙ $\frac{100 \cdot 0{,}0496}{8{,}55}$ % = 0,580% ➠ **Type 550**

[1] Zur Erinnerung: 1 g = 1000 mg

**3** Bestimmen Sie bei den folgenden Aufgaben:

(A) die Mehltrockensubstanzen,

(B) die Mehltypen.

| | | | |
|---|---|---|---|
| Probe A | 12 g Weizenmehl, | Wassergehalt 14,4%, | Mineralstoffe 51,0 mg |
| Probe B | 8 g Weizenmehl, | Wassergehalt 15,2%, | Mineralstoffe 27,0 mg |
| Probe C | 15 g Weizenmehl, | Wassergehalt 13,7%, | Mineralstoffe 106,2 mg |
| Probe D | 7 g Weizenmehl, | Wassergehalt 14,2%, | Mineralstoffe 66,0 mg |
| Probe E | 10 g Roggenmehl, | Wassergehalt 14,4%, | Mineralstoffe 113,0 mg |
| Probe F | 12 g Roggenmehl, | Wassergehalt 13,4%, | Mineralstoffe 110,0 mg |
| Probe G | 8 g Roggenmehl, | Wassergehalt 14,0%, | Mineralstoffe 117,0 mg |
| Probe H | 15 g Roggenmehl, | Wassergehalt 14,6%, | Mineralstoffe 153,7 mg |

**4** Wie viel g Mineralstoffe dürfen in 50 kg Weizenmehl der Type 405 höchstens enthalten sein?'

**5** In einem Mehlsilo lagern 1,215 Tonnen Mehl derType 550.[1]

(A) Wie viel kg Mineralstoffe müssen in dieser Menge Mehl mindestens enthalten sein?

(B) Wie viel kg Mineralstoffe dürfen höchstens enthalten sein?

**6** Wie viel g Mineralstoffe sind in einem kg Roggenmehl der Type 997 im Durchschnitt enthalten?'

## 11.3 Zusammensetzung und Vergleich von Eiern

### Übungsaufgaben

**1** Für eine Wiener Masse müssen 2400 g Vollei vorbereitet werden.

(A) Wie viel Eier der Gewichtsklasse M, die ein Durchschnittsgewicht von 54,0 g hat, müssen aufgeschlagen werden, wenn das Gewicht der Schalen und das verbleibende Eiklar in den Schalen mit 14% zu veranschlagen ist?

(B) Wie viel Eier der Gewichtsklasse S mit einem Durchschnittsgewicht von 45,0 g werden benötigt? Die Schalen und das verbleibende Eiklar in den Schalen beträgt 15,5%.

**2** Preisvergleich bei Eiern

| Gewichtsklasse | Durchschnittsgewicht | Schalenanteil | Preis je Stück |
|---|---|---|---|
| XL | 73,0 g | 8,6% | 11,50 Ct |
| L | 64,0 g | 9,4% | 11,25 Ct |
| M | 54,0 g | 10,2% | 10,75 Ct |
| S | 45,0 g | 10,8% | 8,50 Ct |

(A) Wie viel Eier der einzelnen Gewichtsklassen müsste man jeweils für 1000 g Vollei aufschlagen?

(B) Wie teuer wäre je 1 kg Vollei der einzelnen Gewichtsklassen?

(C) Welche Gewichtsklasse ist am billigsten?

[1] Wassergehalt des Mehles unberücksichtigt lassen.

**3** Zusammensetzung der Eier

| Bestandteile | | Gesamtei | Schale | Eiklar | Eigelb |
|---|---|---|---|---|---|
| **Gewicht in Gramm** | | **58** | **6** | **33** | **19** |
| Wasser | in % | 65,6 | 1,6 | 87,9 | 48,7 |
| Eiweiß | in % | 12,1 | 3,3 | 10,6 | 16,6 |
| Fett | in % | 10,5 | – | – | 32,6 |
| Kohlenhydrate | in % | 0,9 | – | 0,9 | 1,0 |
| Mineralstoffe | in % | 10,9 | 95,1 | 0,6 | 1,1 |

(A) Berechnen Sie den prozentualen Anteil der Schale, des Eiklars und des Eigelbs von dem 58 g schweren Gesamtei.

(B) Wie viel g der einzelnen Inhaltsstoffe sind in dem Gesamtei enthalten?

(C) Um wie viel Prozent ist der Anteil an Eiweiß und Mineralstoffen in100 g Eigelb höher als in 100 g Eiklar?

(D) In der Bäckerei werden auch gelegentlich Trockeneiklar und Trockeneigelb verwendet. Wie viel Gramm Trockeneiklar können aus 33 g Eiklar gewonnen werden, wenn der Wasseranteil bis auf 4% im Trockenpulver verringert wird? (Skizze anfertigen)

(E) Wie viel g Trockeneigelbpulver, das nur noch 3% Wasser enthält, kann man aus 19 g Eigelb herstellen?

## 11.4 Milch und Milcherzeugnisse

| Zusammensetzung der Vollmilch und einiger Milcherzeugnisse in Prozent (Auszug) | | | | | |
|---|---|---|---|---|---|
| | Fett | Eiweiß | Milchzucker | Mineralstoffe | Wasser |
| Vollmilch | 3,5 | 3,5 | 4,8 | 0,7 | 87,5 |
| Schlagsahne | mind.30 | 2,6 | 3 | 0,4 | 64 |
| Kondensmilch | 7,5 | 8 | 11 | 1,5 | 72 |
| Vollmilchpulver | 25 | 26 | 38 | 6 | 5 |
| Butter | 83 | 0,7 | 0,1 | 0,1 | 15,5 |

### Übungsaufgaben

**1** Berechnen Sie die Zusammensetzung in Gramm von:

(A) 500 g Vollmilch,

(B) 340 g 7,5%ige Kondensmilch,

(C) 250 g Butter,

(D) 200 g Schlagsahne,

(E) 400 g Vollmilchpulver.

**2** Wie viel kg Milchfett sind in 8000 l Rohmilch mit 4,2% Fettgehalt enthalten?

**3** Wie viel kg Milchfett können von 10 000 kg Rohmilch mit 4,3% Fettgehalt abgetrennt (zentrifugiert) werden, wenn diese Milchmenge zu Vollmilch mit 3,5% Fettgehalt verarbeitet wird?

**4** Wie viel kg Rohmilch mit 4,2% Fettgehalt sind erforderlich für:

| | | |
|---|---|---|
| Ⓐ | 1000 g Kaffeesahne | mit 10% Milchfett? |
| Ⓑ | 5000 g Schlagsahne | mit 32% Milchfett? |
| Ⓒ | 250 g Butter | mit 83% Milchfett? |

**5** Wie viel g Butterfett kann man aus 2000 g Butter auslassen, wenn das Butterfett nur noch einen Wassergehalt von 0,5% aufweist?

Das Butterfett hat einen Fettgehalt von 99,3 %.

**6** Wie viel g Vollmilchpulver können aus 1000 g Vollmilch durch Wasserverdampfung gewonnen werden, wenn der Wassergehalt von 87,5% in der Vollmilch bis auf 5% im Vollmilchpulver reduziert wird?

Für Milchgebäcke darf nur Vollmilch mit 3,5% Fettgehalt verwendet werden. Wird Magermilch bzw. fettarme Milch verwendet, so ist die fehlende Fettmenge durch Butter bzw. durch Butterfett zu ersetzen.

**7** Für ein Milchgebäck sind laut Rezept 5000 g Vollmilch mit 3,5% Fettgehalt zu verwenden.

Wie viel g Magermilch (0% Fettgehalt) und Butterfett (100% Fettgehalt[1]) sind zu mischen?

**8** Wie viel g Magermilch und Butterfett sind für

Ⓐ 1200 g, Ⓑ 2000 g, Ⓒ 8 kg

Vollmilch zu mischen?

**9** Bei der Herstellung von Milchbrot wird an Stelle von Wasser Vollmilch mit 87% Wasseranteil geschüttet.

Ⓐ Wie viel kg Vollmilch muss man statt 25 kg (18 kg, 42 kg) Wasser schütten, um dieselbe Teigfestigkeit zu erhalten?

Ⓑ Um wie viel % ist die Schüttflüssigkeit bei Vollmilch gegenüber Wasser höher?

**10** Magermilch hat einen Wassergehalt von ca. 90%. Für die Herstellung eines Weißbrotteiges sind 28 kg (32 kg) Wasser durch Magermilch zu ersetzen.

Ⓐ Wie viel kg Magermilch muss man mehr schütten, damit der Teig genauso fest wird wie bei der Verwendung von Wasser?

Ⓑ Berechnen Sie die Erhöhung der Schüttflüssigkeit bei Magermilch gegenüber Wasser in Prozent.

[1] Der Unterschied zwischen 99,3% und 100% soll vernachlässigt werden, da Magermilch auch noch etwas Milchfett enthält.

**11** Preisvergleich von Vollmilch und Vollmilchpulver:

In Bäckereien wird häufig an Stelle von Vollmilch Milchpulver verwendet. Um 1000 g (ml) Vollmilch zu erhalten, gibt man auf 860 g Wasser 140 g Vollmilchpulver. Ein kg Vollmilchpulver kostet 4,70 €, ein Liter Vollmilch 0,60 €.

Ⓐ Berechnen Sie den Preis für einen Liter Vollmilch, die mit Vollmilchpulver und Wasser hergestellt wird.

Ⓑ Um wie viel Prozent ist Vollmilchpulver teurer?

Ⓒ Wie billig müsste Vollmilchpulver sein, damit es so viel kostet wie Vollmilch?

**12** Zur Herstellung von Milchgebäck sind laut Rezept 15 l (kg) Vollmilch (3,5%) notwendig. Dem Gesellen Pollmann stehen nur Magermilchpulver (0% Fettgehalt[1]), Butterfett (100 % Fettgehalt) und Wasser zur Verfügung.

Ⓐ Wie viel g Butterfett müssen zugegeben werden?

Ⓑ Wie viel g Magermilch werden benötigt?

Ⓒ Wie viel g Magermilchpulver und Wasser werden dafür gebraucht?

[1] Da der Fettgehalt des Magermilchpulvers sehr gering ist, soll er hier vernachlässigt werden.

# ⑫ Das Rechnen mit dem Taschenrechner

Der Taschenrechner ist ein nützlicher Gehilfe, der uns die Rechenoperationen (das eigentliche Ausrechnen der Zahlenwerte) abnimmt. Die wichtigsten Aufgaben beim Rechnen sind die Erfassung des Problems und den richtigen Weg zur Lösung ausfindig zu machen. Diese Gedankengänge kann uns der Rechner nicht abnehmen, er ist nur in der Lage, die Befehle auszuführen, die wir ihm über die Tastatur erteilen. Das Rechnen selber erledigt er dann aber mit atemberaubender Geschwindigkeit und, falls wir uns nicht vertippt haben, mit 100%-iger Richtigkeit. Für das fachliche Rechnen reichen die einfachen Taschenrechner voll aus. Jeder dieser kleinen Rechner hat in etwa folgende Tastatur:

OFF Ausschalten

MC Speicher löschen

MR Speicherergebnis

M– Im Speicher subtrahieren

M+ Im Speicher addieren

√ Quadratwurzel ziehen

% Prozenttaste

÷ Dividieren

× Multiplizieren

– Subtrahieren

= Ergebnis anzeigen

\+ Addieren

. Komma setzen

ON Einschalten

C Ergebnis löschen,
oft 2 getrennte Tasten:

AC = alles löschen

CE (oder nur C) =
letzte Eingabe löschen

0 – 9 Ziffern 0 – 9

## 1. Grundrechenarten [+] [–] [×] [÷]

Ⓐ Addition [+]

| | | |
|---|---|---|
| 25 + 1,04 | = | 26,04 |
| [25] [+] [1.04] | [=] | 26.04 |

Ⓑ Subtraktion [–]

| | | |
|---|---|---|
| 5,1 – 2,5 | = | 2,6 |
| [5.1] [–] [2.5] | [=] | 2.6 |

© Multiplikation [×]

| | | |
|---|---|---|
| 1850 × 12,65 | = | 23402,5 |
| [1850] [×] [12.65] | [=] | 23402.5 |

© Division [×]

① 12,4 : 0,21 = 59,05

[12.4] [÷] [0.21] [=] 59.05

② $\frac{5,4}{4,2 \cdot 2,6}$ Beachten Sie, dass 2,6 im Nenner steht. = 0,49

[5.4] [÷] [4.2] [÷] [2.6] [=] 0.494505495

## 2. Korrektur eines Eingabefehlers [ON/C] bzw. [CE] bzw. [CL]

Ⓐ Falsche Zahlen eingegeben

Beispiel:

| | | |
|---|---|---|
| 112,55 | [122.55] [+] | 112.55 |
| 285,67 | [285.67] [+] | 398.22 |
| 379,49 | [379.49] [+] | 777.71 |
| + 26,03 | [260.30] [ON/C] bzw. [CE/CL] drücken, | 0. |
| **803,74** | dann wird die falsche Eingabe gelöscht. | |
| | [26.03] [+] [=] | 803.74 |

Ⓑ Falsche Rechenoperation eingegeben:

Beispiel: 12,87 × 25,8 = 332,05

[12.87] [÷] [×] [25.8] [=] 332.046

Der falsche Rechenauftrag [÷] wird mit der Eingabe des richtigen Auftrages [×] gelöscht.

### 3. Rechnen mit dem Speicher [M+] [M−] [MR] [MC]

Ⓐ 2,4 × 8 + 3,5 × 0,7 = **21,65**

[2.4] [×] [8] [M+] [M 19.2]

[3.5] [×] [0.7] [M+] [M 2.45] [MR] [M 21.65]

Speicher löschen mit [MC] [ON/C]

Ⓑ 35,6 : 4,1 - 0,15 × 1,6 = **8,44**

[35.6] [÷] [4.1] [M+] [M 8.6829268]

[0.15] [×] [1.6] [M−] [M 0.24]

[MR] [M 8.4429268] [MC] [ON/C]

### 4. Prozentrechnen mit der [%]-Taste

Die Prozenttaste sollten Sie nur dann gebrauchen, wenn Ihnen das Prozentrechnen keinerlei Schwierigkeiten bereitet. Mit der [%]-Taste ersparen Sie sich lediglich das Eingeben der Zahl 100.

Ⓐ Prozentwert: Wie viel sind 4% von 125,00 €?

ohne [%]-Taste

[125] [×] [4] [%] [5.]

$$\frac{125 \cdot 4}{100} = \mathbf{5}$$

Ⓑ Prozentsatz: Wie viel sind 7,50 € von 125,00 €?

[7.5] [÷] [125] [%] [6.]

$$\frac{7{,}50 \cdot 100}{125} = \mathbf{6}$$

Ⓒ Grundwert: Von einer Rechnung werden 2% abgezogen Berechnen Sie den Rechnungsbetrag (Grundwert), wenn 1,20 € abgezogen werden können.

[1.2] [÷] [2] [%] [60.]

$$\frac{1{,}20 \cdot 100}{2} = \mathbf{5}$$

Ⓓ Grundwertverminderung: Wie viel € sind zu zahlen, wenn von 1850,00 € 2% Skonto abgezogen werden können?

$$\frac{1850 \cdot 2}{100} = \mathbf{37{,}00}$$

[1850] [−] [2] [%] [1813.]

$$\begin{array}{r} 1850{,}00 \\ -\ \ 37{,}00 \\ \hline \mathbf{1813{,}00} \end{array}$$

Es müssen **1813,00 €** bezahlt werden.

Ⓔ Grundwerterhöhung: Der Preis eines Gebäckes steigt von 4,60 € um 4%. Berechnen Sie den neuen Preis.

$$\frac{4{,}60 \cdot 4}{100} = \mathbf{0{,}184}$$

[4.60] [+] [4] [%] [4.784]

$$\begin{array}{r} 4{,}60\ \ \\ +\ \ 0{,}184 \\ \hline \mathbf{4{,}784} \end{array}$$

Der neue Preis ist **4,78 €**

# ⓭ Nährwertberechnungen (Energiewertberechnungen)

Damit der Mensch gesund und leistungsfähig bleibt, muss er seinem Körper ständig eine bestimmte Nahrungsmenge, und zwar in einer bestimmten Zusammensetzung, zuführen. Die in der Nahrung enthaltenen Fette, Kohlenhydrate und unter Umständen auch Eiweiße weisen einen bestimmten Nährwert auf und dienen damit der Deckung des Energiebedarfs.

Die gewonnene Energie dient z.B. zur Erhaltung der Körperlemperatur und zur Erzeugung der Muskelkraft.

| So liefern: | Energiegehalt der einzelnen Nährstoffe |
|---|---|
| 1 g Fett | ca. 39 kJ (Kilojoule) |
| 1 g Kohlenhydrate | ca. 17 kJ |
| 1 g Eiweiß | ca. 17 kJ |
| 1 g Alkohol | ca. 30 kJ |

Der menschliche Körper verbraucht die Energie von 1 kJ, wenn er ein Kilogramm in einer Sekunde einen Meter hochhebt.

**Der Energiebedarf des Menschen setzt sich zusammen aus:**

**Grundumsatz:**

Darunter versteht man die Mindestmenge an Energie, die der Körper zur Aufrechterhaltung seiner Funktionen benötigt; z.B. zur Aufrechterhaltung von Atmung, Blutkreislauf, Verdauung. Für den Grundumsatz rechnet man ca. 4,2 kJ je kg Körpergewicht und Stunde.

\+ **Arbeitsumsatz:**

Darunter versteht man die Energiemenge, die ein Mensch für zusätzliche Leistungen benötigt, z.B. bei körperlicher Anstrengung.

Für den Arbeitsumsatz rechnet man je nach Tätigkeit je kg Körpergewicht und Stunde:

- leichte körperliche Tätigkeit: ca. 2 kJ (z.B. Schreiben),
- mittelschwere körperliche Tätigkeit: ca. 8 kJ (z.B. Gehen),
- schwere körperliche Tätigkeit: ca. 12 kJ (z.B. Tanzen),
- schwerste körperliche Tätigkeit: ca. 25 kJ (z.B. Holzhacken).

= **Gesamtumsatz:** (oder Gesamtenergiebedarf)

Der Gesamtenergiebedarf beträgt durchschnittlich:

- für einen Bäcker (eine Bäckerin) 15062 kJ (10790 kJ),
- für einen Schüler (eine Schülerin) 12552 kJ ( 8780 kJ).

Der Energiebedart des Menschen muss aus der aufgenommenen Nahrung gedeckt werden.

*Für Diabetiker:*

Bezugsgröße für den Austausch von Kohlenhydraten zur individuellen Nahrungsmittelzusammenstellung = 1 BE (Broteinheit) = 12 g Kohlenhydrate ≙ 1 Scheibe Graubrot.

## Nährwerttabelle[1]

| Gramm | Eiweiß | Fette | Kohlenhydrate | |
|---|---|---|---|---|
| Apfel | 0,3 | 0,4 | 12,6 | |
| Apfelsaft | – | – | 11,6 | |
| Bier | 0,5 | – | – | 3,5 g Alkohol |
| Bitterkuvertüre | 2,0 | 31,7 | 62,2 | |
| Brötchen/Semmel | 8,9 | 1,9 | 51,0 | |
| Butter | 0,7 | 83,2 | 0,7 | |
| Cola | – | – | 11,0 | |
| Ei | 12,9 | 11,2 | 0,7 | |
| Eigelb | 16,1 | 31,9 | 0,3 | |
| Eisbindemittel | 0,4 | 0,1 | 86,3 | |
| Erdbeeren | 0,8 | 0,4 | 7,5 | |
| Erdnüsse, geröstet | 26,4 | 49,4 | 17,6 | |
| Gewürzgurken | 0,6 | 0,2 | 1,3 | |
| Haselnüsse | 14,1 | 61,6 | 13,7 | |
| Hefe | 16,7 | – | 7,1 | |
| Kakaopulver | 19,8 | 24,5 | 37,9 | |
| Kartoffelchips | 5,5 | 39,4 | 46,5 | |
| Kirschwasser 42-%-vol | – | – | – | 42 g Alkohol |
| Kondensmilch 10%-ig | 8,8 | 10,1 | 12,5 | |
| Konfitüre | 0,7 | 0,3 | 63,7 | |
| Mandeln | 18,3 | 54,1 | 16,0 | |
| Milch | 3,3 | 3,8 | 4,7 | |
| Mehl | 10,6 | 0,98 | 74,0 | |
| Rotwein | 0,15 | – | 0,2 | 9,3 g Alkohol |
| Rum 45 %vol | – | – | – | 45 g Alkohol |
| Sahne | 2,4 | 31,7 | 3,4 | |
| Vollkornbrot | 7,5 | 0,9 | 47,4 | |
| Weißwein | 0,15 | – | 0,16 | 8,4 g Alkohol |
| Zitronensaft | 0,3 | 0,1 | 7,9 | |
| Zucker | – | – | 99,8 | |

[1] Die Angaben beziehen sich jeweils auf 100 g des entsprechenden Rohstoffs.

## Übungsaufgaben:

**1** Berechnen Sie den durchschnittlichen täglichen Grundumsatz eines Erwachsenen mit einem Körpergewicht von 55 kg, 60 kg, 70 kg, 75 kg, 80 kg und 83 kg, wenn er 4,2 kJ je Kilogramm Körpergewicht und Stunde benötigt.

**2** Der Arbeitsumsatz eines Bäckers (einer Bäckerin) beträgt je Arbeitsstunde 470 kJ (375 kJ).

Wie viel Energie verbraucht er (sie) zusätzlich zum Grundumsatz für die geleistete Arbeit innerhalb von 8 Stunden?

**3** Eine Auszubildende im 2. Lehrjahr wiegt 54 kg.

(A) Berechnen Sie den Grundumsatz je Tag.

(B) Berechnen Sie ihren Gesamtumsatz (mittelschwere körperliche Tätigkeit)[1] während der achtstündigen Arbeitszeit.

**4** Der Nährstoffbedarf eines Tages beträgt je Kilogramm Körpergewicht 1 g Fett, 1 g Eiweiß und 6 g Kohlenhydrate.

(A) Wie viel g Eiweiß, Fett und Kohlenhydrate muss ein Jugendlicher mit einem Körpergewicht von 65 kg (54 kg) täglich aufnehmen?

(B) Wie viel kJ nimmt er damit zu sich?

**5** Eine Kaffeeliebhaberin süßt ihre Tasse Kaffee mit 2 Stückchen Zucker (je 2,5 g). Sie trinkt jeden Tag 6 Tassen Kaffee.

(A) Wie viel kJ könnte sie täglich (wöchentlich, monatlich[2]) einsparen, wenn sie ihren Zuckerverbrauch um die Hälfte verringerte?

(B) Wie viel g Apfel könnte sie täglich essen, wenn sie ganz auf den Zucker zum Kaffee verzichtete?

**6** Berechnen Sie den Nährwert von einer Praline (20 g), wenn 100 g folgenden Nährstoffgehalt haben:
Eiweiß 3,5 g, Kohlenhydrate 72,5 g, Fett 15,0 g.

**7** Ein Frühstück besteht aus:
$\frac{1}{4}$ l Milch, 20 g Kakaopulver, 10 g Zucker, 20 g Butter, 20 g Konfitüre, 1 Ei (50 g), 1 Scheibe Vollkornbrot (30 g), 1 Brötchen (50 g).

(A) Ermitteln Sie den Nährstoffgehalt an Eiweiß, Kohlenhydraten und Fett und daraus den Gesamtnährwert.

(B) Wie viel Prozent des täglichen Nährstoffbedarfs von 70 g Eiweiß, 70 g Fett und 420 g Kohlenhydraten sind damit gedeckt?

**8** Auf einer Geburtstagsparty lassen es sich Max und Heinz besonders gutgehen:
Max verzehrt: 180 g geröstete Erdnüsse, 120 g Kartoffelchips, 4 Gläser Cola je 0,2 l.
Heinz verzehrt: 150 g Gewürzgurken, 4 Gläser Apfelschorle, gemischt aus einem Teil Apfelsaft und einem Teil Mineralwasser, 1 Glas = 0,2 l.

(A) Wie viel kJ haben die beiden damit jeweils zu sich genommen?

(B) Wie viel Prozent des täglichen Energiebedarfs von 13000 kJ macht diese zusätzliche Nährstoffzufuhr bei Max und bei Heinz aus?

---

[1] Siehe Angaben Seite 68
[2] 1 Monat = 31 Tage.

9 Ermitteln Sie den Nährstoffgehalt an Eiweiß, Fett, Kohlenhydraten sowie Alkohol und daraus den Nährwert für 0,25 l Bier, 250 g Haselnüsse und 0,2 l Rotwein.

10 Marzipanrohmasse besteht aus 600 g Mandeln und 300 g Zucker.

Berechnen Sie den Nährwert in kJ für 100 g Marzipanrohmasse.

11 Frau Meier genießt täglich 100 g Rum-Sahne-Trüffel.
Das Rezept lautet: 75 g Zucker, 50 g Rum, 250 g Sahne, 75 g Butter, 400 g Bitterkuvertüre

Wie viel kJ nimmt sie damit täglich zu sich?

12 Das Rezept für Teegebäck lautet: 250 g Zucker, 500 g Butter, 750 g Mehl.
Es ist mit einem Backverlust von 16,5 % zu rechnen.

Wie hoch ist der Nährwert von 250 g fertigem Gebäck?

13 Frau Hofmann isst mit Vorliebe Erdbeereis. Um ihre schlanke Linie zu bewahren, verzichtet sie dafür gerne auf das Abendessen mit einem Nährwert von 2184 kJ.

Rezept für Erdbeereis: 1100 g Wasser, 150 g Zitronensaft, 1000 g Zucker, 10 g Eisbindemittel, 1000 g Erdbeeren (püriert), 250 g Kondensmilch (10 % Fettgehalt)

Wie viel Kugeln Eis zu 35 g könnte sie statt dessen essen?

14 Berechnen Sie den Nährstoff- und Nährwertgehalt von 100 g der beiden folgenden Eissorten und kommentieren Sie das Ergebnis:

Rezept Zitroneneis: 1000 g Wasser, 650 g Zucker, 250 g Zitronensaft, 125 g Weißwein, 125 g Kondensmilch, 5 g Eisbindemittel, (Zitronenschalen)

Rezept Mokka-Parfait: 135 g Eigelb, 100 g Zucker, 25 g Kirschwasser, 5 g löslicher Kaffee, 50 g Puderzucker, 75 g gehackte Mandeln, 600 g geschlagene Sahne

15 (A) Berechnen Sie den Nährwertgehalt von einem Plunderstückchen, wenn folgendes Rezept 70 Stück ergibt:

1000 g Mehl, 560 g Milch, 125 g Zucker, 100 g Butter, 100 g Ei, 100 g Hefe, 700 g Ziehfett (Butter), 15 g Salz

(B) Wie viel g wiegt ein Stück bei einem Backverlust von 15%?

16 Milch ist ein hochwertiges Nahrungsmittel. Sie enthält in besonders günstiger Zusammensetzung fast alle Nährstoffe, die der Mensch benötigt (jedoch keine Ballaststoffe).

(A) Wie viel Liter Vollmilch muss ein Jugendlicher zu sich nehmen, um seinen täglichen Energiebedarf von 16 000 kJ decken zu können?

(B) Wie viel g Eiweiß, Fett und Kohlenhydrate nimmt er damit zu sich?

# ⑭ Grafische Darstellungsformen

Probleme, Zusammenhänge und Erkenntnisse lassen sich oftmals zeichnerisch besser veranschaulichen als mit Zahlen und Beschreibungen.

Dazu bieten sich verschiedene Schaubilder, auch Diagramme genannt, an:

- Linien- oder Kurvendiagramme,
- Stabdiagramme (Säulen- oder Blockdiagramme),
- Flächendiagramme (Kreis- und Rechteckdiagramme).

## Beispiel eines Linien- oder Kurvendiagrammes

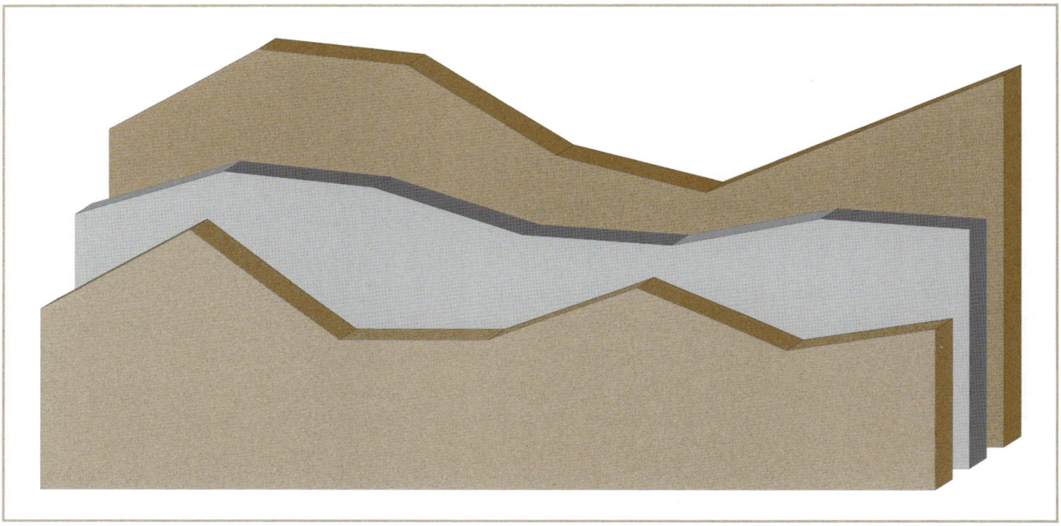

## Beispiel eines Kreisdiagrammes

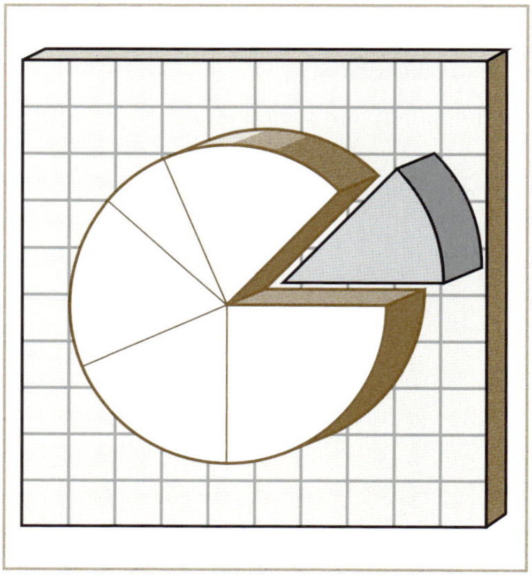

## Beispiel eines Stabdiagrammes

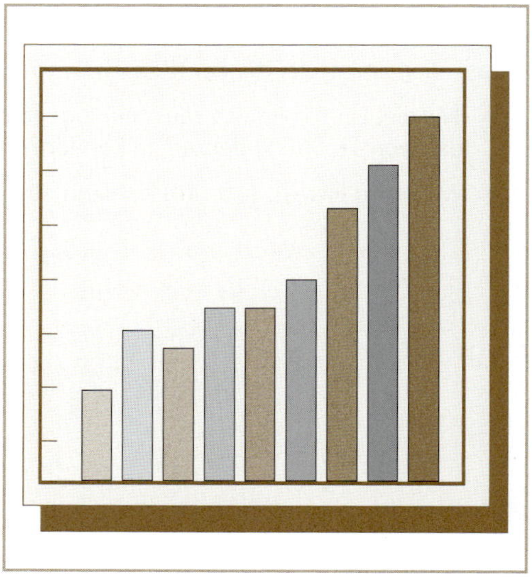

### Linien- oder Kurvendiagramm

Um Messwerte eintragen zu können, muss ein Koordinatenkreuz gezeichnet werden. Man versteht darunter zwei senkrecht aufeinander stehende Achsen. Ihr Schnittpunkt stellt den Nullpunkt dar.

Auf die waagrechte Achse, auch Grundlinie oder x-Achse genannt, werden die statistischen Merkmale gezeichnet.

Merkmale können sein: Temperaturgrade,Tage, Jahreszahlen o.ä. also alles das, „was" es betrifft.

In die senkrechte Achse, auch y-Achse genannt, wird die Häufigkeit der Merkmale eingetragen. Häufigkeit = Mess- oder Zähl**ergebnis.**

Der Maßstab der Achsen ist frei wählbar.

**Beispiel**

**Abhängigkeit der Gärtätigkeit von der Temperatur**

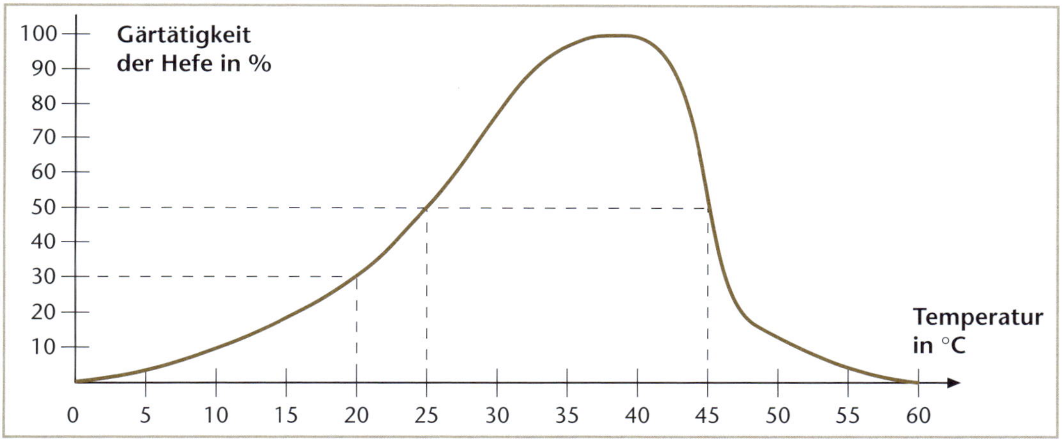


Welche Informationen kann man dieser grafischen Darstellung entnehmen?

Der Verlauf der Kurve zeigt mit einem Blick, wie die Gärtätigkeit langsam ansteigt, wann die optimale Gärung erreicht ist und dass sie mit weiter steigender Temperatur wieder stark zurückgeht.

a) Welche Gärtätigkeit zeigt die Hefe bei 20 °C?

Sie legen bei 20 °C das Lineal senkrecht an und markieren den Schnittpunkt mit der Kurve. Von diesem Schnittpunkt aus gehen Sie dann waagerecht nach links und zeichnen den Schnittpunkt auf der %-Achse (= y-Achse) ein.

Da dieser Punkt bei der 30%-Marke liegt, beträgt die Gärtätigkeit bei 20 °C 30%.

b) Bei welchen Temperaturen zeigt die Hefe 50% ihrer Gärtätigkeit?

In Höhe der 50 %-Marke legen Sie das Lineal waagerecht an und zeichnen die beiden Schnittpunkte mit der Kurve ein. Von jedem dieser Punkte gehen Sie dann senkrecht nach unten.

Die beiden Schnittpunkte auf der Temperatur-Achse (= x-Achse) geben Ihnen dann die Antwort.

Bei 25 °C und bei 45 °C entwickelt die Hefe 50% ihrer Gärtätigkeit.

- Welche Gärtätigkeit in Prozent zeigt die Hefe bei 10 °C, 30 °C,40 °C und 50 °C?
- Bei welchen Temperaturen erreicht die Hefe 20%, 60%, 100% und 0% ihrer Gärtätigkeit?
- In welchem Temperaturbereich erlangt die Hefe mindestens 80% der Gärtätigkeit?

## Übungsaufgaben

**1** Die Familie Bauer, ein Vier-Personen-Haushalt, hat ein Nettoeinkommen von 22 900,00 € im Jahr.

Dieses Geld wurde für folgendes ausgegeben:

| | |
|---|---|
| Nahrungsmittel | 3435,00 € |
| Miete | 5038,00 € |
| Hausrat, Möbel | 2061,00 € |
| Kleidung | 1832,00 € |
| Bildung, Unterhaltung | 1145,00 € |
| Gas, Strom, Heizung | 1923,60 € |
| Urlaub | 1603,00 € |
| Auto | 2404,50 € |
| Gesundheits- u. Körperpflege | 1946,50 € |
| Sonstiges | 1511,40 € |

Stellen Sie die einzelnen Ausgabeposten in einem Kreisdiagramm dar.

**2** 100 g Roggenvollkornbrot enthalten:
46,2 g Kohlenhydrate, 5,6 g Eiweiß, 1,3 g Fett, 2,1 g Mineralstoffe, 1 2 g Rohfaserstoffe, 43,6 g Wasser.

Erstellen Sie für das Roggenvollkornbrot ein Kreisdiagramm.

**3** Der durchschnittliche Tagesbedarf soll zu 55% mit Kohlenhydraten, zu 15% mit Eiweiß und zu 30% mit Fett gedeckt werden.

Veranschaulichen Sie die Verteilung der Nährstoffe in Form eines Kreisdiagramms.

**4** Stellen Sie die Zusammensetzung der beiden Mehle in Form von zwei Säulendiagrammen einander gegenüber.

In je 100 g Mehl sind enthalten:

| | Roggenmehl Type 997 | Weizenmehl Type 1050 |
|---|---|---|
| Kohlenhydrate | 75,6 g | 71,2 g |
| Eiweiß | 7,4 g | 12,1 g |
| Fett | 1,1 g | 1,8 g |
| Rohfaserstoffe | 0,4 g | 0,3 g |
| Mineralstoffe | 0,9 g | 1,0 g |
| Wasser | 14,6 g | 13,6 g |

**5** Die Filiale des Backhauses Löw hat im abgelaufenen Jahr folgende Umsätze zu verzeichnen:

| | | | |
|---|---|---|---|
| Januar | 5800,00 € | Juli | 5900,00 € |
| Februar | 7200,00 € | August | 6100,00 € |
| März | 7500,00 € | September | 6800,00 € |
| April | 7400,00 € | Oktober | 7500,00 € |
| Mai | 6800,00 € | November | 8800,00 € |
| Juni | 6300,00 € | Dezember | 9700,00 € |

Überlegen Sie, durch welche grafische Darstellung Sie die Umsatzentwicklung veranschaulichen können. Fertigen Sie die zeichnerische Darstellung an, für die Sie sich entschieden haben.

**6** Energiegehalt einzelner Nahrungs- und Genussmittel:

| | |
|---|---|
| 100 g Cola | 185 kJ (Kilojoule) |
| 100 g Erdnüsse | 2625 kJ |
| 100 g Vollkornbrot | 930 kJ |
| 100 g Branntwein (42 %) | 1260 kJ |
| 100 g Magerquark | 362 kJ |

Ⓐ Wie viel Gramm darf man von den einzelnen Nahrungs- und Genussmitteln verzehren, um jedesmal nur 400 kJ aufzunehmen?

Ⓑ Stellen Sie die Menge, die 400 kJ entsprechen, in der Form eines Säulendiagramms dar.

# ⑮ Das Rechnen mit der Schlüsselzahl

Der Auszubildende Hermann soll 12 kg Hefeteig herstellen. Die Zutaten sind entsprechend dem folgenden Grundrezept abzuwiegen.

**Beispiel eines Grundrezeptes**

| Grundrezept | | Ergebnis |
|---|---|---|
| 1000 g Mehl | × ⑥ | = 6000 g Mehl |
| 550 g Milch | | = 3300 g Milch |
| 120 g Eier | | = 720 g Eier |
| 130 g Butter | | = 780 g Butter |
| 125 g Zucker | | = 750 g Zucker |
| 60 g Hefe | | = 360 g Hefe |
| 15 g Salz | | = 90 g Salz |
| **2000 g Teig** = Rezeptgewicht | | **= 12000 g Teig** = gewünschte Teigmenge |

**Der Auszubildende Hermann überlegt:**

Wenn das Grundrezept 2000 g Teig ergibt, dann muss ich alle Zutaten mit 6 muliplizieren, um 12000 g Teig zu erhalten, denn:

$$\frac{12000 \text{ g gewünschte Teigmenge}}{2000 \text{ g Rezeptmenge}} = ⑥$$

Die Zahl ⑥ in dem oben angegebenen Beispiel wird als Schlüsselzahl bezeichnet. Sie gibt an, mit welcher Zahl die Zutaten des Grundrezeptes multipliziert werden müssen, um die gewünschte Teigmenge zu erhaiten.

Grundrezept\Rezeptmenge × **Schlüsselzahl** = gewünschte Teigmenge

daraus folgt: $\textbf{Schlüsselzahl} = \dfrac{\textbf{gewünschte Teigmenge}}{\textbf{Rezeptmenge}}$

## 15.1 Berechnung der Zutaten

### Übungsaufgaben

**1** Kopfrechenaufgaben zu dem Grundrezept für Hefeteig

Ⓐ Wie viel Gramm von den einzelnen Zutaten des oben angegebenen Hefeteigrezeptes müssen für 8 kg Teig abgewogen werden?

Ⓑ Zur Herstellung von Bienenstich werden 7 kg Teig benötigt. Mit welcher Schlüsselzahl müssen die einzelnen Zutaten multipliziert werden?

Ⓒ Wie viel Teig erhält man, wenn alle Zutaten des Grundrezeptes für Hefeteig mit der Schlüsselzahl 7,5 multipliziert werden?

Ⓓ Berechnen Sie die Zutaten für 5 kg Mehl.

Ⓔ Berechnen Sie die Schlüsselzahl, wenn Sie statt 1000 g Mehl nur 500 g nehmen.

**2** Zur Herstellung von Brötchen sind 25,2 kg Teig erforderlich.
Kilorezept Brötchenteig: 1000 g Weizenmehl, 580 g Wasser, 50 g Hefe, 20 g Salz, 30 g Backmittel **(Kilorezept** besagt, dass alle weiteren Teigzutaten auf 1 kg Mehl bezogen sind.

- (A) Berechnen Sie die Schlüsselzahl.
- (B) Berechnen Sie die einzelnen Zutaten.
- (C) Überprüfen Sie die jeweiligen Ergebnisse.
- (D) Berechnen Sie die Zutaten für 20 kg und für 30 kg Mehl als Kopfrechenaufgabe.

**3** Rezept Roggenmischbrot:
6000 g Roggenmehl, 3000 g Weizenmehl, 1500 g Grundsauer, 450 g Teigsäuerungsmittel, 150 g Hefe, 200 g Salz, 6800 g Wasser

- (A) Berechnen Sie die Schlüsselzahl für 45,25 kg Teig.
- (B) Wie viel kg müssen von den Zutaten abgewogen werden?
- (C) Vergessen Sie nicht, die Ergebnisse zu kontrollieren.

**4** Rezept Weißbrot:
5000 g Weizenmehl, 2750 g Wasser, 150 g Backmittel, 100 g Salz, 150 g Hefe

- (A) Wie viel kg muss man von den Zutaten abwiegen, um 32,6 kg Teig zu erhalten?
- (B) Wie viel kg Teig erhält man, wenn man von 22,5 kg Mehl ausgeht?
- (C) Geben Sie das Kilorezept an.

**5** Rezept Brötchen:
10,000 kg Weizenmehl, 0,300 kg Backmalz, 0,200 kg Salz, 0,350 kg Hefe, 5,750 kg Schüttung

- (A) Berechnen Sie die Schlüsselzahl für 18,4 kg *Zuguss.*
- (B) Wie viel kg müssen von den übrigen Zutaten abgewogen werden?

**6** Rezept Berliner (Krapfen):
1000 g Weizenmehl, 200 g Eier, 450 g Wasser, 60 g Hefe, 125 g Zucker, 15 g Salz, 90 g Butter, 60 g Milchpulver
Es sollen 450 Berliner hergestellt werden. Die Teigeinlage beträgt je Presse[1] 1300 g.

- (A) Wie viel kg Teig werden dazu benötigt?
- (B) Berechnen Sie die Schlüsselzahl und die Zutaten.

**7** Rezept Plunderteig:
1000 g Weizenmehl, 100 g Butter, 500 g Wasser, 70 g Hefe, 70 g Milchpulver, 15 g Salz, 150 g Eier, 125 g Zucker, 400 g Ziehfett
Der Hefeteig soll so schwer sein, dass eine ganze Platte Ziehfett mit 2500 g eingezogen werden kann.

- (A) Berechnen Sie die Schlüsselzahl.
- (B) Wie viel Gramm muss man für den Teig von den jeweiligen Zutaten abwiegen?

---
[1] Presse = 30 Stück

8 Rezept Sandmasse:
750 g Zucker, 800 g Butter, 700 g Eier, 450 g Weizenpuder, 300 g Mehl

(A) Es sollen 30 Sandkuchen mit einem Füllgewicht von 450 g hergestellt werden. Berechnen Sie die Schlüsselzahl und die Zutaten für die erforderliche Menge.

(B) Berechnen Sie die übrigen Zutaten, wenn an Stelle von 800 g Butter 1000 g verwendet werden sollen.

9 Rezept Mürbeteig:
600 g Zucker, 1200 g Butter, 1800 g Mehl

In Folge einer Unachtsamkeit hat der Geselle Roman statt 1200 g Butter 1500 g abgewogen. Bereits zu Beginn der Teigbereitung bemerkt er seinen Fehler.

Wie viel Gramm muss er von den übrigen Zutaten nachwiegen, damit das Verhältnis der Zutaten zueinander wieder stimmt?

10 Das Restaurant Zur Post bestellt bei der Bäckerei Buchner kurzfristig 15 kg fertig tourierten Blätterteig. Der Bäckermeister hat jedoch nur noch 3 × 2,5 kg Ziehfett auf Lager. Bis die nächste Lieferung eintrifft, muss er etwa 5 kg Blätterteig für seinen eigenen Betrieb einplanen.
Rezept Blätterteig: 1000 g Weizenmehl, 600 g Wasser, 20 g Salz, 30 g Zucker, 1000 g Ziehfett

(A) Reicht die Menge an Ziehfett aus, um die Bestellung annehmen zu können?

(B) Wie viel kg Blätterteig bleibt dem Meister für seinen Bedarf übrig?

(C) Wofür würden Sie sich entscheiden?

11 Bäckermeister Neumann hat einen Rest von 600 g gehackten Mandeln, die er zu Florentiner verarbeiten will.
Rezept Florentiner: 700 g Zucker, 350 g Glykose, 700 g Sahne, 300 g Butterfett, 200 g Orangeat, 800 g Mandeln (gehobelt), 400 g Mandeln (gehackt), 40 Stck. Belegkirschen

Wie viel Gramm muss er von den übrigen Zutaten abwiegen, wenn er die 600 g gehackte Mandeln restlos für die Florentiner aufbrauchen will?

12 Rezept Streusel:
400 g Zucker, 400 g Butter, 600 g Mehl, Gewürze
Der Auszubildende Florian soll für 15 Pflaumenkuchen Streusel herstellen.

(A) Wie viel g muss er von den Zutaten nehmen, wenn je Kuchen 70 g Streusel erforderlich sind?

(B) Beim Abwiegen verwechselt er die Butter- mit der Mehlmenge. Wie viel g Mehl und Zucker muss er nachwiegen?

(C) Wieviel g Streusel erhält er dadurch mehr als notwendig?

## 15.2 Umwandlung von Kilorezepten in Literrezepte

Früher wurde die Schüttflüssigkeit als Ausgangsgröße für die Teigherstellung betrachtet.

Aus diesem Grunde arbeitete man nicht mit Kilorezepten (alle Teigzutaten beziehen sich auf 1 kg Mehl), sondern mit Literrezepten.

Bei einem Literrezept werden alle Zutaten für den Teig auf 1 Liter Flüssigkeit bezogen.

## Musteraufgabe

Berechnen Sie das Literrezept, ausgehend vom Kilorezept für Toastbrot.

| Kilorezept: | | Literrezept: | |
|---|---|---|---|
| 1000 g Weizenmehl | Schlüsselzahl × 1,67 | = 1670 g Weizenmehl | |
| 600 g Wasser | | = 1000 g Wasser | ➠ $\frac{1000\ g}{600} = 1{,}67$ |
| 80 g Milchpulver | | = 134 g Milchpulver | |
| 60 g Butter | | = 100 g Butter | |
| 30 g Hefe | | = 50 g Hefe | |
| 30 g Backmittel | | = 50 g Backmittel | |
| 20 g Salz | | = 33 g Salz | |

## Übungsaufgaben

**1** Wandeln Sie das Kilorezept für Mischbrot in das Literrezept um.

1000 g Mehl (50 Teile Roggenmehl zu 50 Teile Weizenmehl), 650 g Wasser, 30 g Hefe, 35 g Teigsäuerungsmittel, 20 g Salz

**2** Berechnen Sie nach dem Kilorezept für Roggenbrot die Zutaten für 17 Liter Schüttflüssigkeit (13,6 l Schüttflüssigkeit).

800 g Roggenmehl,
200 g Weizenmehl,
680 g Wasser,
35 g Teigsäuerungsmittel,
30 g Hefe,
20 g Salz

**3** Der Meister drückt dem Auszubildenden Markus die Rezeptkarte für leichten Hefeteig in die Hand und gibt ihm den Auftrag, für 3 l Milch die Zutaten vorzubereiten.

Rezept leichter Hefeteig: 1000 g Weizenmehl, 80 g Backmargarine, 600 g Milch, 60 g Hefe, 120 g Zucker, 15 g Salz, Zitrone

Welche Zutatenmengen sind bereitzustellen?

**4** Ein Rezept für Brötchen enthält folgende Angaben:

1000 g Weizenmehl, 64% Wasser, 5% Hefe, 4% Backmittel, 2% Salz

Die Prozentangaben beziehen sich auf die Mehlmenge.

(A) Berechnen Sie als Kopfrechenaufgabe das Kilorezept.

(B) Berechnen Sie die Zutaten für 9,6 l Wasser (14,08 l).

# ⑯ Das Rechnen mit der Teigausbeute (TA)

Die Teigausbeute ist für den Bäcker ein wichtiger Begriff, mit dem er täglich bei der Teigbereitung zu tun hat. Die Teigausbeute gibt ihm nämlich Auskunft über:

- die Wasserbindefähigkeit des Mehls,
- die Menge der Schüttflüssigkeit für den Teig,
- die Menge des Teiges, wenn neben der Mehl- und Wassermenge noch die übrigen Teigzutaten hinzugerechnet werden.

**Was besagt die Teigausbeute TA**

Sie gibt an, wie viel Teile Wasser von 100 Teilen Mehl gebunden werden. Wenn also 100 Teile Mehl 60 Teile Wasser binden, so erhält man 160 Teile Teig (Mehl – Wasser – Teig).

Mehl zu Flüssigkeit = 100 : 60 → TA = 160

Da 100 kg Mehl bei einer bestimmten Teigfestigkeit 60 Liter Wasser gebunden haben, so hat dieses Mehl die

**Teigausbeute** von **160**

Man kann auch sagen, dass dieses Mehl eine TA von 160% hat, da man von der Zahl 100 ausgeht. Auf das Prozentzeichen wird aber häufig verzichtet.

## 16.1 Berechnung der Teigausbeute

**Kopfrechenaufgaben**

Berechnen Sie jeweils die Teigausbeute.

① 100 kg Roggenmehl binden 74 Liter Wasser

② 100 kg Weizenmehl binden 62 Liter Wasser

③ 50 kg Weizenmehl binden 30 Liter Wasser

④ 50 kg Roggenmehl binden 36 Liter Wasser

⑤ 25 kg Roggenmehl binden 17,5 Liter Wasser

⑥ 20 kg Weizenmehl binden 11 Liter Wasser

⑦ 12,5 kg Weizenmehl binden 8 Liter Wasser

Die Roggenmehie haben eine höhere Teigausbeute als die Weizenmehle. Hochwertige, gute Mehle zeichnen sich durch eine hohe Teigausbeute aus und werden auch bevorzugt vom Bäckermeister gekauft.

Begründen Sie diese Kaufentscheidung.

### Musteraufgabe

45 kg Mehl binden 28,35 l Wasser. Wie hoch ist die Teigausbeute?

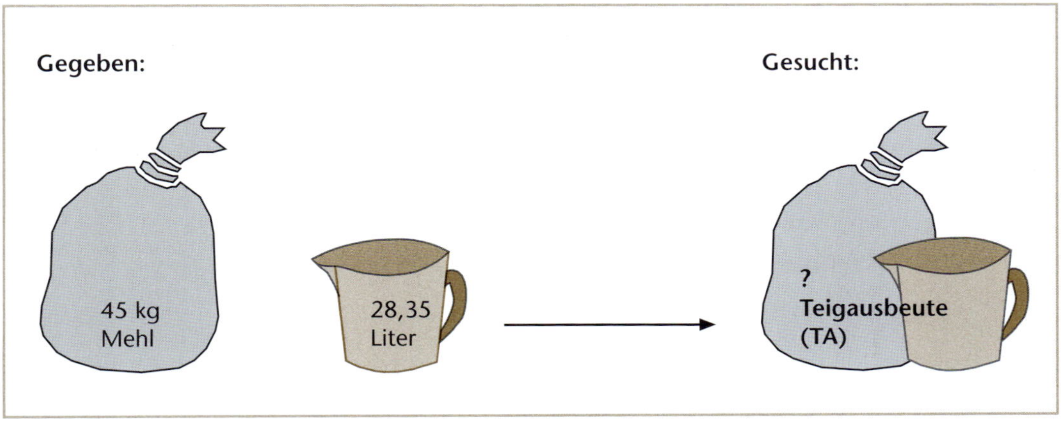


### *Musterlösung mit Hilfe des Dreisatzes*

$$45 \text{ kg Mehl} \mathrel{\widehat{=}} 28{,}35 \text{ l Wasser}$$

$$1 \text{ kg Mehl} \mathrel{\widehat{=}} \frac{28{,}35}{45} \text{ l Wasser}$$

$$100 \text{ kg Mehl} \mathrel{\widehat{=}} \frac{28{,}35 \cdot 100}{45} \text{ l Wasser}$$

$$= 63 \text{ l Wasser}$$

Wenn 100 kg Mehl 63 l Wasser binden, so ist die TA 163.

### *Musterlösung als Prozentaufgabe*

$$45{,}00 \text{ kg Mehl} \mathrel{\widehat{=}} 100\%$$

$$1{,}00 \text{ kg Mehl} \mathrel{\widehat{=}} \frac{100}{45}\,\%$$

$$28{,}35 \text{ kg Wasser} \mathrel{\widehat{=}} \frac{100 \cdot 28{,}35}{45}\,\% = 63\%$$

daraus folgt: TA **163%**

## Übungsaufgaben

1 Für einen Brötchenteig werden auf 56 kg Weizenmehl 36,4 l Wasser geschüttet.
Berechnen Sie die Teigausbeute des Mehls.

2 Bei der Herstellung von Roggenbrot werden 59,2 l Wasser von 80 kg Roggenmehl gebunden.
Welche Teigausbeute hat das Roggenmehl?

**3** Für die Herstellung eines Weizenmischbrotes werden 40 kg Weizenmehl und 30 kg Roggenmehl abgewogen.

Mit welcher Teigausbeute wird der Teig geführt, wenn 50,4 l Wasser geschüttet werden?

**4** Bäckermeister Neumann schüttet auf 48 kg Weizenmehl 25,4 l Wasser. Da ihm der Teig zu fest ist, schüttet er während der Teigbereitung noch einen Liter Wasser nach.

(A) Welche Teigausbeute hat das Mehl?

(B) Mit welcher Teigausbeute hätte Herr Neumann den Teig geführt, wenn er nicht einen Liter Wasser nachgeschüttet hätte?

**5** Der Geselle Norbert rechnet für 72 kg Weizenmehl immer 41,76 l Schüttflüssigkeit, wenn er den Teig für Brötchen mischt. Von der neuen Mehllieferung nimmt er wieder 72 kg Mehl und dieselbe Flüssigkeitsmenge. Da der Teig viel zu weich wird, muss er 4 kg Mehl mehr dazugeben, um die gleiche Festigkeit wie früher zu erhalten.

(A) Überlegen Sie, ob die TA des neuen Mehls höher oder niedriger ist.

(B) Welche Teigausbeute hatten die Mehle bisher?

(C) Berechnen Sie die Teigausbeute des neuen Mehls.

**6** Im Labor einer Mühle werden mehrere Mehle auf ihre Wasserbindefähigkeit hin untersucht.

| | | |
|---|---|---|
| Weizenmehle: | Probe A | 750 g Mehl binden 390 g Wasser |
| | Probe B | 600 g Mehl binden 348 g Wasser |
| | Probe C | 800 g Mehl binden 496 g Wasser |
| Roggenmehle: | Probe D: | 700 g Mehl binden 483 g Wasser |
| | Probe E | 600 g Mehl binden 432 g Wasser |
| | Probe F | 750 g Mehl binden 555 g Wasser |

(A) Ermitteln Sie die Teigausbeute der einzelnen Proben.

(B) Erstellen Sie für die Weizen- und Roggenmehle jeweils eine Rangordnung.

**7** Bäckermeister Schneider vergleicht die Teigausbeute zweier Weizenmehle der Type 550, indem er zwei Teige für Tafelbrötchen herstellt. Die Teigfestigkeit ist gleichbleibend.

25 kg Weizenmehl von der Mühle Kurz nehmen 16,25 l Wasser auf.

20 kg Weizenmehl von den Vereinigten Kunstmühlen hingegen binden 12,2 l Wasser.

Welche Mühle hat Herrn Schneider das bessere Mehl geliefert?

## 16.2 Berechnung der Teigflüssigkeit

### Musteraufgabe

Mit 35 kg Weizenmehl soll ein Weißbrotteig mit der TA 158 hergestellt werden.
Wie viel Liter Flüssigkeit sind zu schütten?

*Musterlösung*

Die Teigausbeute 158 gibt an, dass für 100 kg Mehl 58 Liter Wasser geschüttet werden müssen.

Dreisatz:

$$100 \text{ kg Mehl} \mathrel{\widehat{=}} 58 \text{ l Wasser}$$

$$1 \text{ kg Mehl} \mathrel{\widehat{=}} \frac{58}{100} \text{ l Wasser}$$

$$35 \text{ kg Mehl} \mathrel{\widehat{=}} \frac{58 \cdot 35}{100} \text{ l Wasser}$$

$$35 \text{ kg Mehl} = \mathbf{20{,}3\ l} \text{ Wasser}$$

Für den Weißbrotteig müssen **20,3 l** Wasser geschüttet werden.

## Übungsaufgaben

1 Wie viel Liter Wasser müssen zu 38 kg (47 kg) Weizenmehl gegeben werden, wenn der Teig mit der TA 156 herzustellen ist?

2 Für einen Brezelteig ist die Teigausbeute mit 148 angegeben.

Wie viel Liter Wasser müssen für 18 kg (24 kg) Weizenmehl abgemessen werden?

3 Aus 24 kg Roggenmehl und 24 kg Weizenmehl soll ein Mischbrotteig mit der TA 168 hergestellt werden.

Berechnen Sie die Schüttflüssigkeit.

4 Ein Sauerteig soll mit der TA 210 angesetzt werden.

Wie viel ml Wasser muss man zu 1200 g Roggenmehl geben?

5 Bei der Herstellung eines Krapfenteiges (Berliner) muss ein Vorteig angesetzt werden.

Wie viel ml warmes Wasser muss man mit 1500 g Weizenmehl vermengen, um eine Teigausbeute von 240 zu erreichen?

6 Berechnen Sie die Teigflüssigkeit in Liter.

| | A | B | C | D | E | F | G | H |
|---|---|---|---|---|---|---|---|---|
| TA | 156 | 162 | 164 | 169 | 172 | 168 | 170 | 174 |
| Mehlmenge in kg | 36 | 42 | 38 | 42 | 20 RM<br>30 WM | 15 RM<br>60 WM | 40 RM<br>30 WM | 38 RM<br>19 WM |

(RM = Roggenmehl, WM = Weizenmehl)

7 Zur Herstellung von Brotteigen werden in der Bäckerei Zintl RM Type 997 mit der TA 172 und WM Type 1050 mit der TA 164 verarbeitet.

A Berechnen Sie die Schüttflüssigkeit für Mischbrot, das aus 40 kg WM und 40 kg RM hergestellt wird.

B Wie viel Liter Wasser sind für den Weizenmischteig zu schütten, der aus 50 kg WM und 20 kg RM herzustellen ist?

## 16.3 Berechnung der Mehlmenge

In der Praxis werden bei der Mehlmengenberechnung oft die Zutaten (Salz, Hefe, Backmittel) außer Acht gelassen. Dies führt zu höheren Mehl- und Flüssigkeitsmengen, womit Herstellungs- und Arbeitsschwund ausgeglichen werden sollen. Aus didaktischen und systematischen Gründen werden die Zutaten jedoch in der folgenden Musteraufgabe mit einbezogen.

### Musteraufgabe

Zur Herstellung von Brötchen werden 83 kg Teig benötigt. Der Teig wird mit der TA 156 geführt. Für Hefe müssen 5%, für Salz 2% und für Backmittel nochmals 3% zugegeben werden.

Ⓐ Berechnen Sie die Mehlmenge, von der man ausgehen muss.

Ⓑ Berechnen Sie auch noch die weiteren Teigzutaten.

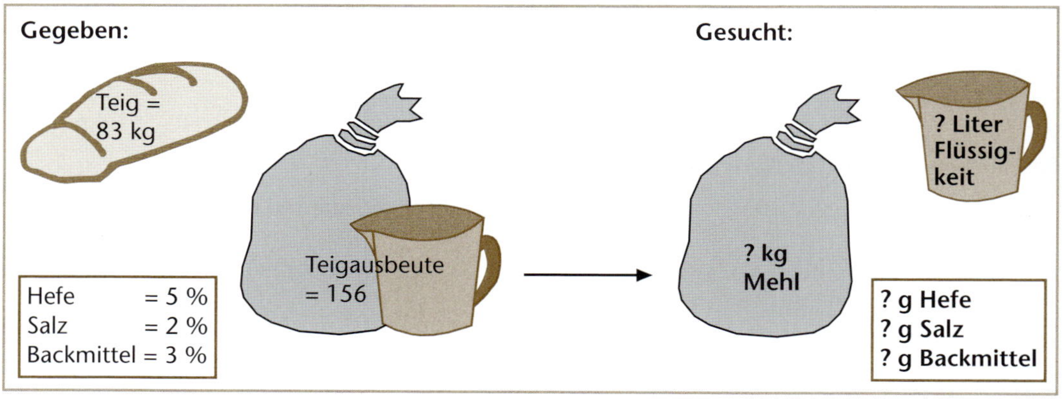


### *Musterlösung*

Wir wissen, dass die Mehlmenge 100% entspricht und TA 156 angibt, dass zu 100 Teilen Mehl (≙ 100%) 56 Teile Schüttflüssigkeit (56 %) hinzukommen.

Da das Mehl der gemeinsame Grundwert ist, können wir die Prozentsätze addieren und gleich der Teigmenge setzen.

| | | | |
|---|---|---|---|
| Mehl | 100% | | · **0,5 kg** = 50,0 kg |
| Wasser | + 56% | | · **0,5 kg** = 28,0 kg |
| Salz | + 2% | | · **0,5 kg** = 1,0 kg |
| Hefe | + 5% | | · **0,5 kg** = 2,5 kg |
| Backmittel | + 3% | | · **0,5 kg** = 1,5 kg |
| | 166% | ≙ 83,0 kg Teig | ≙ 83,0 kg Teig |
| | 1% | $\hat{=} \frac{83}{166} = \mathbf{0{,}5\ kg}$ | |

## Übungsaufgaben

**1** Für Brötchen werden die Teigzutaten nach folgendem Rezept abgewogen:
TA 160, 2% Salz, 5% Hefe, 3% Backmittel.

Ⓐ Wie viel kg Mehl sind für 40 Pressen zu je 1700 g Teigeinlage vorzubereiten?

Ⓑ Wie viel kg sind von den übrigen Teigzutaten abzuwiegen?

**2** Für Toastbrot sollen 52,2 kg Teig hergestellt werden. Der Teig ist mit der TA 156 herzustellen. Teig: 4% Hefe, 8% Milchpulver, 2% Salz und 4% Backmargarine.

(A) Berechnen Sie die Mehlmenge in kg.

(B) Berechnen Sie die Schüttflüssigkeit und die weiteren Zutaten.

**3** Der Auszubildende Markus soll für 720 Brötchen die Zutaten vorbereiten. Sein Meister gibt ihm dazu folgende Angaben:
Pressengewicht = 1650 g, TA 155, 2% Salz, 5% Hefe, 3% Backmittel.

(A) Wie viel kg Mehl sind für diesen Auftrag erforderlich?

(B) Welche Mengen in kg muss Markus von den weiteren Zutaten abwiegen?

**4**

| | erforderliche Teigmenge | TA | Hefe | Salz | Backmittel |
|---|---|---|---|---|---|
| (A) | 41 kg | 155 | 3,0% | 2% | 4,0% |
| (B) | 124,500 kg | 158 | 3,0% | 2% | 3,0% |
| (C) | 33,800 kg | 160 | 4,0% | 2% | 3,0% |
| (D) | 78,750 kg | 165 | 3,0% | 2% | 5,0% |
| (E) | 88,250 kg | 168 | 2,5% | 2% | 4,0% |
| (F) | 115,700 kg | 169 | 3,5% | 2% | 3,5% |

(A) Berechnen Sie die Mehlmenge, die man abwiegen muss, um die erforderliche Teigmenge zu erhalten.

(B) Wie viel Flüssigkeit, Hefe, Salz und Backmittel müssen für die einzelnen Teige abgewogen werden?

**5** Laut Backzettel sollen
25 Weizenmischbrote zu je 1425 g Teigeinlage,
30 Weizenmischbrote zu je 1150 g Teigeinlage und
50 Weizenmischbrote zu je 875 g
hergestellt werden. Der Teig ist nach folgenden Angaben zu führen:
TA 164, 2% Salz, 3% Hefe und 5% Teigsäuerungsmittel.
Das Weizen- und Roggenmehl sind im Verhältnis 60 : 40 zu mischen.

(A) Wie viel kg Teig sind herzustellen?

(B) Wie viel kg Weizen- und Roggenmehl müssen gemischt werden? (Die Mengen sind jeweils auf ganze kg auf- bzw. abzurunden.)

(C) Wie viel l Wasser müssen geschüttet werden?

(D) Wie viel kg Salz, Hefe und Teigsäuerungsmittel sind bei der Teigbereitung zuzugeben?

**6** Berechnen Sie die Teigzutaten für die direkte Führung eines Weizenmischbrotteiges (60 : 40) bei folgenden Angaben:
TA 167, 2% Hefe, 2% Salz und 4% Teigsäuerungsmittel.
Es sind 30 Brote mit 600 g Teigeinlage und
30 Brote mit 1150g Teigeinlage herzustellen.

## 16.4 Berechnung der Teigmenge

Die Teigausbeute gibt nur das Mehl-Wasser-Verhältnis an. Zur Berechnung der Teigmenge müssen noch die übrigen Zutaten (Hefe, Salz, Backmittel) addiert werden. Dabei werden diese Zutaten immer auf die Mehlmenge bezogen.

### Musteraufgabe

Aus 40 kg Weizenmehl soll ein Brötchenteig mit der TA 158 hergestellt werden. Der Teig muss mit 2% Salz, 5% Hefe und 3% Backmittel geführt werden. (Die Prozentangaben beziehen sich immer auf die Mehlmenge.)

Ⓐ Berechnen Sie die einzelnen Zutaten in kg.

Ⓑ Wie viel kg Teig erhält man?

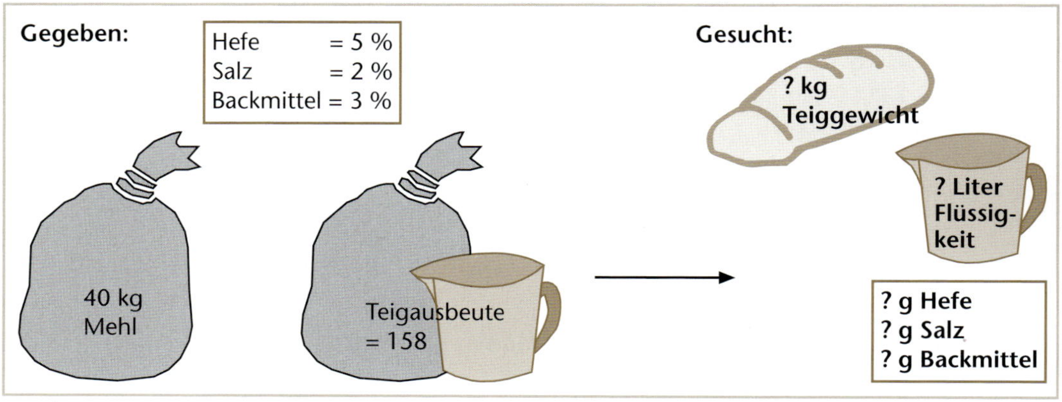


*Musterlösung zu* Ⓐ — *Musterlösung zu* Ⓑ

| | | | | |
|---|---|---|---|---|
| Mehl | 100% | | = 40,00 kg Mehl | 40,0 kg |
| Wasser | 58% | von 40 kg | = 23,20 kg Wasser | 23,2 kg |
| Salz | 2% | von 40 kg | = 0,80 kg Salz | 0,8 kg |
| Hefe | 5% | von 40 kg | = 2,00 kg Hefe | 2,0 kg |
| Backmittel | 3% | von 40 kg | = 1,20 kg Backmittel | 1,2 kg |
| | 168% | | | **67,2 kg Teig** |

**Probe:**

168% ≙ 67,2 kg

$$100\% \triangleq \frac{67{,}2 \cdot 100}{168} = \mathbf{40\ kg\ Mehl}$$

### Übungsaufgaben

**1** Aus 12 kg Weizenmehl sollen Baguettes mit der TA 172, ferner mit 2% Hefe, 2% Salz und 1,5% Backmittel hergestellt werden.

Ⓐ Wie viel kg sind von den Zutaten und der Teigflüssigkeit abzuwiegen?

Ⓑ Wie viel kg Teig erhält man?

Ⓒ Führen Sie eine rechnerische Probe durch.

**2** Von 60 kg Mehlmischung ausgehend, sollen die übrigen Teigzutaten abgewogen werden.
Der Teig ist mit der TA 170 zu führen, ferner müssen 2% Salz, 3% Hefe und 4% Teigsäuerungsmittel zugegeben werden.

Ⓐ Berechnen Sie die Flüssigkeit und die Zutaten.

Ⓑ Wie viel kg Teig ergibt die Mischung?

**3** Für 50 Brote mit einer Teigeinlage von 875 g werden 23 kg Gesamtmehl gerechnet.
Der Teig ist mit folgenden Daten zu führen: TA 182, 1,8% Hefe, 2% Salz, 4% Teigsäuerungsmittel.

Überprüfen Sie, ob die Mehlmenge ausreichend ist.

**4** Für Roggenmischbrot sollen 40 kg Gesamtmehl verarbeitet werden.
Der Teig ist mit der TA 173, mit 2% Salz, 5% Teigsäuerungsmittel und 2,5% Hefe zu führen.

Ⓐ Berechnen Sie die Flüssigkeit und die Zutaten in kg.

Ⓑ Wie viel Brote mit der Teigeinlage 1120 g erhält man?

**5** Wie viel Pressen mit 1680 g kann man von einem Teig abwiegen, der nach den foigenden Angaben zu führen ist:
35 kg Weizenmehl, TA 156, 2% Salz, 3% Hefe, 3% Backmittel.

**6** Wie viel Brote mit 1430 g Teigeinlage erhält man aus dem Teig, der nach den folgenden Angaben hergestellt wird?
60 kg Weizenmehl, 30 kg Roggenmehl, TA 173, 2% Salz, 4% Hefe und 4% Teigsäuerungsmittel.

## 16.5 Teigausbeuteberechnung unter Berücksichtigung von Vorteigen (Sauerteigen)

### Musteraufgabe

Aus 100 kg Gesamtmehl sind in kombinierter Führung[1] Roggenmischbrot (60 : 40) herzustellen. Vom Roggenmehl sollen 20% im Grundsauer versäuert werden, und zwar mit einer TA von 160.

Der Roggenmischbrotteig soll mit der TA 172, ferner mit 2,5% Teigsäuerungsmittel, 2% Salz und 1,5% Hefe hergestellt werden.

Ⓐ Wie viel kg Roggenmehl müssen im Grundsauer versäuert werden?

Ⓑ Wie viel kg Wasser benötigt man für den Grundsauer?

Ⓒ Wie viel kg Roggen- und Weizenmehl werden zum Hauptteig gegeben?

Ⓓ Wie viel kg Wasser muss man beim Hauptteig noch schütten?

Ⓔ Wie viel kg Hefe,Salz undTeigsäuerungsmittel sind für den Hauptteig abzuwiegen?

Ⓕ Überprüfen Sie zum Schluss die Ergebnisse anhand der Prozent-Probe.

[1] Kombinierte Führung:
Die Säuerung des Roggenmehles wird mit Hilfe des Grundsauers und der Teigsäuerungsmittel erreicht.

*Musterlösung*

Bei der Lösung ist auf eine übersichtliche Gliederung und Darstellung zu achten.

| | | | | |
|---|---|---|---|---|
| **zu Ⓐ** | 100 kg Gesamtmehl (60 : 40) | | | **Hauptteig** |
| | bestehend aus | 60 kg Roggenmehl<br>davon 20% = 12 kg Roggenmehl<br>40 kg Weizenmehl[1] | zum Grundsauer | **12,0 kg** |
| **zu Ⓑ** | TA des Grundsauers = 160<br>Mehlmenge = 100 kg<br>Flüssigkeit = 60 l | | | **Grundsauer** |
| | Flüssigkeit: $\frac{60 \cdot 12}{100} = 7{,}2$[2] zum Grundsauer | | | **7,2 l** |
| **zu Ⓒ** | 60 kg Roggenmehl<br>– 12 kg Roggenmehl (R M) (bereits im Grundsauer enthalten) | | = | **48 kg RM** |
| | Weizenmehl (WM) | | = | **40 kg WM** |
| **zu Ⓓ** | gesamte Teigflüssigkeit: | TA 172<br>Mehlmenge = 100 kg<br>Flüssigkeit = 72 l | | |
| | Flüssigkeit zum Hauptteig:<br>72 l –7,2 l Wasser (bereits im Grundsauer enthalten) | | = | **64,8 kg *(l)*** |
| **zu Ⓔ** | Teigsäuerungsmittel: | 2,5% von 100 kg Gesamtmehl[3] | = | **2,5 kg** |
| | Hefe: | 1,5% von 100 kg | = | **1,5 kg** |
| | Salz: | 2,0% von 100 kg | = | **2,0 kg** |
| | | | Teiggewicht = | **178,0 kg** |

**zu Ⓕ** Teig: 100% Mehl + 72% Wasser + 2,5% + 1,5% + 2% = 178%
178% von 100 kg Mehl = 178 kg Teig

## Übungsaufgaben

**1** Berechnen Sie die Zutaten für Roggenmischbrot (70 : 30), ausgehend von 80 kg Gesamtmehl. Vom Roggenmehl sollen 30% durch einen Grundsauer versäuert werden, der mit einer TA von 160 am Tag zuvor angesetzt wird. Der Hauptteig ist mit der TA 174, 1% Hefe, 2% Salz und 2% Teigsäuerungsmittel herzustellen.

Ⓐ Vorteig: Berechnen Sie Roggenmehl- und Wassermenge.

Ⓑ Hauptteig: Berechnen Sie die Roggenmehl-, Weizenmehl- und Wassermenge.

Ⓒ Wie viel kg Hefe, Salz und Teigsäuerungsmittel sind bei der Teigbereitung noch hinzuzufügen?

Ⓓ Vergessen Sie nicht, das Ergebnis zu überprüfen.

---

[1] Wenn z.B. 150 kg Gesamtmehl mit ei riern Mischungsverhältnis60:40 verarbeitet werden sollen:
60 % von 150 kg = $\frac{150 \cdot 60}{100}$ = 90 kg Roggenmehl
40% von 150 kg= $\frac{150 \cdot 40}{100}$ = 60 kg Weizenmehl (oder: 150 kg – 90 kg Roggenmehl = 60 kg Weizenmehl).

[2] Vergleiche zur Wiederholung Seite 81.

[3] Beachte: Die weiteren Rezepturangaben beziehen sich immer auf die Mehlmenge.

**2** Aus 50 kg Gesamtmehl soll ein Mischbrotteig (50 : 50) mit der TA 168, 2% Hefe, 2% Salz und 2,5% Teigsäuerungsmittel hergestellt werden.

Die Rezeptur sieht 15% des Roggenmehls für den Grundsauer vor, der mit der TA 164 am Vortag anzusetzen ist.

Ⓐ Wie viel kg Roggenmehl und Wasser müssen zu dem Grundsauer verarbeitet werden?

Ⓑ Wie viel kg Roggen- und Weizenmehl sind bei der Hauptteigbereitung in den Teigkessel zu wiegen?

Ⓒ Berechnen Sie die Schüttflüssigkeit für den Hauptteig.

Ⓓ Berechnen Sie die Hefe, das Salz und das Teigsäuerungsmittel in kg.

**3** Wir verarbeiten:

| | Ⓐ | Ⓑ | Ⓒ | Ⓓ |
|---|---|---|---|---|
| Gesamte Mehlmenge | 80 kg | 50 kg | 60 kg | 70 kg |
| TA des Hauptteiges | 180 | 182 | 183 | 179 |
| TA des Grundsauers | 160 | 158 | 157 | 156 |
| Mehlmischung RM : WM | 80:20 | 70:30 | 75:25 | 60:40 |
| Hefe | 1,5% | 1,5% | 2,0% | 2,0% |
| Salz | 2% | 2% | 2% | 2% |
| Teigsäuerungsmittel | 3% | 2,5% | 3,0% | 2,0% |

Ⓐ Wie viel kg Grundsauer sind jeweils vom vorbereiteten Sauerteig abzuwiegen?

Ⓑ Wie viel kg Roggen-/Weizenmehl und Wasser müssen für den Hauptteig vorbereitet werden?

Ⓒ Wie viel kg Hefe, Salz und Teigsäuerungsmittel sind abzuwiegen?

Ⓓ Wieviel kg Teig erhält man?

**4** Bäckermeister Heinz Müller will seinem Auszubildenden Frank zeigen, dass man Weizenmischbrot mit vorgeschaltetem Sauerteig und mit Vorteig herstellen kann.

Er weist Frank an, von 50 kg Gesamtmehl ausgehend 70 Teile Weizenmehl und 30 Teile Roggenmehl abzuwiegen. Mit 45% des Roggenmehls soll ein Sauerteig mit der TA 190 angesetzt werden. Für den Vorteig (TA 175) soll er 1\4 des Weizenmehls verwenden. Der Hauptteig ist mit der TA 168 zu führen.

Ⓐ Wie muss Frank die beiden Mehle aufteilen (Skizze)?

Ⓑ Wie viel kg Wasser muss er für die einzelnen Teige bereitstellen?

## 16.6 Wiederholungsaufgaben zur Teigausbeute

**1** 7,6 kg Sauerteig wurden mit der TA 190 geführt.

Wie viel kg Roggenmehl und Wasser sind in diesem Sauerteig enthalten?

**2** Von einem Vollsauer, der mit der TA 210 geführt wurde, werden 630 g als Anstellgut abgewogen.

Wie viel kg Wasser und Mehi sind in dieser Menge enthalten?

❸ Berechnen Sie die fehlenden Angaben.

| | ① | ② | ③ | ④ | ⑤ |
|---|---|---|---|---|---|
| Sauerteigmenge | 40 kg | ? kg | 25,2 kg | ? kg | 43,75 kg |
| TA | 200 | 190 | 210 | 160 | ? |
| enthaltene Mehlmenge | ? kg | 50 kg | ? kg | ? | 25 kg |
| enthaltene Flüssigkeitsmenge | ? kg | ? kg | ? kg | 1,5 kg | ? kg |

❹ Mit 4 kg grobem Roggenschrot soll der Auszubildende Peter ein Quellstück mit der TA 210 ansetzen. Ein Quellstück besteht aus Schrot und Wasser und dient der Verquellung der groben Teilchen.

Ⓐ Wie viel Wasser muss der Auszubildende abmessen?

Ⓑ Wie schwer ist das Queiistück?

❺ Mit 4 Liter Zuguss soll der Auszubildende am folgenden Tag wieder ein Quellstück mit der TA 210 anrühren.

Wie viel kg groben Roggenschrot muss er abwiegen?

❻ Von 25 kg Roggenschrot ist ein Teig (TA 172) herzustellen. Der Backstubenleiter verlangt, dass zuvor sowohl ein Sauerteig ais auch ein Quellstück angesetzt wird. Der Roggenschrot wird wie folgt aufgeteilt:

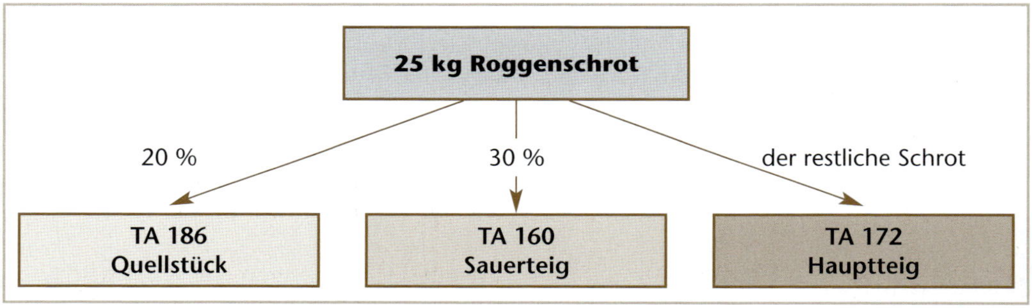


Ⓐ Berechnen Sie die Aufteilung des Roggenschrotes.

Ⓑ Wie viel Liter Wasser benötigt man für das Quellstück und den Sauerteig?

Ⓒ Wie viel Liter Wasser muss man beim Hauptteig noch ergänzen?

❼ Berechnen Sie die Aufteilung von 30 kg Roggenschrot und die Wassermengen für das Quellstück, den Sauerteig und den Hauptteig nach den Angaben von Nr. 6.

❽ Berechnen Sie:

Ⓐ Die Aufteilung des Mehles.

Ⓑ Die Schüttflüssigkeit für den Sauerteig und den Hauptteig.

| | ① | ② | ③ |
|---|---|---|---|
| gesamte Mehlmenge in kg | 60 | 75 | 40 |
| Mehlmischung RM : WM | 80:20 | 60:40 | 40:60 |
| Anteil des RM zum Sauerteig | 50% | 40% | 45% |
| TA des Sauerteiges | 200 | 210 | 190 |
| TA des Teiges | 174 | 170 | 168 |

# ⑰ Das Mischungsrechnen

In der Praxis muss der Bäcker häufig Berechnungen von Mischungen durchführen. Zum Beispiel beim Mischen von Mehlen, beim Verdünnen von Brezellaugen, bei Teigzutaten, die in einem bestimmten Verhältnis zueinander abzuwiegen sind, bis hin zu Durchschnittsberechnungen und dem Mischen von mehreren Sorten. Wie diese Mischungsrechnungen durchzuführen sind, wird nachfolgend beschrieben.

## 17.1 Verhältnis- und Verteilungsrechnen

### Musteraufgabe

Von 60 kg Gesamtmehl ausgehend, soll ein Weizenmischbrot (40 Teile Roggenmehl, 60 Teile Weizenmehl) hergestellt werden.

Wie viel kg Roggen- und Weizenmehl sind zu mischen?

### *Musterlösung*

Ⓐ Das Mischungsverhältnis der beiden Mehle ist:

Zur Wiederholung:

40 Teile RM : 60 Teile WM — sprich: 40 Teile **zu** 60 Teilen.

Verhältnisse werden manchmal auch mit einem Schrägstrich dargestellt (40/60).

$$\widehat{=} \frac{40 \text{ Teile RM}}{60 \text{ Teile WM}} \widehat{=} \frac{2 \text{ Teile RM}}{3 \text{ Teile WM}}$$

Anstatt des : kann man den Bruchstrich schreiben. Die Zahlen werden soweit wie möglich gekürzt.

Kurzform: 40:60 = 2:3

Ⓑ Die Berechnung der Gesamtmenge:

Das Mischungsverhältnis 2:3 bedeutet, dass man die beiden Verhältniszahlen addieren muss, um die gesamte Menge zu erhalten.

2 Teile RM
\+ 3 Teile WM
= 5 Teile Gesamtmehl ≙ 60 kg

1 Teil Gesamtmehl $\widehat{=} \frac{60}{5}$ kg

2 Teile RM $\widehat{=} \frac{60 \cdot 2}{5} =$ 24 kg Roggenmehl
\+
3 Teile WM $\widehat{=} \frac{60 \cdot 3}{5} =$ 36 kg Weizenmehl

**60 kg Gesamtmehl**

## Übungsaufgaben

**1** Berechnen Sie, wie viel kg Roggenmehl und Weizenmehl jeweils zu mischen sind. (Ein Teil der Aufgaben kann mündlich gelöst werden.)

| | | |
|---|---|---|
| Ⓐ Gesamtmehlmenge | 100 kg | 90 Teile Roggenmehl/10 Teile Weizenmehl |
| Ⓑ Gesamtmehlmenge | 20 kg | 90 Teile Roggenmehl/10 Teile Weizenmehl |
| Ⓒ Gesamtmehlmenge | 50 kg | 80 Teile Roggenmehl/20 Teile Weizenmehl |
| Ⓓ Gesamtmehlmenge | 35 kg | 80 Teile Roggenmehl/20 Teile Weizenmehl |
| Ⓔ Gesamtmehlmenge | 60 kg | 75 Teile Roggenmehl/25 Teile Weizenmehl |
| Ⓕ Gesamtmehlmenge | 45 kg | 75 Teile Roggenmehl/25 Teile Weizenmehl |
| Ⓖ Gesamtmehlmenge | 40 kg | 70 Teile Roggenmehl/30 Teile Weizenmehl |
| Ⓗ Gesamtmehlmenge | 42 kg | 60 Teile Roggenmehl/40 Teile Weizenmehl |
| Ⓘ Gesamtmehlmenge | 64 kg | 60 Teile Roggenmehl/40 Teile Weizenmehl |
| Ⓙ Gesamtmehlmenge | 72 kg | 50 Teile Roggenmehl/50 Teile Weizenmehl |
| Ⓚ Gesamtmehlmenge | 120 kg | 40 Teile Roggenmehl/60 Teile Weizenmehl |
| Ⓛ Gesamtmehlmenge | 125 kg | 40 Teile Roggenmehl/60 Teile Weizenmehl |
| Ⓜ Gesamtmehlmenge | 115 kg | 30 Teile Roggenmehl/70 Teile Weizenmehl |

**2** Für ein Roggenmischbrot sind 10 Teile RM Type 997, 30 Teile RM Type 1150 und 10 Teile WM Type 1050 so miteinander zu mischen, dass sich 80 kg (85 kg) Gesamtmehl ergeben.

Wie viel Kilogramm der einzeinen Mehle sind abzuwiegen?

**3** Es sollen Mischbrote aus einer Gesamtmehlmenge von 64 kg (78 kg) hergestellt werden. Mischungsverhältnis der Mehle: 4 Teile WM Type 1050, 1 Teil WM Type 812, 2 Teile RM Type 1150, 3 Teile RM Type 997.

Wie viel kg sind von den einzelnen Mehltypen abzumessen?

**4** In der Bäckerei Josten wurde früher das Mehl nicht abgewogen, sondern man nahm zur Herstellung von Roggenmischbrot 12 Schaufeln RM Type 997, 4 Schaufeln RM Type 1370 und 8 Schaufeln WM Type 1050.

Ⓐ Welches Mischungsverhältnis liegt dieser Mischung zu Grunde?

Ⓑ Wie viel kg Roggen- und Weizenmehl wurden insgesamt verwendet, wenn eineSchaufel 1.4 kg fasste?

Ⓒ Berechnen Sie den Roggen- und Weizenmehlanteil in Prozent.

**5** Für die Herstellung von Weißbrot mischt die Bäckerei Stolze 5 Teile Weizenmehl Type 550 mit 1 Teil Weizenmehl Type 812 (Type 550 : Type 812 = 5:1).

Ⓐ Wie viel kg der Type 550 muss man zu 12 kg WM der Type 812 geben, um das geforderte Mischungsverhältnis zu erhalten?

Ⓑ Wie viel kg erhält man dann als gesamte Mischung?

**6** Für ein herzhaftes Roggenmischbrot werden in der Bäckerei Baumann 5 Teile RM Type 997, 2 Teile RM Type 1370 und 2 Teile WM Type 1050gemischt (997 : 1370 : 1050 = 5 : 2 : 2).

(A) Von der Type 1370 sollen 50 kg genommen werden.
Wie viel kg der Type 997 und wie viel der Type 1050 sind abzuwiegen?

(B) Wie viel kg Mehl werden insgesamt gebraucht?

(C) Berechnen Sie den Roggenanteil und Weizenanteil in Prozent.

**7** Der Auszubildende Michael mischt für eine Masse Weizenmehl Type 405 und Weizenpuder im Verhältnis 3:2.

Wie viel g Weizenmehl muss er zu 170 g (1300 g) Weizenpuder zumischen?

**8** Berechnen Sie die Verhältnisse der Zutaten der einzelnen Teige und Massen zueinander.[1]

(A)

| | Mürbeteig 1 | Mürbeteig 2 | Mürbeteig 3 |
|---|---|---|---|
| Zucker | 420 g | 1,75 kg | 2,9 kg |
| Butter | 840 g | 1,75 kg | 5,8 kg |
| Mehl | 1260 g | 3,50 kg | 5,8 kg |

(B)

| | Sandmasse, leicht | Sandmasse, schwer |
|---|---|---|
| Butter | 400 g | 600 g |
| Zucker | 400 g | 600 g |
| Eier | 560 g | 420 g |
| Weizenpuder | 400 g | 360 g |
| Mehl | 400 g | 240 g |
| | + Backpulver | + Aromen |
| | + Aromen | |

**9** Brezellauge wird häufig im Verhältnis Lauge : Wasser = 1 : 10 verdünnt.

(A) Wie viel Liter Wasser muss man dann zu 0,4 l Lauge geben?

(B) Wie viel verdünnte Lauge erhält man insgesamt?

**10** In das Brezeltauchbad müssen 5,5 Liter nachgefüllt werden.

Wie viel Lauge und wieviel Wasser sind abzumessen, wenn die Flüssigkeiten im Verhälnis 1 : 10 gemischt werden sollen?

**11** Der Auszubildende Mark hat 0,6 l Lauge mit 7,2 l Wasser verdünnt.

Ist die verdünnte Lauge stärker oder schwächer konzentriert als es das Verhältnis 1 : 10 angibt?

**12** Wandeln Sie die folgenden Mischungsverhältnisse durch Kürzen bzw. Erweitern in ihre kleinstmöglichen **ganzen** Zahlen um.

| (A) | (B) | (C) |
|---|---|---|
| 20 : 15 | 2 : 18 : 24 | 13 : 39 : 65 : 91 |
| 12 : 96 | 3,6 : 6 : 8,4 | 1,2 : 3,6 : 14,4 : 24 |
| 14 : 42 | 17 : 3,4 : 5,1 | 2,8 : 7,0 : 8,4 : 11,2 |
| 36 : 45 | 0,14 : 0,21 : 3,5 | 3,6 : 0,54 : 9,0 : 10,8 |

[1] Man kann auch schreiben: Zucker: Butter: Mehl = 420 g: 840 g: 1260 g.
Erinnern Sie sich an die Fachkunde: Mürbeteigrezepturen.

## 17.2 Berechnung des Mischungspreises

### Musteraufgabe

Eine Gebäckmischung besteht aus:

| | Preis je kg |
|---|---|
| 1,50 kg eingelegtes Teegebäck | 21,00 € |
| 1,75 kg Schwarz-Weiß-Gebäck | 22,40 € |
| 1,25 kg Nussgebäck | 25,60 € |

Wie viel kosten 125 g dieser Gebäckmischung?

### *Musterlösung*

Zuerst berechnet man den Wert der einzelnen Mischungsbestandteile. Dann wird das Gesamtgewicht und der Gesamtpreis der Mischung ermittelt. Über den Dreisatz erhält man schließlich den Preis für die gewünschte Teilmenge der Gebäckmischung.

Ⓐ Berechnung des Preises der gesamten Mischung mittels Dreisatz-Kurzfassung:

**Kilopreis · Menge** (Menge immer in Kilo umrechnen)

| | | | |
|---|---|---|---|
| | 1,500 kg eingelegtes Teegebäck | kosten 1,500 kg · 21,00 €/kg = | 31,50 € |
| + | 1,750 kg Schwarz-Weiß-Gebäck | kosten 1,750 kg · 22,40 €/kg = | 39,20 € |
| + | 1,250 kg Nussgebäck | kosten 1,250 kg · 25,60 €/kg = | 32,00 € |
| = | 4,500 kg Gebäckmischung | kosten | **102,70 €** |

Ⓑ Berechnung des Preises für 125 g der Gebäckmischung:

4,500 kg kosten 102,70 €

0,125 kg kosten ? (€)

$$4{,}5 \text{ kg} = 102{,}70\ €$$

$$1{,}0 \text{ kg} = \frac{102{,}70}{4{,}5}\ €$$

$$0{,}125 \text{ kg} = \frac{102{,}70 \cdot 0{,}125}{4{,}5}\ €$$

Antwort: 125 g Gebäckmischung kosten **2,85 €**

### Übungsaufgaben

**1** Errechnen Sie den Preis für 1 kg und den für 125 g der folgenden Gebäckmischung:

Gebäck Sorte 1: 1 kg zu 22,80 € je kg
Gebäck Sorte 2: 2 kg zu 21,00 € je kg
Gebäck Sorte 3: 3 kg zu 24,40 € je kg

**2** Wir mischen Gebäck.

Gebäck Sorte 1: 1,00 kg zu 25,00 € je kg
Gebäck Sorte 2: 0,75 kg zu 27,50 € je kg
Gebäck Sorte 3: 1,50 kg zu 28,00 € je kg
Gebäck Sorte 4: 2,50 kg zu 23,00 € je kg

Was kosten: Ⓐ 1 kg, Ⓑ 125 g, Ⓒ 100 g der Mischung?

**3** Berechnen Sie den Preis für 100 g der folgenden Pralinenmischung:

$1\frac{1}{4}$ kg zu 5,30 € je 125 g;

$3\frac{1}{2}$ kg zu 5,60 € je 100 g;

1500 g zu 2,50 € je 50 g.

**4** Was kostet 1 kg der Kaffeemischung?

Kaffee Sorte 1: 875 g zu 1,75 € je 250 g

Kaffee Sorte 2: $1\frac{1}{4}$ kg zu 1,65 € je 250 g

Kaffee Sorte 3: $2\frac{3}{8}$ kg zu 1,80 € je 250 g

**5** Eine Gewürzmischung für Lebkuchen besteht aus:

| | | |
|---|---|---|
| 75 g Zimt | zu | 3,90 € je kg |
| 30 g Nelken | zu | 7,40 € je kg |
| 15 g Macis | zu | 18,90 € je kg |
| 5 g Koriander | zu | 1,90 € je kg |
| 5 g Piment | zu | 9,80 € je kg |
| 5 g Fenchel | zu | 2,90 € je kg |

(A) Was kostet die Mischung insgesamt?

(B) Wie viel € kostet 1 kg dieser Mischung?

(C) Wie viel g sind von jedem Gewürz für 675 g Mischung abzuwiegen?

**6** Aus drei verschiedenen Mehlen sollen 108 kg Mehlmischung im Verhältnis 2:3:4 gemischt werden.
Von der ersten Mehlsorte kosten 100 kg 39,00 €,
von der zweiten Mehlsorte kostet 1 Tonne 370,00 €,
von der dritten Mehlsorte kostet 1 kg 0,34 €.

(A) Berechnen Sie die einzelnen Mengen in kg.

(B) Berechnen Sie den Preis für 1 kg dieser Mehlmischung.

**7** Bäckermeister Müller mischt vier Mehle im Verhältnis 2:1:2:3. Die Preise der einzelnen Mehle sind:

1. Sorte 38,00 € je 100 kg
2. Sorte 9,00 € je $\frac{1}{4}$ dt
3. Sorte 17,00 € je $\frac{1}{20}$ Tonne
4. Sorte 0,35 € je kg

Wie teuer sind 4 kg dieser Mehlmischung?

## 17.3 Mischen von zwei Sorten

### Musteraufgabe

Ein Bäckermeister will aus zwei Gebäcken 12 kg Gebäckmischung zusammenstellen, die einen Preis von 25,00 €/kg haben soll. Er nimmt zum Mischen Sorte A, die 29,44 € je kg kostet, und Sorte B zum Preis von 22,78 € je kg.

Ⓐ In welchem Verhältnis sind die beiden Sorten zu mischen, damit sich ein Durchschnittspreis von 25,00 € ergibt?

Ⓑ Welche Mengen der Sorten müssen für die 12 kg Gebäckmischung abgewogen werden?

### *Musterlösung*

Ⓐ ***Berechnung des Mischungsverhältnisses***

Die Sorte A (29,44 €/kg) ist um 4,44 € teurer als die Mischung (25,00 €/kg) kosten soll; daraus ergibt sich für den Meister ein Minus von 4,44 €/kg.

Die Sorte B (22,78 €/kg) ist dagegen um 2,22 €/kg billiger als der Mischungspreis und bedeutet somit einen Gewinn von 2,22 €/kg.

Der Meister muss nun den Verlust der teureren Sorte mit dem Gewinn der billigeren Sorte ausgleichen. Dies erreicht er in unserem Beispiel, indem er den Verlust (4,44 €) mit der 2-fachen Menge der billigeren Sorte ausgleicht. Dann stehen 4,44 € Verlust einem Gewinn von 4,44 € gegenüber. Das Mischungsverhältnis der Sorten A:B ist also das umgekehrte Verhältnis der Preisunterschiede von Sorte A und Sorte B zum Mischungspreis.

**Mischungskreuz (Andreaskreuz)**

| | **Sorte A** | | **Sorte B** |
|---|---|---|---|
| Preise (gleicher Gewichtseinheiten) | 29,44 €/kg | | 22,78 €/kg |
| Mischung | | 25,00 €/kg | |
| Preisunterschiede zur Mischung errechnen | 2,22 € | | 4,44 € |
| Mischungsverhältnis | 2,22 | | 4,44 |
| Erweitern | = 222 | | = 444 |
| Kürzen | 1 Teil Sorte A | | 2 Teile Sorte B |

Anmerkung:

Aus den Preisunterschieden 4,44 € und 2,22 € erhält man das Mischungsverhältnis: aus „€" werden „Teile". Erweitern: beide Kommas werden so lange verschoben, bis sich oben und unten ganze Zahlen ergeben. Diese versuchen wir zu kürzen.

Antwort:

Von der Sorte A muss der Meister 1 Teil und von Sorte B 2 Teile nehmen (Sorte A : Sorte B = 1:2).

Ⓐ ***Berechnung der Teilmengen für 12 kg Gebäckmischung***

Sorte A = 1 Teil
\+ Sorte B = 2 Teile

---

Mischung = 3 Teile ≙ 12 kg

$= 1 \text{ Teil} \triangleq \frac{12}{3} \text{ kg} = 4 \text{ kg}$ Sorte A = 1 (Teil) · 4 kg = 4 kg
Sorte B = 2 (Teiie) · 4 kg = 8 kg

Antwort: Von der Sorte A müssen 4 kg und von der Sorte B 8 kg genommen werden.

## Übungsaufgaben

**1** Der Auszubildende Martin erhält den Auftrag, 15 kg Gebäckmischung abzuwiegen, die für 24,00 €/kg verkauft werden soll. Die Sorte A kostet 26,00 €/kg, die Sorte B 21,00 €/kg.

Berechnen Sie:

(A) das Mischungsverhältnis,

(B) die Menge der Sorten A und B für die Mischung.

**2** Berechnen Sie jeweils das Mischungsverhältnis und anschließend die Teilmengen für die Mischung.

| | (A) | (B) | (C) | (D) | (E) | (F) |
|---|---|---|---|---|---|---|
| Sorte A Preis/kg | 27,00 | 26,50 | 28,60 | 29,40 | 34,20 | 32,40 |
| Sorte B Preis/kg | 23,00 | 24,00 | 25,60 | 33,00 | 25,20 | 23,90 |
| Mischungspreis/kg | 24,00 | 25,00 | 27,40 | 32,60 | 28,70 | 27,30 |
| Mischungsmenge/kg | 16,000 | 17,500 | 21,500 | 10,800 | 37,800 | 24,500 |

**3** Es sollen zwei Teegebäcksorten gemischt werden. Die erste Sorte kostet 2,75 € je 125 g und die zweite 1,70 € je 100 g.[1]

(A) In welchem Verhältnis sind die Sorten zu mischen, um einen Mischungspreis von 5,25 €/250 g zu erhalten?

(B) Wie viel kg müssen jeweils von den beiden Sorten genommen werden, um 54 Päckchen Gebäckmischung zu je 250 g Füllgewicht zu erhalten?

**4** In der Bäckerei und Konditorei Schillinger werden zwei Sorten Pralinen gemischt, die zu 9,30 €/200 g angeboten werden sollen.

(A) In welchem Verhältnis sind die Sorte A (24,25 €/500 g) und die Sorte B (4,05 €/100 g) zu mischen?

(B) Wie viel Gramm von der Sorte A muss man zu 800 g der Sorte B entsprechend dem Mischungsverhältnis beimischen?

(C) Wie viel Pralinenmischungen mit je 200 g Gewicht können abgewogen werden?

**5** Es sollen 28 Päckchen Gebäckmischung mit je 250 g vorbereitet werden.
Mischungspreis je Päckchen: 6,60 €. Zu mischen sind Sorte A, die 3,20 €/125 g kostet, und Sorte B mit 2,70 €/100 g.

(A) In welchem Verhältnis sind die Sorten A und B zu mischen?

(B) Wie viel kg gesamte Mischung werden benötigt?

(C) Wie viel kg sind von Sorte A und B zu nehmen?

**6** Ein Verein bestellt für eine Feier 120 Päckchen Gebäckmischung mit 200 g Füll gewicht. Für diese Bestellung wählt der Meister zwei Gebäcksorten aus. 100 g von der Sorte A kosten 1,80 €, 250 g von der Sorte B 5,00 €. Mischungspreis: 3,90 € je 200 g

(A) Berechnen Sie das Mischungsverhältnis.

(B) Wie viel g müssen für diese Bestellung von den beiden Sorten abgewogen werden?

---

[1] Beachte: Alle Preisangaben sind stets auf eine einheitliche Menge umzurechnen. In Aufgabe 1 und 2 war das z.B. 1 kg. Hier bieten sich 250 g an, da nach 250 g sowieso schon gefragt wird und 125 g genau die Hälfte von 250 g ist. Man muss also nur mit 2 multiplizieren. Bei „1,70 €/ 100 g“: 250:100 = 2,5, d.h., 100 ist in 250 2,5-mal enthalten, 1,70 € muss folglich mit 2,5 multipliziert werden. Damit beziehen sich jetzt alle Preise auf 250 g.

**7** Bäckermeister Schillinger will seine Pralinenmischung in 250-g-Einheiten zu je 11,25 € anbieten.

Ⓐ In welchem Verhältnis muss er die Sorte A (9,60 €/200 g) und die Sorte B (10,35 €/250 g) nun mischen?

Ⓑ Wie viel Gramm muss er von der billigeren Sorte nehmen,wenn von der teureren Sorte ein Rest von 1200 g aufgebraucht werden soll?

Ⓒ Wie viel Pralinenmischungen mit 250 g Gewicht ergibt die Mischung?

**8** Meister Gablinger hat zwei Weizenmehle (beide Type 550), die eine unterschiedliche TA aufweisen, und zwar das mindere Mehl mit TA 158 und das bessere Mehl mit TA 165. Es werden 140 kg Mehlmischung mit einer TA von 162 benötigt.

Ⓐ In welchem Verhältnis sind die beiden Mehle zu mischen?

Ⓑ Wie viel kg des besseren Mehls müssen dem minderen Mehl beigemischt werden?

*Lösungshinweis zu* Ⓐ

TA = 158 ↘ ↗ ......

TA Mischung 162

TA = 165 ↗ ↘ ......

**9** Eine Brezellauge mit 36% Konzentration (36% bedeutet, dass in 100 g Brezellauge 36 g Lauge enthalten sind) soll mit Wasser (0%) verdünnt werden.

Ⓐ In welchem Verhältnis sind die 36%ige Lauge und das Wasser zu mischen, damit die Mischung eine Konzentration von 3% erreicht?

*Lösungshinweis:*

Lauge mit 36% ↘ ↗ ......

verdünnte Lauge mit 3%

Wasser 0% ↗ ↘ ......

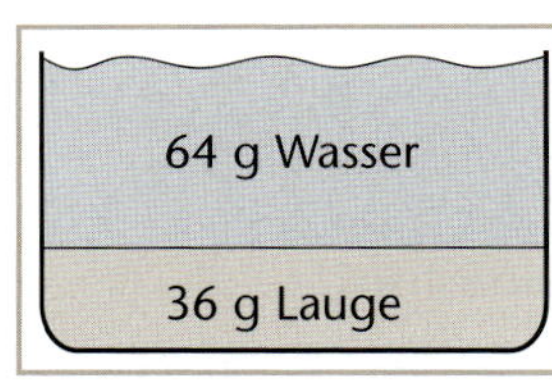


= 100 g Brezellauge mit 36 %

Ⓑ Wie viel Liter Wasser und 36%ige Brezellauge sind zu mischen, wenn 30 l verdünnte Lauge zum Tauchen der Brezeln gebraucht werden?

**10** Bäckermeister Simon will Brezeln mit einem intensiven Laugengeschmack. Aus diesem Grund verlagt er, dass sein Backstubenleiter eine 3,6%ige Brezellauge ansetzt.

Ⓐ In welchem Verhältnis sind Wasser und die Lauge mit 36% zu mischen?

Ⓑ Wie viel Liter Wasser sind auf einen Liter konzentrierte Lauge zu schütten?

**11** Bäckermeister Neureuther taucht Laugengebäcke bei der Herstellung in eine 3,2%-Lauge. Ein Kanister konzentrierter Brezellauge fasst 10 Liter (36%).

Wie viel Liter verdünnte Lauge kann man aus den 10 Litern durch Wasserzugabe ansetzen?

**12** Bäckermeister Kempf mischt zwei Weizenmehle miteinander. Das Mehl A hat eine TA von 156 und das Mehl B eine TA von 160. Die beiden Mehle werden im Verhältnis A:B = 3:1 gemischt.

Ⓐ Wie viel kg muss Herr Kempf von beiden Mehlen abwiegen, um 240 kg Mischmehl zu erhalten?

Ⓑ Weiche Teigausbeute hat das Mischmehl?

**13** Für ein Weizenmischbrot (Weizenmeht:Roggenmehl = 60:40) werden ein Weizenmehl mit der TA 158 und ein Roggenmeht mit der TA 172 gemischt.

(A) Berechnen Sie die Mehlmengen, die für 80 kg Mischmehl abzuwiegen sind.

(B) Welche Teigausbeute hat die Mehlmischung für das Weizenmischbrot?

**14** In der Bäckerei Doser werden 56 kg Roggenmehl und 24 kg Weizenmehl für die Herstellung von Roggenmischbrot gemischt. Das Roggenmehl hat eine TA von 170 und das Weizenmehl eine TA von 157.

(A) Welche Teigausbeute hat diese Mehlmischung?

(B) In welchem Verhältnis werden die beiden Mehle gemischt?

## 17.4 Berechnung der Teig- und Zugusstemperatur

### 17.4.1 Berechnung der Teigtemperatur

Bei Hefeteigen soll die Teigtemperatur zwischen 24 und 28 °C liegen, denn in diesem Temperaturbereich kann die Hefe am besten arbeiten. Die Temperatur des Teiges wird von der Mehl- und Zugusstemperatur bestimmt. Wird der Teig mit einem Vorteig oder Sauerteig hergestellt (indirekte Führung), so muss deren Temperatur auch mit eingerechnet werden.

**Direkte Teigführung (Teigbereitung ohne Vorteig)**

Berechnung mit der Formel: $\frac{21\ °C + 31\ °C}{2} = \frac{52\ °C}{2} = \mathbf{26\ °C}$

$$\frac{\textbf{Mehltemperatur + Zugusstemperatur}}{\textbf{2}} = \textbf{Teigtemperatur}$$

Beim Mischen der Zutaten gleichen sich die Temperaturunterschiede aus.

**Übungsaufgabe (Direkte Teigführung)**

**1** Berechnen Sie die Teigtemperatur bei den folgenden Aufgaben jeweils im Kopf.

| | (A) | (B) | (C) | (D) | (E) | (F) | (G) | (H) |
|---|---|---|---|---|---|---|---|---|
| Mehltemperatur in °C | 21 | 18 | 17 | 18 | 16 | 17 | 19 | 16 |
| Zugusstemperatur in °C | 35 | 36 | 35 | 32 | 40 | 39 | 31 | 31 |

### Indirekte Teigführung (Teigbereitung mit Vorteig)

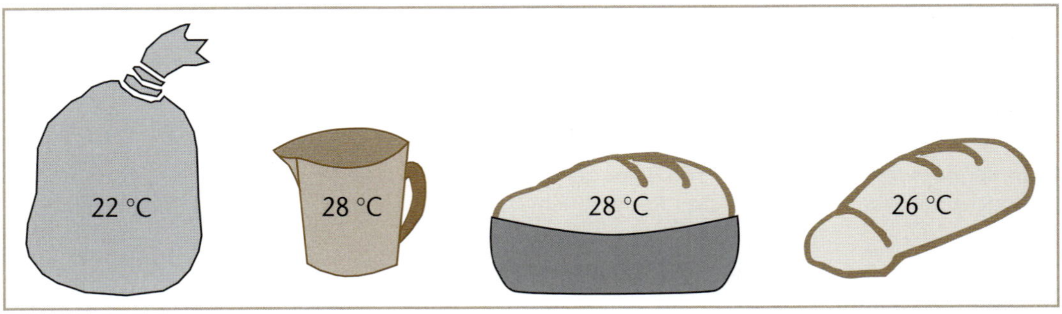


Berechnung mit der Formel: $\frac{22\ °C + 28\ °C + 28\ °C}{3} = \frac{78}{3} = \mathbf{26\ °C}$

$$\frac{\textbf{Mehltemperatur + Zugusstemperatur + Vorteigtemperatur}}{\textbf{3}} = \textbf{Teigtemperatur}$$

### Übungsaufgabe (Indirekte Teigführung)

**1** Berechnen Sie dieTeigtemperatur im Kopf.

| | A | B | C | D | E | F | G | H |
|---|---|---|---|---|---|---|---|---|
| Mehltemperatur in °C | 18 | 19 | 17 | 16 | 15 | 21 | 19 | 18 |
| Zugusstemperatur in °C | 30 | 39 | 25 | 36 | 35 | 39 | 34 | 31 |
| Vorteigtemperatur in °C | 27 | 26 | 30 | 29 | 28 | 27 | 25 | 26 |

## 17.4.2 Berechnung der Zugusstemperatur

In der beruflichen Praxis muss der Bäcker die Zugussternperatur berechnen, um eine gewünschte Teigtemperatur zu erhalten.

Die Zugusstemperatur erhält man durch die Umstellung[1–3] der Gleichung in Kapitel 17.4.1.

### Direkte Teigführung (Teigbereitung ohne Vorteig)

**Zugusstemperatur = 2 · Teigtemperatur – Mehltemperatur**

2 · 26 °C – 21 °C = 31 °C

**Merke:**
Punktrechnung (· oder :) geht vor Strichrechnung (+ oder –), es sei denn, dass Zusammengehörendes in Klammern gesetzt ist. Die Klammer ist dann zunächst auszurechnen.

---

[1] $\frac{\text{Mehltemperatur + Zugusstemperatur}}{2}$ = Teigtemperatur Linke und rechte Seite mit 2 erweitern.

[2] $\frac{\text{(Mehltemperatur + Zugusstemperatur)} \cdot 2}{2}$ = 2 · Teigtemperatur Linke Seite mit 2 kürzen.

[3] Zugusstemperatur= 2 · Teigtemperatur – Mehltemperatur Mehltemperatur kommt mit – auf die rechte Seite.

## Übungsaufgabe

**1** Welche Temperatur muss die Schüttflüssigkeit haben?

| | A | B | C | D | E | F | G | H |
|---|---|---|---|---|---|---|---|---|
| gewünschte Teigtemperatur in °C | 25 | 28 | 24 | 26 | 25 | 27 | 26 | 28 |
| Mehltemperatur in °C | 17 | 19 | 20 | 18 | 16 | 19 | 16 | 17 |

### Indirekte Teigführung (Teigbereitung mit Vorteig)

**Zugusstemperatur = 3 · Teigtemperatur – Mehltemperatur – Vorteigtemperatur**

z.B. 3 · 26 °C – 22 °C – 28 °C = 28 °C

## Übungsaufgabe

**2** Mit welcher Temperatur muss geschüttet werden?

| | A | B | C | D | E | F | G | H |
|---|---|---|---|---|---|---|---|---|
| gewünschte Teigtemperatur in °C | 28 | 26 | 27 | 25 | 24 | 27 | 25 | 26 |
| Mehltemperatur in °C | 17 | 19 | 18 | 16 | 17 | 20 | 19 | 18 |
| Temperatur des Vorteiges in °C | 28 | 26 | 25 | 27 | 28 | 26 | 27 | 26 |

## 17.4.3 Berechnung der Zugusstemperatur unter Berücksichtigung der Teigerwärmung während des Knetprozesses

Bei der Herstellung von Weizenteigen werden häufig Knetmaschinen eingesetzt, die jedoch immer zu einer Erwärmung der Teige führen. Die durch die Reibung erzeugte Wärme kann die Temperatur im Teig um bis zu 14 °C erhöhen.

### Musteraufgabe

Mit welcher Temperatur muss geschüttet werden, wenn der Teig 28 °C haben soll?

Beim Knetprozess erwärmt sich der Teig um 8 °C. Die Mehltemperatur beträgt 18 °C.

*Überlegung:* Wenn sich der Teig beim Kneten um 8 °C erwärmt, so muss der Zuguss für eine Temperatur von (28 °C – 8 °C) = 20 °C berechnet werden (gewünschte Teigtemperatur – Teigerwärmung).

Daraus ergibt sich folgende Formel:

**Zugusstemperatur bei direkter Führung**
**= 2 · (gewünschte Teigtemperatur – Teigerwärmung) – Mehltemperatur**

Einsetzen: Zugusstemperatur = 2 · (28 °C – 8 °C) – 18 °C
= 2 · 20 °C – 18 °C
= 40 °C – 18 °C = **22 °C**

Die Teigflüssigkeit muss mit 22 °C geschüttet werden.

## Übungsaufgaben

**1** Erstellen Sie die Formel für die Berechnung der Zugusstemperatur bei der indirekten Führung unter Berücksichtigung der Teigerwärmung.

**2** Welche Temperatur muss die Zugusstemperatur haben?

| | A | B | C | D | E | F | G | H | I | J |
|---|---|---|---|---|---|---|---|---|---|---|
| gewünschte Teigtemperatur in °C | 27 | 28 | 26 | 24 | 25 | 28 | 27 | 30 | 28 | 29 |
| Teigerwärmung in °C | 4 | 5 | 6 | 7 | 4 | 5 | 3 | 4 | 2 | 3 |
| Mehltemperatur in °C | 17 | 16 | 18 | 15 | 19 | 18 | 16 | 17 | 19 | 15 |
| Vorteigtemperatur in °C | – | – | – | – | – | 27 | 26 | 30 | 28 | 27 |
| | direkte Führung | | | | | indirekte Führung | | | | |

Beachten Sie, dass sich bei der indirekten Führung die Formel ändert.

Die folgenden Aufgaben sind durch Umstellen der Formel zu lösen und für gute Rechner gedacht.

**3** Welche Temperatur ist bei einem Brötchenteig zu erwarten, wenn das Mehl 18 °C und die Schüttflüssigkeit 16 °C hat?

Der Teig erwärmt sich während des Knetprozesses durch Reibung um 6 °C.

**4** Um wie viel °C erwärmte sich der Teig bei der Knetung, wenn vor der Weiterverarbeitung 26 °C gemessen wurden?

Das Mehl hatte 15 °C und die Flüssigkeit wurde mit 27 °C geschüttet.

**5** Nach der Teigbereitung misst der Auszubildende Heiko beim Brötchenteig 27 °C. Die Schüttflüssigkeit hatte 28 °C und der Teig erwärmte sich um 4 °C.

Welche Temperatur hatte das Mehl?

## 17.5 Zusammenfassung

Das Wesentliche beim Mischungsrechnen ist, dass zwei (oder mehrere) Sorten (Stoffe), die unterschiedlich viel kosten (oder allgemein: unterschiedlich beschaffen sind – z.B. Alkoholgehalt bei Flüssigkeiten), miteinander vermischt werden, sodass sich

Ⓐ eine neue Gesamtmenge und

Ⓑ ein neuer Durchschnittspreis (Durchschnittsbeschaffenheit) ergibt. Der neue Durchschnittspreis (-wert) muss logischerweise unterhalb der teuersten Sorte und oberhalb der billigsten Sorte liegen.

**Ganz allgemein enthält „Mischungsrechnen" folgende Fragestellungen:**

a) gegeben: Gesamtmenge (z.B. 65 kg), Mischungsverhältnis (z.B. bei Mehlen 40:60)
gesucht: kg der Teilmengen
oder
gegeben: eine oder mehrere Teilmengen in kg, Mischungsverhältnis
gesucht: kg der anderen Teilmengen, Gesamtmenge, %-Anteil der Teilmengen

b) gegeben: Menge Sorte 1, Preis Sorte 1
Menge Sorte 2, Preis Sorte 2
Menge Sorte …

Aufgabe: Mengen mischen

gesucht:
1. neue Gesamtmenge
2. Preis (Wert) der Mischung je kg (Einheit) oder Preis einer Teilmenge der Mischung

c) gegeben: Preis Sorte 1
Preis Sorte 2
Preis Sorte …

Aufgabe: Sorten so mischen, dass sich ein bestimmter Preis (Wert) je Einheit (z.B. kg) ergibt

gesucht: das dazu erforderliche Mischungsverhältnis (wie viele Teile von jeder Sorte genommen werden müssen)

## 17.6 Wiederholungsaufgaben zum Mischungsrechnen

❶ Berechnen Sie den Preis für 125 g Gebäckmischung. Für die Mischung sollen verwendet werden:
$\frac{3}{4}$ kg Sorte A zu 32,00 €/kg
0,400 kg Sorte B zu 3,50 €/125 g
600 g Sorte C zu 13,50 €/500 g

❷ Vier Gebäcksorten sind zu mischen. Sorte A = 1 Teil, Sorte B = 2 Teile, Sorte C = 2 Teile und Sorte D = 3 Teile.

Ⓐ Wie viel g müssen von jeder Sorte für 20 kg Gebäckmischung abgewogen werden?

Ⓑ Wie viel g Gebäckmischung erhält man, wenn von Sorte B nur noch 400 g vorhanden sind? Die übrigen Sorten sind dem Mischungsverhältnis entsprechend beizugeben.

❸ In der Bäckerei werden immer mehr Trockenprodukte eingesetzt.

Ⓐ Berechnen Sie die Mischungsverhältnisse.
225 g Trockenquark sollen mit 775 g Wasser versetzt werden.
50 g Vollmilchpulver sollen mit 280 g Wasser versetzt werden.
250 g Trockenvollei sollen mit 650 g Wasser versetzt werden.

Ⓑ Wie viel Pulver und Wasser müssen gemischt werden für
1200 g, 1500 g und 1000 g Quark?
1000 g, 200 g und 1320 g Vollmilch?
360 g, 900 g und 270 g Eier?

❹ Berechnen Sie die fehlenden Werte.

| | Ⓐ | Ⓑ | Ⓒ | Ⓓ |
|---|---|---|---|---|
| gesamte Mehlmenge | 80 kg | ? kg | ? kg | 120 kg |
| Mischungsverhältnis Roggen-/Weizenmehl | 50:50 | 40:60 | ? | ? |
| Teigausbeute des Roggenmehles | 170 | 172 | 170 | 168 |
| Teigausbeute des Weizenmehles | 158 | 158 | 156 | 158 |
| Menge des Roggenmehles | ? kg | 20 kg | 21 kg | ? kg |
| Menge des Weizenmehles | ? kg | ? kg | 49 kg | 24 kg |
| Teigausbeute der Mehlmischung | ? | ? | ? | ? |

# ⑱ Das Rechnen mit Gewichtsverlusten

## 18.1 Lager- und Verarbeitungsverluste

Bei der Lagerung des Mehls treten Gewichtsverluste auf, die durch die Verdunstung des Wassers und die Reifung des Mehls bedingt sind. Bei der Mehlreifung werden Bestandteile des Mehls von den Enzymen abgebaut. Die Lagerverluste schwanken zwischen 1 und 3 % (je Monat).

**Übungsaufgaben**

1 Wie viel kg Lagerverlust muss Bäckermeister Magnus monatlich hinnehmen, wenn er durchschnittlich 50 Sack Mehl zu je 50 kg auf Lager hat und der Lagerverlust 1,25% beträgt?

2 Nach vier Wochen Lagerung wiegt ein Sack Mehl mit 50 kg Nenngewicht (= das Gewicht, das auf der Verpackung oder dem Etikett angegeben ist) nur noch 49,4 kg.

Berechnen Sie den Lagerverlust in kg und in Prozent.

3 In der Bäckerei Norden werden täglich 600 kg Mehl verarbeitet. Da die Beschäftigten sehr großzügig und teilweise sogar gedankenlos stauben, fällt 1,2% des Mehles auf den Boden. Mit etwas mehr Sorgfalt könnten die Staubverluste auf 0,7% verringert werden.

Wie viel kg Mehl können bei 280 Backtagen im Jahr allein in der Bäckerei Norden jährlich eingespart werden, wenn gewissenhafter gearbeitet würde?

Den Gebäcken wird während der Lagerung Wasser entzogen, sie verlieren dadurch an Gewicht (= Lagerverlust). Die zulässigen Lagerverluste dürfen nach 24 Stunden bei Misch- und Roggenbroten maximal 2% und bei Kleingebäcken etwa 5% betragen. Diese Austrocknungsverluste werden bei den Gewichtskontrollen berücksichtigt.

4 Ein unverpacktes Mischbrot wiegt 1252 g. Nach 4 Std. wiegt es nur noch 1235 g.

Berechnen Sie den Lagerveriust in Gramm und Prozent.

5 Welches Brot ist zu leicht[1] und darf somit nicht verkauft werden?

| Brote | Ⓐ | Ⓑ | Ⓒ | Ⓓ |
|---|---|---|---|---|
| Nenngewicht = Sollgewicht | 1000 g | 1250 g | 1500 g | 1250 g |
| tatsächliches Gewicht = Istgewicht | 980 g | 1210 g | 1462,5 g | 1240 g |

6 Wie schwer müssen 10 Roggenmischbrote mit 1250 g Nenngewicht 24 Stunden nach der Herstellung zusammen noch sein, um von der Lebensmittelkontrolle[1] nicht beanstandet zu werden?

## 18.2 Gär- und Einwiegeverlust

Vergleicht man das Teiggewicht nach dem Knetprozess mit dem gesamten Gewicht aller daraus gefertigten Teigstücke kurz vor dem Backen, so muss man feststellen, dass ein Gewichtsverlust entstanden ist.

[1] Bei Gewichtskontrollen werden 10 Brote zusammen gewogen und dann das Durchschnittsgewicht berechnet. Das Durchschnittsgewicht muss dann gleich dem Nenngewicht sein. Das tatsächliche Gewicht (= Ist-Gewicht) darf jedoch bei den einzelnen Broten bis zu 3% vom Neringewicht abweichen.

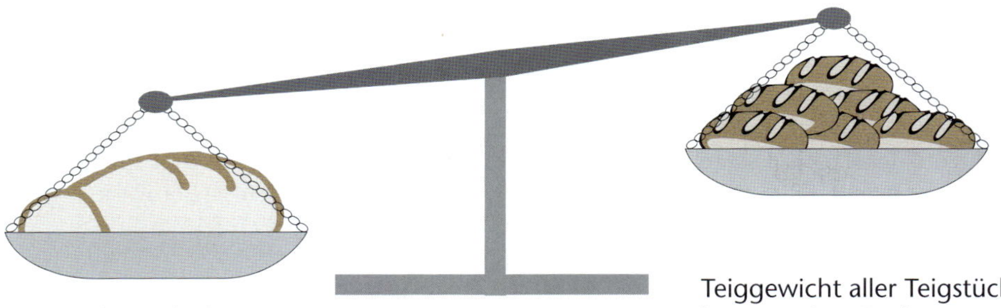

Teiggewicht nach dem Knetprozess
= **Teigrohgewicht**[1]

Teiggewicht aller Teigstücke kurz vor dem Backen
= **Teigreingewicht**

Den entstandenen Gewichtsverlust bezeichnet man als Gär- und Einwiegeverlust. Während der Teigruhe zerlegt die Hefe den Traubenzucker in Kohlendioxid, Wasserdampf und Alkohol, die teilweise entweichen. Während der Teig aufbereitet wird, bleiben zudem noch Teigreste an den Tischen, Kesseln und Händen kleben. Diese Verluste schwanken zwischen 1 und 4%, bezogen auf das Teigrohgewicht. Das Teigrohgewicht ist somit immer der Grundwert (100%).

### Musteraufgabe

Ein Brötchenteig wiegt nach der Teigbereitung 15 kg. Vor dem Backen wiegen alle Teigstücke zusammen nur noch 14,82 kg.

Berechnen Sie den Gär- und Einwiegeverlust in Gramm und in Prozent.

### *Musterlösung*

Ⓐ Gär- und Einwiegeverlust in g:

| | | |
|---|---|---|
| | Teigrohgewicht | = 15,00 kg |
| – | Teigreingewicht | = 14,82 kg |
| | Gär- und Einwiegeverlust | = 0,18 kg |

Ⓑ Gär- und Einwiegeverlust in %:

$$15{,}00\text{ kg} \;\widehat{=}\; 100\,\%$$

$$1{,}00\text{ kg} \;\widehat{=}\; \frac{100}{15}\,\%$$

$$0{,}18\text{ kg} \;\widehat{=}\; \frac{100 \cdot 0{,}18\text{ kg}}{15}\,\% = 1{,}2\,\%$$

Der Gär- und Einwiegeverlust beträgt **1,2%**

## Übungsaufgaben

**1** Für einen Teig wurden 86,5 kg Zutaten zusammengewogen. Von diesem Teig entsteht ein Gär- und Einwiegeverlust von 1,25%. Berechnen Sie

Ⓐ den Gär- und Einwiegeverlust in Gramm.

Ⓑ das Teigreingewicht.

[1] Teigrohgewicht = Rezeptgewicht

**2** Bei einem Brötchenteig beträgt das Teigrohgewicht 105 kg und das Teigreingewicht nur noch 103,425 kg.

Berechnen Sie den Gär- und Einwiegeverlust in Kilogramm und in Prozent.

**3** Der Auszubildende Frank wiegt 35 Brote mit einer Teigeinlage von 1150 g ab. Wie schwer muss das Teigrohgewicht gewesen sein, wenn 1,1% Gär- und Einwiegeverluste zu berücksichtigen waren?

**4** Berechnen Sie die fehlenden Angaben.

| | Teigrohgewicht | Teigreingewicht | Gär- und Einwiegeverlust in g | in % |
|---|---|---|---|---|
| A | 75,800 kg | 74,436 kg | ? | |
| B | 26,940 kg | 26,375 kg | ? | |
| C | ? kg | 122,278 kg | ? | 2,8 |
| D | 19,400 kg | ? kg | 310 | |
| E | ? kg | ? kg | 1680 | 1,4 |

**5** Der Geselle Eugen bereitet aus 15 kg Weizenmehl, 9 kg Wasser, 0,7 kg Hefe, 0,45 kg Backmalz und 0,3 kg Salz einen Brötchenteig. Nach der Teigruhe wiegt er 15 Pressen mit einem Gewicht von je 1680 g ab. Es verbleibt ihm ein Rest von 21 g, den er auf die Pressen verteilt.

Berechnen Sie den Gär- und Einwiegeverlust in Gramm und in Prozent.

**6** Bäckermeister Huber legt 8480 g Hefeteig in den Kühlschrank. Reicht das Gewicht des Teiges aus, um sechs Stunden später davon 6500 g für Plunderteig und 1800 g für einen Bienenstich abwiegen zu können, wenn mit 1,6% Gär- und Einwiegeverlust zu rechnen sind?

**7** Von 85,85 kg Teigrohgewicht werden 40 Teigballen mit je 1120 g und 23 Ballen mit je 1700 g abgewogen. Es verbleibt ein Teigrest von 450 g.

Berechnen Sie

(A) das Teigreingewicht,

(B) den Gär- und Einwiegeverlust in Gramm,

(C) den Gär- und Einwiegeverlust in Prozent.

**8** Von 87,30 kg Teigrohgewicht werden 50 Pressen mit je 1700 g Teigeinlage abgewogen. Der verbleibende Teigrest wiegt 1270 g.

Berechnen Sie den Gär- und Einwiegeverlust in Prozent.

**9** Ein Vollsauer wiegt nach dem Anfrischen 25,4 kg. Vier Stunden später zeigt die Waage bei demselben Teig nur noch 24,638 kg an.

Berechnen Sie den Gärverlust in Prozent.

**10** Für einen Drei-Stufen-Sauer wurden insgesamt 65 kg Roggenmehl und 58,5 kg Wasser miteinander verarbeitet. Der ausgereifte Vollsauer (dritte und letzte Sauerteigstufe) wiegt 120,166 kg.

Berechnen Sie den Gärverlust in Prozent.

## 18.3 Der Backverlust

Beim Backen verdampft ein Teil der Teigflüssigkeit.

Diese Gewichtsabnahme bezeichnet der Fachmann als Backverlust[1].

In der Hitze des Backofens trocknen die Kruste und die darunter liegenden Schichten der Gebäckstücke aus.

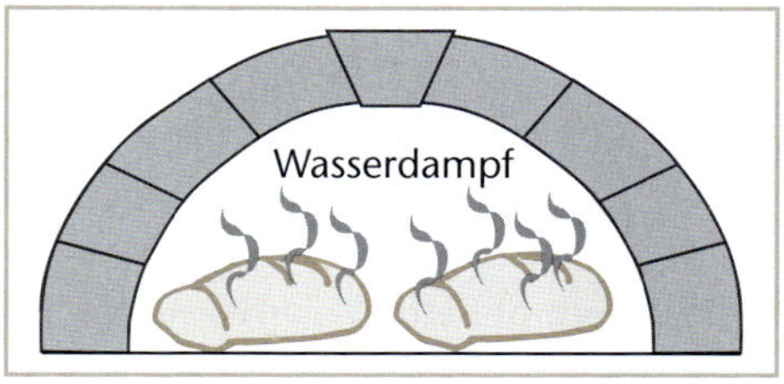


| Der Backverlust hängt ab von der | hoher Backverlust | niedriger Backverlust |
|---|---|---|
| Gebäckgröße | kleine Gebäcke, da sie eine große Oberfläche haben | große Gebäcke, wegen prozentual kleinerer Oberfläche |
| Backtemperatur | hohe Temperatur | niedrige Temperatur |
| Gebäckart | Brot, Blätterteig | Toastbrot, Mürbeteig |
| Backzeit | lange Backzeit | kurze Backzeit |

Der Backverlust wird in Prozent angegeben. Der Grundwert zur Berechnung des Backveriustes ist das Teiggewicht.

### Musteraufgabe

Für Brote mit 1000 g Backgewicht[2] müssen Teigstücke mit 1150 g Gewicht abgewogen werden. Berechnen Sie den Backverlust in Gramm und Prozent.

### *Musterlösung*

Ⓐ Backverlust in Gramm:

| | | |
|---|---|---|
| | Teiggewicht | 1150 g |
| – | Backgewicht | 1000 g |
| = | Backverlust | **150 g** |

Ⓑ Backverlust in Prozent:

$$1150\ \text{g} \mathrel{\widehat{=}} 100\ \%$$

$$1\ \text{g} \mathrel{\widehat{=}} \frac{100}{1150}\ \%$$

$$150\ \text{g} \mathrel{\widehat{=}} \frac{100 \cdot 150}{1150}\ \%$$

$$= \mathbf{13{,}04\%}$$

1 Der Backverlust schließt darüber hinaus auch noch den geringfügigen Gewichtsverlust während der Stückgare ein und berücksichtigt sogar noch die Wasserverdunstung aus dem heißen Gebäck nach dem Ausbacken (Auskühlen).

2 Unter Backgewicht versteht man das Gewicht, das ein Gebäck nach dem Auskühlen haben muss (Backgewicht = Frischgewicht). Geringfügige Abweichungen sind zulässig. Die danach eintretenden Gewichtsabnahmen werden als Lagerverluste bezeichnet (siehe Lagerverlust Seite 104).

## Übungsaufgaben

**1** Berechnen Sie den Backverlust in Gramm und in Prozent.

| | A | B | C | D | E | F |
|---|---|---|---|---|---|---|
| Teigeinlage | 600 g | 875 g | 1140 g | 1700 g | 1975 g | 2250 g |
| Backgewicht | 500 g | 750 g | 1000 g | 1500 g | 1750 g | 2000 g |

**2** Für Toastbrot beträgt die Teigeinlage 560 g. Das Toastbrot wiegt nach dem Ausbacken 508 g.

Berechnen Sie den Backverlust in Gramm und in Prozent.

**3** Bei Weizenmischbrot mit 750 g Backgewicht muss man 14% Backverlust einplanen.

Berechnen Sie die Teigeinlage und runden Sie das Ergebnis praxisgerecht.

**4** Für Roggenbrot mit 1000 g Backgewicht müssen 120 g Backverlust gerechnet werden.

Berechnen Sie den Backverlust in Prozent.

**5** Für Brötchen werden 1680 g schwere Pressen abgewogen. Der Backverlust beträgt 18%.

Wie schwer ist ein Brötchen nach dem Backen?

**6** Wie schwer muss eine Presse für Brötchen abgewogen werden, wenn ein Brötchen 46 g wiegen soll und der Backverlust 17,5% beträgt?

**7** Für ein Vereinsfest werden 2500 Brötchen mit je 50 g Backgewicht bestellt.

Wie viel Teig muss der Bäcker bereiten, wenn er mit 17% Backverlust rechnet?

**8** Welches Pressengewicht muss auf der Waage eingestellt werden, wenn ein Brötchen 48 g wiegen soll und der Backverlust 18% beträgt?

**9** Aus 125 g schweren Teigstücken werden kleine Flechtgebäcke geformt. Die Gebäcke wiegen nach dem Backen 103 g.

Berechnen Sie den Backverlust in Prozent.

**10** Wie viel Gebäck erhält man aus 10 kg Teigrohgewicht, wenn der Gär-/Einwiegeverlust 1% und der Backverlust 12% betragen?

*Lösungshinweis:*

1. Schritt:

| | | | | |
|---|---|---|---|---|
| | Teigrohgewicht | 100% ≙ | 10000 g | |
| – | Gär-/Einwiegeverlust | 1% ≙ | ? g | |
| – | Teigreingewicht | 99% ≙ | **?** g | Das **Teigreingewicht** wird zum |

2. Schritt:

| | | | | |
|---|---|---|---|---|
| | Teigreingewicht | 100% ≙ | **?** g | neuen **Grundwert** (100%). |
| – | Backverlust | 12% ≙ | ? g | |
| = | Backgewicht | 88% ≙ | **? g** | |

Berechnen Sie das Backgewicht anhand des angegebenen Lösungshinweises.

Warum darf man **nicht** den Gär-/Einwiegeverlust und den Backverlust (1% + 12% = 13%) zusammenzählen und vom Teigrohgewicht abziehen?

**11** Aus 45,8 kg Mischbrotteig werden bei 1,5% Gär-/Einwiegeverlust und 12,5% Backverlust Brote hergestellt.

Berechnen Sie:

(A) das Teigreingewicht,

(B) das Backgewicht,

(C) die Anzahl der Brote mit 750 g Backgewicht,

(D) das Backgewicht des kleinen Brotes, das als Rest übrig bleibt.

## 18.4 Berechnung des Teigrohgewichtes unter Berücksichtigung des Back- und Gär-/Einwiegeverlustes

### Übungsaufgaben

**1** Berechnen Sie das Teigrohgewicht für 60 Roggenmischbrote mit 1750 g Backgewicht. Als Backverlust sind 11,5% und als Gär-/Einwiegeverlust sind 2,7% als Erfahrungswerte einzuplanen.

*Lösungshinweis:*

| | | | | | |
|---|---|---|---|---|---|
| 1. Schritt: | | Backgewicht | 88,5% | ≙ | 60 · 1750 g |
| | + | Backverlust | 11,5% | ≙ | |
| | = | Teigreingewicht | 100,0% | ≙ | g |
| 2. Schritt: | | Teigreingewicht | 97,3% | ≙ | g |
| | + | Gär-/Einwiegeverlust | 2,7% | ≙ | |
| | = | Teigrohgewicht | 100,0% | ≙ | ............ **g** |

**2** Laut Backzettel müssen 40 Mischbrote mit 500g Backgewicht, Backverlust 15,5%, und 30 Mischbrote mit 750 g Backgewicht, Backverlust 13%, hergestellt werden.

(A) Berechnen Sie das gesamte Teigreingewicht.

(B) Berechnen Sie das gesamte Teigrohgewicht, wenn 2,7% Gär- und Einwiegeverlust entstehen.

**3** Wie viel kg Teig müssen für 660 Brötchen mit je 45 g Backgewicht hergestellt werden?

Der Backverlust beträgt 18% und der Gär- und Einwiegeverlust 1%.

**4** Berechnen Sie das Teigrohgewicht für einen 2,5 kg schweren Laib Brot, wenn der Backverlust 11,5% und der Gär- und Einwiegeverlust 2,5% betragen.

## 18.5 Wiederholungsaufgaben

**1** Berechnen Sie die fehlenden Werte.

| | Teig | Backverlust in g | Backverlust in % | Backgewicht |
|---|---|---|---|---|
| (A) | 1400 g | ? | ? | 1250 g |
| (B) | 850 g | 100 | ? | ? |
| (C) | ? | ? | 12,5% | 1500 g |
| (D) | ? | 540 | 12,0% | ? |
| (E) | 450 g | ? | 11,11% | ? |

❷ Berechnen Sie auch hier die fehlenden Werte.

| | Ⓐ | Ⓑ | Ⓒ | Ⓓ | Ⓔ |
|---|---|---|---|---|---|
| Teigrohgewicht | 120 kg | 84 kg | ? | ? | ? |
| Gärverlust in g | ? | 800 g | ? | ? | 3000 g |
| Gärverlust in % | 2 | ? | 1,5 | 1,2 | 1,5 |
| Teigreingewicht | ? | ? | ? | 59.280 g | ? |
| Backverlust in g | ? | 9.984 g | ? | ? | 26,5 kg |
| Backverlust in % | 13 | ? | 13 | ? | ? |
| Backgewicht | ? | ? | 40 kg | 51,6 kg | ? |

# ⑲ Die Backausbeute (BA) – Gebäckausbeute (GA)

Wenn der Bäcker, ausgehend von **100 kg Mehl** plus Flüssigkeit und der weiteren Zutaten, **145 kg Gebäck** herstellt, so bezeichnet er die erhaltene Gebäckmenge als Backausbeute bzw. Gebäckausbeute (beide Begriffe sind inhaltlich identisch).

**Backausbeute = 145 oder auch Backausbeute = 145%**

Die Backausbeute gibt somit an, wie viele Teile Gebäck man aus 100 Teilen Mehl erhält. Da sich die Backausbeute auf die Maßzahl 100 bezieht, kann sie auch als Prozentzahl angegeben werden.

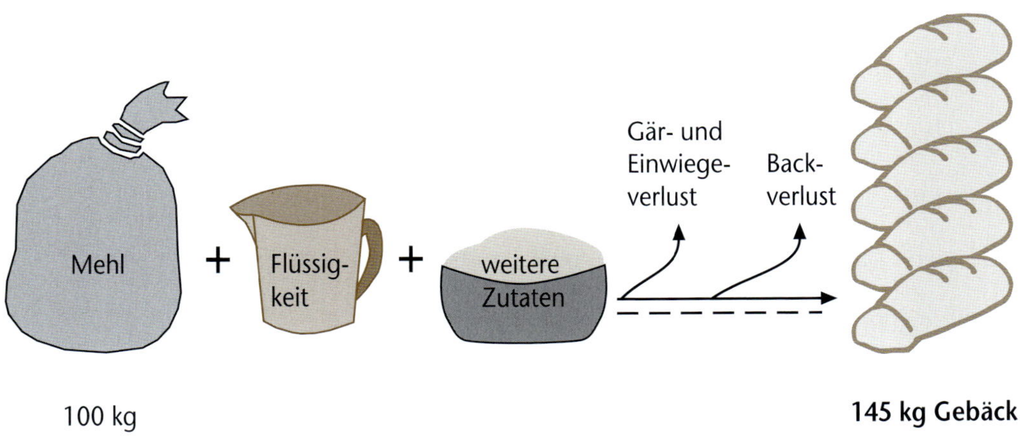


Da die Backausbeute dem Fachmann schnell eine Antwort auf die Frage gibt, wie viel Gebäck er von einer bestimmten Mehlmenge ausgehend erhält, wird sie gerne für die Kalkulation verwendet.

Die Backausbeute wird beeinflusst durch …

| | **hohe Backausbeute** | **niedrige Backausbeute** |
|---|---|---|
| … die Teigausbeute | hohe TA | niedrige TA |
| … die weiteren Zutaten | viele Zutaten | wenig Zutaten |
| … den Gär- und Einwiegeverlust | niedriger Gär- und Einwiegeverlust | hoher Gär- und Einwiegeverlust |
| … den Backverlust | niedriger Backverlust | hoher Backverlust |

**Musteraufgabe**

Berechnen Sie die Backausbeute, wenn man aus 65 kg Mehl 91 Kilobrote herstellt.

Gegeben: 65 kg Mehl; 91 kg Gebäck (Brote).

Gesucht: Backausbeute

***Musterlösung mit Hilfe des Dreisatzes***

$$65 \text{ kg Mehl} \triangleq 91 \text{ kg Gebäck}$$

$$1 \text{ kg Mehl} \triangleq \frac{91}{65} \text{ kg Gebäck}$$

$$100 \text{ kg Mehl} \triangleq \frac{91 \cdot 100}{65} \text{ kg Gebäck}$$

$$= \mathbf{140 \text{ kg Gebäck}}$$

***Musterlösung als Prozentaufgabe***

Mehl = 100%
Gebäck = ?

$$65 \text{ kg} \triangleq 100\%$$

$$1 \text{ kg} \triangleq \frac{100}{65} \%$$

$$91 \text{ kg} \triangleq \frac{100 \cdot 91}{65} \%$$

$$= \mathbf{140\%}$$

Daraus folgt: Die Backausbeute beträgt **140** bzw. **140%.**

Ableiten der Formel:

$$\text{Backausbeute} = \frac{\text{Gebäck (91 kg)} \cdot 100}{\text{Mehl (65 kg)}} = 140$$

$$\textbf{Backausbeute} = \frac{\textbf{Gesamtbackgewicht} \cdot \textbf{100}}{\textbf{verbrauchte Mehlmenge}}$$

## 19.1 Berechnung der Backausbeute

### Übungsaufgaben

**1** Berechnen Sie die Backausbeute im Kopf.

- Ⓐ Aus 100 kg Mehl wurden 138,000 kg Gebäck hergestellt. BA = ?
- Ⓑ Aus 10 kg Mehl wurden 12,400 kg Gebäck hergestellt. BA = ?
- Ⓒ Aus 20 kg Mehl wurden 28,000 kg Gebäck hergestellt. BA = ?
- Ⓓ Aus 25 kg Mehl wurden 29,500 kg Gebäck hergestellt. BA = ?
- Ⓔ Aus 12,5kg Mehl wurden 16,250 kg Gebäck hergestellt. BA = ?
- Ⓕ Aus 33 1\3 kg Mehl wurden 42,000 kg Gebäck hergestellt. BA = ?
- Ⓖ Aus 75 kg Mehl wurden 101,250 kg Gebäck hergestellt. BA = ?
- Ⓗ Aus 120 kg Mehl wurden 163,200 kg Gebäck hergestellt. BA = ?

**2** Berechnen Sie die Backausbeute bei den folgenden Brotarten.

| | Mehl in kg | Gebäck in kg | Backausbeute |
|---|---|---|---|
| Brezeln | 28 | 33,600 | ? |
| Brötchen | 46 | 58,880 | ? |
| Weißbrot | 35 | 47,250 | ? |
| Weizenmischbrot | 62 | 88,660 | ? |
| Mischbrot | 45 | 65,250 | ? |
| Roggenmischbrot (hell) | 52 | 78,520 | ? |
| Roggenmischbrot (dunkel) | 34 | 51,680 | ? |
| Roggenbrot | 58 | 89,320 | ? |
| Roggenschrotbrot | 22 | 34,100 | ? |

**3** In der Bäckerei Zinner werden aus 58,5 kg Weizenmehl und 19,5 kg Roggenmehl 146 Weizenmischbrote mit einem Backgewicht von 750 g hergestellt.

Berechnen Sie die Backausbeute.

**4** In der Großbäckerei Heimer werden täglich aus 1250 kg Weizenmehl 33 700 Brötchen mit einem Backgewicht von je 46 g hergestellt.

Welche Backausbeute erzielen Herr Heimer und seine Mitarbeiter?

**5** Der Backstubenleiter der Bäckerei Hausmann vergleicht die Backausbeute zweier Mehle. Er nimmt 25 kg Weizenmehl, das von der Vereinigten Kunstmühle stammt, und stellt daraus 685 Brötchen mit einem Backgewicht von 46 g her.

Am folgenden Tag nimmt er 45 kg Weizenmehl von der Dangelmühle und stellt bei gleicher Rezeptur und gleichem Backgewicht 1223 Brötchen her.

Welches Mehl hat eine höhere Backausbeute?

## 19.2 Berechnung des Backgewichtes

### Musteraufgabe

Wie viel Kilobrote kann man aus 65 kg Mehl herstellen, wenn die Backausbeute 138 beträgt?

Gegeben: 65 kg Mehl, Backausbeute = 138
Gesucht: Anzahl der Brote mit 1000 g Backgewicht

### *Musterlösung*

Die Backausbeute 138 gibt an, dass man von 100 kg Mehl ausgehend 138 kg Gebäck (Brot oder 138 Kilobrote) erhält.

Dreisatz:

$$100 \text{ kg Mehl} \mathrel{\widehat{=}} 138 \text{ kg Gebäck}$$

$$1 \text{ kg Mehl} \mathrel{\widehat{=}} \frac{138}{100} \text{ kg Gebäck}$$

$$65 \text{ kg Mehl} \mathrel{\widehat{=}} \frac{138 \cdot 65}{100} \text{ kg Gebäck}$$

$$= \mathbf{89{,}7\ kg} \Rightarrow \mathbf{89\ Kilobrote}$$

Ableiten der Formel:

$$\textbf{Backgewicht} = \frac{\textbf{Backausbeute (138)} \cdot \textbf{Mehlgewicht (65)}}{\textbf{100}}$$

## Übungsaufgaben

**1** Aus 28 kg Weizenmehl werden bei einer Backausbeute von 137 Weißbrote mit einem Backgewicht von 500 g hergestellt.

Wie viele Weißbrote können verkauft werden?

**2** Von einem Mischbrotteig, der aus 24 kg Roggenmehl und 24 kg Weizenmehl und den übrigen Zutaten hergestellt wurde, werden bei einer Backausbeute von 143 65 Brote mit einem Backgewicht von 750 g hergestellt.

Wie viele Brote mit 1250 g Backgewicht erhält man von der restlichen Menge?

**3** In der Bäckerei Weibert wurden im März 4,7 Tonnen Mehl zu Weizenkleingebäck mit einem Durchschnittsgewicht von 47,5 g/Stck. verarbeitet.

Wie viele Weizenkleingebäcke wurden in diesem Monat hergestellt, wenn die Backaubeute 125 beträgt?

## 19.3 Berechnung des Mehlgewichtes

### Musteraufgabe

Von welcher Mehlmenge muss man ausgehen, wenn 50 Kilobrote herzustellen sind?

Die Backausbeute beträgt 140.

Gegeben: Gebäckmenge = 50 kg,
Backausbeute = 140

Gesucht: Mehlmenge

### *Musterlösung*

Die Backausbeute gibt den Zusammenhang zwischen Gebäckmenge und Mehlmenge an. Um 140 kg Gebäck zu erhalten, müssen 100 kg Mehl verarbeitet werden.

Dreisatz:

$$140 \text{ kg Gebäck} \mathrel{\widehat{=}} 100 \text{ kg Mehl}$$

$$1 \text{ kg Gebäck} \mathrel{\widehat{=}} \frac{100}{140} \text{ kg Mehl}$$

$$50 \text{ kg Gebäck} \mathrel{\widehat{=}} \frac{100 \cdot 50}{140} \text{ kg Mehl}$$

$$= 35{,}71 \text{ kg, aufrunden auf } \mathbf{36 \text{ kg Mehl}}$$

Ableiten der Formel:

$$\textbf{Mehlmenge} = \frac{\textbf{100} \cdot \textbf{Backgewicht (50 kg)}}{\textbf{Backausbeute (140)}}$$

## Übungsaufgaben

**1** Laut Backzettel sind 35 Mischbrote mit 750 g Backgewicht und 30 Mischbrote mit 1000 g Backgewicht herzustellen.

Wie viel kg Mehl müssen vorbereitet werden, wenn die Backausbeute 139 beträgt?

**2** Sind 56 kg Weizenmehl und 24 kg Roggenmehl ausreichend, um daraus 80 Kilobrote und 64 Pfundbrote (500 g) herstellen zu können, wenn die Backausbeute 140 beträgt?

**3** Wie viel kg Roggen- und Weizenmehl müssen für Roggenmischbrot (60:40) gemischt werden, wenn

75 Brote mit 750 g Backgewicht,

22 Brote mit 1000 g Backgewicht und

27 Brote mit 1250g Backgewicht

für den Verkauf angefordert werden? Es ist mit einer Backausbeute von 140 zu rechnen.

**4** Wie viel kg Mehl werden für einen Brezelteig benötigt, wenn für ein Betriebsfest 600 Stück mit einem Backgewicht von 75 g geliefert werden müssen?

Für diesen Auftrag ist eine Backausbeute von 120 einzuplanen.

**5** Von einem Teig sollen

1200 Brötchen zu je 46 g Backgewicht – BA = 125,

12 Toastbrote zu je 500 g Backgewicht – BA = 130 und

15 Weißbrote zu je 500 g Backgewicht – BA = 128 hergestellt werden.

Wie viel kg Weizenmehl sind für den Teig abzuwiegen?

**6** Die Bäckerei Thoma muss für ein zehntägiges Volksfest täglich 12 000 Brötchen zu je 48 g liefern. Die Backausbeute beträgt 128%.

Welche Mehlmenge muss Herr Thoma für diese Lieferung zuvor bestellen?

**7** Berechnen Sie die fehlenden Werte.

| | Mehlmenge | Gebäckmenge | Backausbeute |
|---|---|---|---|
| (A) | 48,000 kg | 61,440 kg | ? |
| (B) | 42,000 kg | ? | 136 |
| (C) | 65,000 kg | Anzahl der Brote mit 750 g Gewicht? | 140 |
| (D) | WM und RM in kg ? (60:40) | 25 Brote zu zu je 1 kg,<br>20 Brote zu je 1,25 kg | 139 |
| (E) | ? | 1500 Brötchen zu je 46 g | 125 |

8 Ein Restaurant bestellt bei der Bäckerei Kugelmann für ein Büfett 750 Partybrötchen zu je 32 g. Der Küchenchef wünscht, dass das Mehl 15% Roggenmehl enthält, um einen rustikaleren Geschmack zu erzielen.

Wie viel kg Weizen- und Roggenmehl muss Herr Kugelmann für diese Bestellung abwiegen, wenn er mit einer Backausbeute von 122 rechnet (auf ganze kg aufrunden)?

9 In der Bäckerei Bartmann werden Plundergebäcke nach dem folgenden Rezept hergestellt:
6000 g Mehl, 660 g Zucker, 540 g Butter, 3600 g Milch, 480 g Hefe und 90 g Salz.
Beim Tourieren werden je kg Teig 150 g Ziehfett eingezogen.

Welche Backausbeute wird erzielt, wenn der Backverlust 23% beträgt?

# ⑳ Berechnung der Volumenausbeute

Die Volumenausbeute (VA) wird zur Beurteilung der jeweiligen Mehlqualität mit herangezogen. Sie gibt – als Prozentzahl – an, wie viel $cm^3$ Gebäckvolumen aus 100 Gewichtsteilen Mehl erzielt werden können. Je größer die Volumenausbeute, um so vorteilhafter die Beurteilung.

Die Volumenausbeute ist abhängig von der Mehlart, der Mehlqualität und der Lockerungsart. Sie wird in Backversuchen ermittelt und mittels Rübsamen in einem Volumen-Messgerät festgestellt.

Die Errechnung der Volumenausbeute erfolgt nach der Formel:

$$\frac{\textbf{Gebäckvolumen in cm}^3 \cdot \textbf{100}}{\textbf{Mehlgewicht in g}} = \textbf{Volumenausbeute}$$

**Beispiel**

Ein aus 400 g Mehl hergestelltes Gebäckstück erzielt, z.B. ein Volumen von 1600 ccm:

$$\frac{1600 \cdot 100}{400} = 400\%$$

**Richtwerte für die Volumenausbeute für Brote und Kleingebäcke**

| **Weizenhefegebäcke** | | **Roggengebäcke** | |
|---|---|---|---|
| Brötchen | 450 – 900 ccm | Roggenmischbrote | 275 – 325 ccm |
| Weißbrote | 400 – 500 ccm | Roggenbrote | 250 – 320 ccm |
| Weizenmischbrote | 350 – 500 ccm | Roggenschrotbrote | 175 – 200 ccm |

**Musteraufgabe**

Welche Volumenausbeute in % wurde bei einem 750-g-Mischbrot erzielt, wenn 2129 $cm^3$ Volumen gemessen werden und die Backausbeute bei diesem Brot 148 beträgt?

Gegeben: Backausbeute (BA) = 148, Volumen = 2129 $cm^3$, Backgewicht = 750 g

Gesucht: Volumenausbeute in Prozent

***Musterlösung***

Ⓐ Wir errechnen zunächst, wie viel g Mehl das Brot enthält.

Dreisatz BA 148 besagt:

$$148 \text{ g Brot} \triangleq 100 \text{ g Mehl}$$

$$1 \text{ g Brot} \triangleq \frac{100}{148} \text{ g Mehl}$$

$$750 \text{ g Brot} \triangleq \frac{100 \cdot 750}{148} \text{ g Mehl} = \textbf{507 g Mehl}$$

Ⓑ Wie hoch ist die Volumenausbeute in Prozent?

Da sich (s.o.) die Volumenausbeute immer auf 100 g Mehl bezieht, rechnen wir um:

Dreisatz:

$$507 \text{ g Mehl} \triangleq 2129 \text{ cm}^3 \text{ Volumen}$$

$$1 \text{ g Mehl} \triangleq \frac{2129}{507} \text{ cm}^3 \text{ Volumen}$$

$$100 \text{ g Mehl} \triangleq \frac{2129 \cdot 100}{507} \text{ cm}^3 \text{ Volumen} = \textbf{420 \%}$$

Die Volumenausbeute beträgt bei diesem (750 g schweren) Brot 420 %.

## Übungsaufgaben

**1** Berechnen Sie die Volumenausbeute in Prozent.

| Brotarten | verarbeitete Mehlmenge | gemessenes Volumen |
|---|---|---|
| Roggenvollkornbrot | 315 g | 693 $cm^3$ |
| Roggenbrot | 655 g | 1834 $cm^3$ |
| Weizenmischbrot | 670 g | 2546 $cm^3$ |
| Weizenbrot | 380 g | 1786 $cm^3$ |
| Brötchen | 1200 g | 7680 $cm^3$ |
| Zwieback | 430 g | 3268 $cm^3$ |

**2** Bäckermeister Martens testete drei Mehle von verschiedenen Mühlen. Bei diesen vergleichenden Backversuchen bestimmte er auch die einzeinen Volumen. Obwohl er die Rezeptur nicht ändert, ermittelt er bei Toastbroten, die immer von 350 g Weizenmehl ausgehend hergestellt wurden, folgende Werte:

Mehl A ergab 1890 $cm^3$ Gebäckvolumen

Mehl B ergab 2205 $cm^3$ Gebäckvolumen

Mehl C ergab 2065 $cm^3$ Gebäckvolumen

Berechnen Sie die Volumenausbeute der drei Mehlproben.

**3** Welches Gebäckvolumen ist bei einem 750 g schweren Weizenmischbrot zu erwarten, wenn die Backausbeute 147 und die Volumenausbeute 385 % beträgt?

*Lösungshinweis:*

- Berechnen Sie mit der BA die enthaltene Mehlmenge.
- Mit der ermittelten Mehlmenge können Sie dann mit Hilfe der VA in % das Gebäckvolumen berechnen.

**4** Bäckermeister Linke ermittelte bei der neuen Weizenmehllieferung, mit der er Formbrötchen herstellte, eine BA von 130 und eine VA von 640%.

Welches Gebäckvolumen müssen 10 Formbrötchen mit je 46 g Backgewicht ergeben?

**5** In der Bäckerei Sohnle werden die Toastbrote mit 500 g Gewicht in geschlossenen Formen gebacken. Prüfen Sie nach, ob die Formen von dem Volumen der Toastbrote gänzlich ausgefüllt werden, wenn die BA 145 und die Volumenausbeute 610 % beträgt.

Die Maße der Formen sind 9 cm × 8,5 cm × 28 cm.

**6** Meister Luibel backt die Roggenvollkornbrote mit 500 g Backgewicht in Formen, die 11 cm lang, 7,5 cm hoch und 8 cm breit sind. Bei den Vollkornbroten er zielt er eine BA von 160 und eine VA von 230 %.

Ⓐ Überprüfen Sie, ob die gebackenen Brote über die Formen hinausragen werden.

Ⓑ Wenn dies der Fall sein sollte, berechnen Sie, um wie viel cm sie über den Rand hinausragen werden. (Die Oberfläche sei als Ebene gedacht, nicht gewölbt.)

**7** Ein Roggenmischbrot hat ein Gebäckvolumen von 2304 $cm^3$, was einer VA von 280% entspricht. Dieses Brot ist mit einer BA von 152 hergestellt worden.

Ⓐ Berechnen Sie die Mehlmenge, mit der dieses Gebäckvolumen erzielt wurde.

Ⓑ Welches Backgewicht hat das Roggenmischbrot?

# 21 Berechnung der Energiekosten

## 21.1 Energiegehalt der einzelnen Energieträger

Brennstoffe sind Energieträger, d.h., durch Verbrennen wird die in den Brennstoffen enthaltene Energie in Form von Wärme freigesetzt. Gemessen wird die Wärmemenge (Energiegehalt) in Kilojoule (kJ). Die einzelnen Brennstoffe haben unterschiedliche Energiegehalte, sodass es für die Bäckerei wichtig ist zu untersuchen, welcher Brennstoff, bei den jeweils gegebenen Preisen, am wirtschaftlichsten ist.

| Energieträger | durchschnittlicher Energiegehalt |
|---|---|
| 1 kg Koks | 25.300 kJ |
| 1 kg Steinkohlen | 31.800 kJ |
| 1 kg Briketts | 19.700 kJ |
| 1 kg Heizöl | 42.600 kJ |
| 1 kg Flüssiggas | 45.600 kJ |
| 1 $m^3$ Erdgas | 36.800 kJ |
| 1 kWh[1] Strom | 3.600 kJ |
| 1 kg Holz | 15.500 kJ |

### Übungsaufgaben

**1** Stellen Sie den Energiegehalt der einzelnen Energieträger in Säulendiagrammen dar. (3000 kJ ≙ 1 cm)

**2** Der Energiegehalt der Brennstoffe wird auch häufig in kWh[1] angegeben. Dies erleichtert den Vergleich mit der Energieform elektrischer Strom. Berechnen Sie den Energiegehalt der Brennstoffe in kWh.

3600 kJ = 1 kWh

**3** Wie viel $m^3$ Erdgas, kWh Strom bzw. wie viel kg von den anderen Energieträgern benötigt man jeweils, um eine Wärmemenge von 100 000 kJ zu erhalten?

Stellen Sie die Ergebnisse auch zeichnerisch in Form von Säulendiagrammen dar.

**4** Welchen Energievorrat stellen

| | |
|---|---|
| 250 kg | Koks, |
| 75 kg | Briketts, |
| 3 $m^3$ | Holz[2] (1 $m^3$ = 600 kg), |
| 11 kg | Flüssiggas (Propangas) |

(A) in kJ

(B) in kWh dar?

**5** Welches Volumen in Liter hat 1 kg Heizöl, das eine Dichte von 840 g je 1000 ml hat? (Dichte = Gewicht/Volumen.)

---

[1] kWh = Kilowatt · Stunde = der Verbrauch von 1000 Watt eine Stunde lang.

[2] 1$m^3$ Holz = 1 Ster.

**6** In einem Tank lagern 6000 l (8500 l) Heizöl.

(A) Wie schwer sind die 6000 l (8500 l) Heizöl?

(B) Welche Energiemenge in kWh beinhalten diese Mengen?

**7** Wie viel $m^3$ Erdgas bzw. kg von den anderen Energieträgern müssen verbrannt werden, um 100 kWh zu erhalten?

## 21.2 Preisvergleich der einzelnen Energieträger

| Energieträger | Durchschnittspreis ohne MWSt. | |
|---|---|---|
| Koks | 390,00 € | je 1000 kg |
| Steinkohlen | 380,00 € | je 1000 kg |
| Briketts | 270,00 € | je 1000 kg |
| Holz | 230,00 € | je 1000 kg |
| Heizöl | 410,00 € | je 1000 kg[1] |
| Flüssiggas | 960,00 € | je 1000 kg |
| Erdgas | 485,00 €[1] | je 1000 $m^3$ |
| Strom | 160,00 €[2] | je 1000 kWh |

### Übungsaufgaben

**1** Berechnen Sie die Energiekosten für 100 000 kJ bei den einzelnen Energieträgern. Verwenden Sie die Ergebnisse von 21.1, Aufgabe Nr. 3.

**2** Wie teuer sind 100 kWh bei den einzelnen Energieträgern? Stellen Sie die jeweiligen Kosten für 100 kWh grafisch dar. Verwenden Sie die Ergebnisse von 21.1, Aufgabe Nr. 7.

**3** Ein Etagenbackofen verbraucht bei voller Brennerleistung 3,2 $m^3$ Erdgas je Stunde.

(A) Wie hoch sind die Energiekosten, wenn der Brenner an einem Arbeitstag insgesamt 4 Stunden eingeschaltet ist? Ein $m^3$ Erdgas kostet 0,49 € einschließlich der Grundgebühr.

(B) Nach einem Monat mit 25 Backtagen sind 280 $m^3$ Erdgas verbraucht worden.
Wie viele Stunden war der Brenner täglich eingeschaltet?

**4** Je Stunde verbraucht der Ölbrenner eines Backofens 4,3 l Heizöl.

Wie hoch sind die monatlichen Heizkosten, wenn der Brenner 135 Stunden eingeschaltet ist? Das Heizöl wurde mit 34,50 € je 100 l eingekauft.

**5** Ein Schragenofen kann wahlweise mit Ölfeuerung oder mit Erdgasfeuerung gekauft werden. Laut Prospekt verbraucht der Ölbrenner maximal 5,3 l je Stunde und der Gasbrenner 5,7 $m^3$ Erdgas je Stunde. Der Ölbrenner muss 60 Minuten eingeschaltet sein, um den Ofen von 80 °C auf 250 °C aufzuheizen. Beim Gasofen beträgt die Aufheizzeit morgens nur 50 Minuten.

(A) Berechnen Sie jeweils den Verbrauch an Heizöl und Erdgas.

(B) Welche Feuerungsart ist billiger? (Erdgas = 0,35 € je $m^3$, Heizöl 0,49 € je Liter.)

---

[1] 1 Kubikmeter Erdgas entspricht 10,14 Kilowattstunden.

[2] Der Strompreis setzt sich zusammen aus 123,08 € je 1000 kWh plus 30% Strombereitstellungsgebühr, die auch häufig als Anschlussgebühr bzw. als Leistungspreis bezeichnet wird.

**6** Berechnung der Jahres-Energiekosten eines Elektrobackofens mit 60 kW Leistung.

| | | | | |
|---|---|---|---|---|
| | Stromverbrauch (Tag) | 80000 kWh | 12,8 Cent/kWh | = 10240,00 € |
| + | Stromverbrauch (Nacht) | 70000 kWh | 9,6 Cent/kWh | = 6720,00 € |
| | Arbeitspreis | | | = 16960,00 € |
| + | 7% Niederspannungszuschlag vom Arbeitspreis | | | = 1187,20 € |
| + | Niederspannungsmesssätze und Trafomiete monatlich (12 · 15,30 €) | | | = 183,60 € |
| + | Grundgebühr für die Bereitstellung des Stroms 6,90 € je kWh (60 kWh · 6,90 €/kWh) | | | = 2376,00 € |
| | Summe des Arbeits- und Grundpreises | | | = 20706,80 € |
| + | 2,0 Cent Stromsteuer je kWh | | | = 3000,00 € |
| | gesamte Energiekosten (ohne MWSt.) | | | **= 23706,80 €** |

Ⓐ Wie hoch ist der prozentuale Anteil des Nachtstroms am gesamten Stromverbrauch?

Ⓑ Wie teuer ist eine kWh einschließlich aller Gebühren und Abgaben?

Ⓒ Wie hoch wären die Jahresenergiekosten für einen ölgefeuerten Backofen, wenn ebenfalls 150.000 kWh zu Grunde gelegt werden? Beim Verbrennen von 1 kg Heizöl entstehen 8,5 kWh Nutzwärme (gesamte Wärmemenge – Abgaswärme, die durch den Schornstein entweicht). Ein kg Heizöl kostet 0,42 €.[1]

## 21.3 Energieverbrauch und Energieeinsparung

### Übungsaufgaben

**1** Die Bäckerei Kugelmann musste im abgelaufenen Kalenderjahr insgesamt 14600,00 € an Stromkosten überweisen. Da mit einem Elektrobackofen gebacken wird, verteilen sich die Stromkosten wie folgt: Backofen 78%; Warmwasserbereitung 7 %; Maschinen 12%; Rest für Beleuchtung.

Ⓐ Wie viel EURO muss Herr Kugelmann monatlich für den Energieverbrauch des Backofens in seine Kostenberechnung einsetzen?

Ⓑ Wie hoch sind die jährlichen Stromkosten für die Warmwasserbereitung, für die Maschinen und für die Beleuchtung?

Ⓒ Wie viel EURO würde Bäckermeister Kugelmann sparen, wenn der Stromverbrauch um 6% gesenkt werden könnte?

**2** In der Bäckerei Straub werden in einem Jahr 12 800 Liter Heizöl für den Backfen verbraucht. An einem ölbeheizten Backofen entstehen folgende Wärmeverluste:

28 % der Wärme entweichen durch den Schornstein (Abgasverluste),
15 % der Wärme werden für die Dampferzeugung (Schwaden) verbraucht,
12 % der Wärme strahlt der Ofen ab (Wärmestrahlung),
3% der Wärme entweicht beim Öffnen der Ofentüren.

Ⓐ Wie viel Prozent der Wärme bleiben zum Backen übrig?

Ⓑ Wie viel Liter Heizöl werden zur Schwadenerzeugung verbraucht?

Ⓒ Wie viel Liter Heizöl gehen als Abgasveriuste verloren?

Ⓓ Durch eine exakte Brennereinstellung können die Abgasverluste bis auf 22% verringert werden. Wie viel Liter Heizöl werden dadurch eingespart?

---

[1] Die hohen Heizkosten bei einem Elektrobackofen führen in der Praxis dann auch dazu, dass nur sehr selten ein strombeheizter Backofen aufgestellt wird.

**3** In der Bäckerei Stobbe wurden im abgelaufenen Jahr 65 Tonnen Mehl verarbeitet. Für den gasbeheizten Backofen wurden 4560 $m^3$ Erdgas verbraucht.

Ⓐ Berechnen Sie den Gasverbrauch für 100 kg Mehl.

Ⓑ Wie viel kWh Energie wurden für 100 kg Mehl verbraucht?

Ⓒ Berechnen Sie die Gaskosten, bezogen auf 100 kg Mehl (1 $m^3$ Erdgas kostet insgesamt 0,49 €).

**4** Bäckermeister Niemeyer verarbeitet pro Monat 37,5 dt Mehl. In einem Jahr verbraucht er für seinen ölbeheizten Umwälzofen 6000 kg Heizöl.

Ⓐ Berechnen Sie den Ölverbrauch für 100 kg Mehl.

Ⓑ Wie viel kWh Energie wurden für 100 kg Mehl verbraucht?

Ⓒ Wie viel EURO für Heizöl muss Herr Niemeyer in seine Kalkuiation für 100 kg Brot einsetzen? Die Backausbeute beträgt 135 und für 1 kg Heizöl müssen 0,41 € bezahlt werden.

**5** Drei Bäckermeister vergleichen ihre Energiekosten.

| | | |
|---|---|---|
| Herr Magnus braucht für 100 kg Mehl | 9,5 kg | Heizöl (0,41 €/kg), |
| Herr Braun braucht für 100 kg Mehl | 8,4 $m^3$ | Erdgas (0,49 €/$m^3$) und |
| Herr Beck braucht für 100 kg Mehl | 65 kWh | Strom (0,16 €/kWh). |

Ⓐ Vergleichen Sie den Energieverbrauch in kWh.

Ⓑ Stellen Sie die Energiekosten für 100 kg Mehl gegenüber.

Ⓒ Welche Gründe können für den unterschiedlichen Energieverbrauch angeführt werden?

**6** In der Bäckerei & Konditorei Fiebig werden je Arbeitstag hergestellt:

| | | |
|---|---|---|
| 4500 Brötchen | mit je 46 g | Backgewicht, BA 128 |
| 120 Brote | mit je 750 g | Backgewicht, BA 138 |
| 90 Brote | mit je 1000 g | Backgewicht, BA 140 |
| 70 Brote | mit je 1250 g | Backgewicht, BA 141 |
| 450 Feingebäcke | mit je 70 g | Backgewicht, BA 190 |
| 270 Feingebäcke | mit je 400 g | Backgewicht, BA 240 |

Der Backofen verbraucht je Tag im Durchschnitt 39 kg Heizöl.

Ⓐ Berechnen Sie gesamte Mehlmenge, die zur Herstellung dieser Backwaren benötigt wird.

Ⓑ Wie viel kg Heizöl wurden für 100 kg Mehl verbraucht?

# ㉒ Das Zinsrechnen

Das Zinsrechnen ist mit dem Prozentrechnen eng verwandt. Beim Zinsrechnen wird das Prozentrechnen um den Faktor Zeit erweitert. Stellen wir die beiden Rechenarten gegenüber, so ergeben sich folgende Zusammenhänge:

| Prozentrechnen | Zinsrechnen | Buchstaben für die Abkürzungen |
|---|---|---|
| Grundwert | Kapital = 100 % | K |
| Prozentsatz | Zinsfuß/Zinssatz[1] | p |
| Prozentwert | Zins | Z |
| | Zeit | t |

Die Zinsen sind die Geldmenge, die man für sein angelegtes Geld (= Kapital) erhält bzw. für das geliehene Geld (= Kredit/Darlehen) bezahlen muss. Der Zinssatz bezieht sich immer auf ein Zinsjahr. Bei der Zeit gelten folgende Vereinbarungen:

Ein Zinsjahr = 12 Monate
= 360 Tage; daraus folgt: 1 Monat = 30 Tage (auch der Februar). Wird die Zeit in Tagen angegeben, so wird der 1. Tag nicht gezählt.
z.B. (12.1. – 28. 1.) = 28 – 12 = 16 Zinstage.

## 22.1 Die Zinsen sind gesucht

### Musteraufgabe

Wie viel Zinsen bringen 4000,00 € in 9 Monaten bei einem Zinssatz von 5%?

Gegeben: K = 4000,00 €, t = 9 Monate, p = 5%
Gesucht: Z für neun Monate

### *Musterlösung*

Ⓐ Berechnung der Zinsen für 1 Jahr

$$100\% \triangleq 4000{,}00\ €$$

$$1\% \triangleq \frac{4000}{100}\ €$$

$$5\% \triangleq \frac{4000 \cdot 5}{100} = 200{,}00\ €$$

Ⓑ Zinsen für 9 Monate

$$12 \text{ Monate} \triangleq 200{,}00\ €$$

$$9 \text{ Monate} \triangleq \frac{200 \cdot 9}{12}\ € \triangleq 150{,}00\ €$$

Für neun Monate erhält man **150,00 €** an Zinsen.

[1] Zinsfuß und Zinssatz sind identische Bezeichnungen.

Ableiten der Zinsformel:

Durch die Kombination von Ⓐ und Ⓑ ergibt sich folgender Aufbau des Bruchstriches:

$$Z = \frac{4000\ (K) \cdot 5\ (P) \cdot \mathbf{9}\ (t)}{100 \cdot \mathbf{12}}$$

$$\mathbf{Z = \frac{K \cdot p \cdot t}{100}}$$

Wird mit der Zinsformel gerechnet, so muss die Zeit (t) immer in Jahre, in 12tel oder in 360tel Jahre umgerechnet werden.

z.B. $t = 3$ Jahre $= \frac{3}{1} = 3$; $t = 9$ Monate $= \frac{9}{12}$ Jahre; $t = 17$ Monate $= \frac{17}{12}$ Jahre;

$t = 23$ Tage $= \frac{23}{360}$ Jahre; $t = 411$ Tage$= \frac{411}{360}$ Jahre.

## Übungsaufgaben

**1** Wie viel DM Zinsen bringen 6000,00 € Kapital in 2 Jahren, wenn man 4,5% Zinsen erhält?

**2** Beim Einzug in eine Mietwohnung mussten 1200,00 € Kaution beim Vermieter hinterlegt werden. Dieser Betrag wird einschließlich Zinsen beim Auszug wieder zurückgezahlt.

Wie viel EURO erhält der Mieter nach 3 Jahren und 5 Monaten einschließlich Kaution und Zinsen zurück, wenn der Zinsfuß 3,5% betrug?

**3** Ein Geselle überzieht sein Gehaltskonto 22 Tage lang um 1180,00 €. Für diesen Überziehungskredit werden ihm 14,5% berechnet.

Wie viel Zinsen muss er für diesen Zeitraum bezahlen?

**4** Für einen Kleinkredit in Höhe von 7500,00 € hat der Geselle Stefan mit seiner Bank folgende Konditionen (Bedingungen) vereinbart:
Zinssatz 9,75 % und vierteljährlich müssen 1500,00 € zurückgezahlt werden.

Ⓐ Ergänzen Sie den Tilgungsplan.

Ⓑ Wie viele Monate braucht der Geselle, bis er den Kredit zurückgezahlt hat?

Ⓒ Wie viele Zinsen muss er nach jedem Quartalsende[1] für den Darlehensrest zahlen?

Ⓓ Wie viele Zinsen bezahlt er insgesamt?

Tilgungsplan:

| Haben | Soll | Zinsen |
|---|---|---|
| 01.01. Kontostand | | – 7500,00 € |
| 30.03. Rückzahlung | +1500,00 € | |
| 30.03. Kontostand | | – 6000,00 € |
| 30.03. (Zinsen für 7500,00 €) | | ? € |
| 30.06. Rückzahlung usw. | | |
| 30.06. Kontostand | ? € | |
| 30.06. Zinsen für | | ? € |

[1] Quartalsende ist immer am 30.3., 30.6., 30.9., 30.12.

**5** Der Auszubildende Markus schließt mit der Bank einen Kreditvertrag in Höhe von 2000,00 € bei 11,5% Zinssatz ab. Vierteljährlich muss er 400,00 € tilgen (zurückzahlen) plus der fälligen Zinsen. Nach den ersten beiden Rückzahlungsraten überprüft er seinen Kontoauszug.

| Haben | Soll | Zinsen |
|---|---|---|
| 15.01. Kontostand | 2000,00 € | |
| 15.04. Tilgung + 400,00 € | | 57,50 € |
| 15.04. Kontostand | – 1600,00 € | |
| 15.06. Tilgung + 400,00 € | | 46,00 € |
| 15.06. Kontostand | – 1200,00 € | |

Ⓐ Überprüfen Sie die Zinsberechnungen.

Ⓑ Wie viel EURO Zinsen muss er bei den nächsten Fälligkeitsterminen zahlen?

Ⓒ Um wie viel EURO verringern sich die Zinszahlungen von Quartal zu Quartal?

Ⓓ Wie viel EURO Zinsen zahlt Markus insgesamt für den Kredit?

**6** Die beiden Arbeitskollegen Hubert und Armin nehmen jeweils 4000,00 € als Kredit bei der Bank auf. Der Zinssatz beträgt 9,25%. Hubert will das Geld schnell zurückzahlen und vereinbart eine vierteljährliche Tilgung in Höhe von 1000,00€. Armin möchte sich finanziell weniger einschränken und zahlt deshalb Vierteljährlich nur 500,00 € zurück.

Ⓐ Erstellen Sie die Tilgungspläne für die beiden Kollegen.

Ⓑ Wie viel Zinsen müssen sie nach dem Abiauf von drei Monaten jeweils bezahlen?

Ⓒ Wie viel Zinsen zahlt Armin mehr als sein Kollege Hubert?

## 22.2 Der Zinssatz ist gesucht

### Musteraufgabe

Die Bank zahlt an den Gesellen Robert für 12000,00 € Spareinlagen nach acht Monaten 520,00 € an Zinsen. Welchen Zinsfuß hatte der Geselle mit der Bank vereinbart?

Gegeben: K = 12000,00 €, Z = 520,00 €, t = 8 Monate

Gesucht: Zinsfuß

### *Musterlösung*

Ⓐ Berechnung der Zinsen für ein Jahr (Zinsfuß bezieht sich immer auf ein Jahr)

$$8 \text{ Monate} \mathrel{\hat{=}} 520{,}00\ €$$

$$12 \text{ Monate} \mathrel{\hat{=}} \frac{520 \cdot 12}{8} = \mathbf{780{,}00\ €}$$

Ⓑ Berechnung des Zinsfußes

$$12000{,}00\ € \mathrel{\hat{=}} 100\%$$

$$1{,}00\ € \mathrel{\hat{=}} \frac{100}{12000}\ \%$$

$$780{,}00\ € \mathrel{\hat{=}} \frac{100 \cdot 780}{12000}\ \% = \mathbf{6{,}5\%}$$

Der Junggehilfe Robert hatte mit der Bank einen Zinsfuß von **6,5 %** vereinbart.

Ableiten der Formel: Zusammenfassung von Ⓐ und Ⓑ

$$p = \frac{520\ (Z) \cdot 100 \cdot 12}{12000\ (K) \cdot 8\ (t)}$$

$$\mathbf{p = \frac{Z \cdot 100}{K \cdot t}}$$

Beachten Sie, dass t im Nenner steht! Zur Erinnerung: Wenn Sie mit der Formel rechnen, muss t in Jahre umgerechnet werden.

z.B. 8 Monate $\frac{8}{12}$ Jahr

Einsetzen von $\frac{8}{12}$ in die Formel:

$$p = \frac{Z \cdot 100}{K \cdot t} = \frac{Z \cdot 100}{K} : t \Rightarrow p = \frac{Z \cdot 100 \cdot 12}{K \cdot 8}$$ Mit dem Kehrwert multiplizieren.

## Übungsaufgaben

**1** Der Geselle Hans muss für ein Darlehen in Höhe von 4500,00 € vierteljährlich 101,25 € an Zinsen zahlen.

Zu welchem Zinssatz hat er das Darlehen in Anspruch genommen?

**2** Der Backstubenleiter erbt überraschend 18000,00 €. Da er sich erkundigen will, welche Geldanlage für ihn längerfristig am günstigsten ist, legt er es vorerst einen Monat lang als Festgeld[1] an und erhält für diesen Zeitraum 108,75 € Zinsen.

Berechnen Sie den Zinssatz.

**3** Bäckermeister Schmidt benötigt einen kurzfristigen Kredit von 7500,00 €. Bei der Rückzahlung nach 10 Monaten verlangt die Bank einschließlich Zinsen 8218,75 €.

Wie viel Prozent beträgt der Zinssatz?

**4** Für den Kauf eines Mountainbikes leiht sich der Auszubildende Ralf bei seinem Bruder 1350,00 €. Nach einem halben Jahr verlangt sein Bruder 1410,75 € zurück.
Die Bank hätte ihm 1350,00 € 1 Jahr geliehen und dafür 108,00 € Zinsen berechnet.

Ermitteln Sie durch Vergleich der beiden Zinsfüße, welcher Kredit günstiger ist.

**5** Die Gesellin Gudrun erbte von ihrem Großvater ein Grundstück im Wert von 80000,00 €.
15 Jahre später konnte sie das Grundstück für 125000,00 € veräußern.

Mit wie viel Prozent wurde das Anfangskapital pro Jahr verzinst?

**6** Eine Rechnung über 1920,00 € war am 15.4. zur Zahlung fällig.
Der Bäckermeister ließ diesen Termin verstreichen.
Am 1.6. erhielt er eine Mahnung, mit der er aufgefordert wurde, 1934,40 € zu überweisen.

Wie hoch war der Zinsfuß?

[1] Ein Festgeld ist eine kurzfristige Geldanlage bei der Bank.

## 22.3 Das Kapital ist gesucht

### Musteraufgabe

Für ein Darlehen müssen vierteljährlich 210,00 € Zinsen gezahlt werden.
Wie hoch ist das Darlehen, wenn der Zinsfuß 10,5% beträgt?

Gegeben: Z = 210,00 €, p = 10,5%, t = 1\4 Jahr

Gesucht: K

### *Musterlösung*

Ⓐ Berechnung des Jahreszinses

$3 \text{ Monate} \mathrel{\widehat{=}} 210{,}00\ €$

$12 \text{ Monate} \mathrel{\widehat{=}} \frac{210 \cdot 12}{3} = \mathbf{840{,}00\ €}$

Ⓑ Berechnung des Kapitals

$10{,}5\% \mathrel{\widehat{=}} 840{,}00\ €$

$1\ \% \mathrel{\widehat{=}} \frac{840}{10{,}5}\ €$

$100\ \% \mathrel{\widehat{=}} \frac{840 \cdot 100}{10{,}5}\ € = \mathbf{8000{,}00\ €}$

Das Darlehen beträgt **8000,00 €**

Ableiten der Formel: Durch die Zusammenfassung von Ⓐ und Ⓑ ergibt sich

$$K = \frac{210\,(Z) \cdot 100 \cdot 12}{10{,}5\,(p) \cdot 3\,(t)}$$

$$\mathbf{K = \frac{Z \cdot 100}{p \cdot t}}$$

Beachten Sie, dass bei dieser Formel t wieder im Nenner steht!

### Übungsaufgaben

1 Der Geselle Herr Neuner hat die Auszahlungs eines Prämiensparvertrages bei 7,5% langfristig angelegt und erhält halbjährlich 262,50 € Zinsen ausgezahlt.

Berechnen Sie das Kapital.

2 Bäckermeister Kruse überzog sein Gehaltskonto vom 8.4. bis 20.4. Sein Konto wird daraufhin mit 15,76 € belastet.

Um wie viel € hat Herr Kruse sein Konto überzogen, wenn der Zinssatz 10,75% betrug?

3 Welches Kapital müsste man bei 7,5% Zinssatz anlegen, um monatlich 2000,00 € an Zinsen zu erhalten?

**4** Berechnen Sie das Kapital.

Ⓐ 17,20 € Zinsen bei 4% vom 18.04. bis 28.07.

Ⓑ 24,57 € Zinsen bei 8% vom 08.02. bis 11.08.

Ⓒ 34,87 € Zinsen bei 6% vom 15.01. bis 31.12.

**5** Ein Bäckergeselle bringt am 24.5. sein erspartes Geld auf die Bank, die ihm einen Zinssatz von 4,5% gewährt. Am 31.12. hebt er sein Geld wieder ab und bekommt 21,60 € Zinsen.

Wie viel € brachte er ursprünglich zur Bank?

**6** Für einen Kredit mit einem Zinsfuß von 9 3\4 % müssen für den Zeitraum vom 01.11. bis 11.02. 81,25 € Zinsen bezahlt werden.

Wie viel € beträgt der Kredit?

**7** Das Erdgeschoss eines Altbaus soll zum Café ausgebaut werden. Die Baukosten für das Café belaufen sich auf 75600,00 €. Der Bauherr erwartet eine monatliche Pacht von 1600,00 €.

Wie viel € darf er für die Ausstattung des Cafés ausgeben, wenn er für die Baukosten und die Ausstattung eine Verzinsung von 8% erzielen will?

## 22.4 Die Zeit ist gesucht

### Musteraufgabe

Peter borgt sich von seiner Großmutter 1800,00 € zu 4%. Wie viele Tage hat er sich das Geld geliehen, wenn er 18,40 € Zinsen zu zahlen hat?

Gegeben: K= 1800,00 €, p = 4%, Z = 18,40 €

Gesucht: t in Tagen

### *Musterlösung*

Ⓐ Berechnung der Jahreszinsen

$100\% \mathrel{\hat{=}} 1800{,}00\ €$

$1\% \mathrel{\hat{=}} 1800{,}00 \backslash 100\ €$

$4\% \mathrel{\hat{=}} \frac{1800 \cdot 4}{100}\ € = \mathbf{72{,}00\ €}$

Ⓑ Berechnung der Zeit

$72{,}00\ € \mathrel{\hat{=}} 360\ \text{Tage}$

$1{,}00\ € \mathrel{\hat{=}} \frac{360}{72}\ \text{Tage}$

$18{,}40\ € \mathrel{\hat{=}} \frac{360 \cdot 18{,}40}{72}\ \text{Tage}$

$\mathrel{\hat{=}} \mathbf{92\ Tage}$

Das Geld war **92 Tage** ausgeliehen.

Ableitung der Formel: Durch Zusammenfassung von Ⓐ und Ⓑ ergibt sich

$$t = 360 \cdot 18{,}40 : \frac{1800 \cdot 4}{100} = \frac{360 \cdot 18{,}40\ (Z) \cdot 100}{1800\ (K) \cdot 4\ (t)}$$

$$\mathbf{t = \frac{360 \cdot Z \cdot 100}{K \cdot p}}$$

## Übungsaufgaben

**1** Berechnen Sie die Zeit.

Ⓐ 7560,00 € zu 4% bringen 105,00 € Zinsen.

Ⓑ 4320,00 € zu 5% bringen 70,20 € Zinsen.

Ⓒ 11160,00 € zu 6% bringen 22,32 € Zinsen.

**2** Ein Jungmeister macht sich selbstständig. Er erhält dazu von der Handwerkskammer ein Darlehen von 50000,00 € zu einem Zinssatz von 4,5%. Am Fälligkeitstag muss er einschließlich Zinsen 61250,00 € zahlen.

Für wie viele Jahre nahm er das Darlehen in Anspruch?

**3** Folgende Vereinbarungen wurden in einem Kreditvertrag zwischen Peter und seinem Kollegen Wolfgang festgelegt:

ausgeliehenes Kapital: 900,00 €
Zinssatz: 5%
Rückzahlungsbetrag: 930,00 €

Muss das Geld nach 7 Monaten, 5 Monaten, 8 Monaten oder 12 Monaten zurückbezahlt werden?

### Zusammenfassung

Für alle Arten der Zinsrechnungen kann die Ausgangsformel $Z = \frac{K \cdot p \cdot T}{100}$ verwendet werden.

Durch richtiges Umstellen der Formel kann auch der Zinsfuß, das Kapital und die Zeit berechnet werden:

$$\mathbf{p = \frac{Z \cdot 100}{K \cdot t} \qquad K = \frac{100 \cdot Z}{t \cdot p} \qquad t = \frac{Z \cdot 100 \cdot 360}{K \cdot p}}$$

## 22.5 Wiederholungsaufgaben zum Zinsrechnen

**1** Berechnen Sie die fehlenden Angaben.

| | Kapital | Zinsfuß | Zinsen | Zeit |
|---|---|---|---|---|
| Ⓐ | 4600,00 € | 3,5% | ? | 6 Monate |
| Ⓑ | 14200,00 € | 5 % | ? | 14 Monate |
| Ⓒ | 5400,00 € | ? | 108,00 € | 4 Monate |
| Ⓓ | ? | 4 % | 216,00 € | 3 Jahre |
| Ⓔ | 2000,00 € | 12,5% | ? | 01.10 – 06.11. |
| Ⓕ | ? | 12 % | 19,20 € | 27.05. – 09.08. |
| Ⓖ | 1500,00 € | 6 % | 15,00 € | ? |

❷ Eine Bäckerei zögert die Zahlung einer Maschine um 8 Tage hinaus.

Welcher Verlust entsteht dadurch der Lieferfirma, wenn die Maschine 25000,00 € kostet und die Zinsen 10,5% betragen?

❸ Bäckermeister Hörmann kauft eine neue Stüpfelmaschine für 11500,00 €. Bei Zahlung innerhalb von acht Tagen können 2% Skonto abgezogen werden. Wird das Skonto nicht genützt, so ist der Rechnungsbetrag ohne Abzug spätestens nach 30 Tagen zu zahlen. Herr Hörmann nimmt bei seiner Bank einen Kredit mit 9,5% auf. Soll Herr Hörmann den Kredit sofort in Anspruch nehmen und das Skonto ausnützen oder erst nach 30 Tagen bezahlen?

Ⓐ Wie viel EURO Skonto könnte er bei der Zahlung innerhalb von acht Tagen abziehen?

Ⓑ Wie viel EURO müsste er bei Barzahlung von seiner Bank ausleihen?

Ⓒ Wie viel Zinsen müsste er dann an die Bank für die 22 Tage zahlen?

Ⓓ Welcher Weg ist für Herrn Hörmann günstiger?

❹ Einem Rentner werden monatlich 1800,00 € Altersruhegeld überwiesen.

Wie viel Kapital müsste man bei 6% Zinsen ansparen, um denselben Betrag monatlich als Zinsen zu erhalten?

❺ Bäckermeister Frank musste für eine Rechnung in Höhe von 1280,00 €, die er um 20 Tage zu spät überwies, 8,50 € an Schuldzins bezahlen.

Berechnen Sie den Zinssatz für die Verzugszinsen.

❻ Für 7500,00 € Darlehen muss Herr Weiß an einen Kreditvermittler wöchentlich 31,00 € Zinsen zahlen.

Wie hoch ist der Zinssatz, den der Kreditvermittler angesetzt hat?

❼ Frau Naumann hatte vor sechs Jahren 8000,00 € bei einem Zinssatz von 8% angelegt. Die Zinsen wurden am Ende des Zinsjahres zum Kapital hinzugezählt und im darauf folgenden Jahr mit verzinst, usw. (man nennt das Zinseszins).

Welches Guthaben hat sich auf dem Konto der Frau Naumann nach sechs Jahren angesammelt?

*Lösungshinweis:*

| | | | |
|---|---|---|---|
| | Anfangskapital | = | 8000,00 € |
| + | Zinsen für das Anfangskapital | = | ? € |
| = | Anfangskapital + Zinsen | = | ? € |
| + | Zinsen für (Anfangskapital + Zinsen) | = | ? € usw. |

❽ Meister Kaufmann legt 10000,00 € in Form von Wertpapieren mit einem Zinssatz von 7% an. Die Laufzeit beträgt sechs Jahre und die jährlichen Zinsen werden nicht ausgezahlt, sondern zum Kapital addiert und wieder verzinst.

Ⓐ Berechnen Sie die Zinsen (Zinseszinsen), um die das Kapital nach jedem Jahr ansteigt.

Ⓑ Wie viel EURO erhält Meister Kaufmann nach den sechs Jahren zurück?

Ⓒ Welchen Ertrag würde das Kapital bringen, wenn die Zinsen am Jahresende jeweils ausbezahlt würden?

❾ Ein Geselle nimmt von der Bank einen Kredit in Höhe von 4000,00 € mit einem Zinssatz von 12% auf. Bei einem Kredit ist es üblich, die Zinsen vierteljährlich zu bezahlen. Der Geselle vereinbart aber mit der Bank, dass die Zinsen nach jedem Vierteljahr zum Kredit addiert und nach 15 Monaten einschließlich des Kapitals zurückgezahlt werden.

Ⓐ Berechnen Sie Zinsen und Kapital nach dem 3., 6., 9., 12., und 15. Monat.

Ⓑ Wie viel Zinsen zahlt er insgesamt?

❿ Eine Bank senkt den Zinssatz für Spareinlagen von 3,5% auf 3%. Um wie viel € müsste man die Spareinlage von ursprünglich 1000,00 € erhöhen, damit man bei dem neuen Zinssatz dieselben Zinsen bekommt wie zuvor bei 3,5%?

⓫ Wie viel Jahre muss man 10000,00 € bei einem Zinssatz von 5% anlegen, um insgesamt so viel Zinsen zu erhalten, wie man an Kapital eingezahlt hat?

⓬ Zu welchem Zinssatz wurde ein Darlehen aufgenommen, wenn man in 10 Jahren (12,5 Jahre) insgesamt so viel Zinsen bezahlt wie man Geld geliehen hat?

# 23 Die Sauerteigberechnungen

In der Fachtheorie haben Sie gelernt, dass Roggenmehle erst durch Milch- und Essigsäure ihre Backfähigkeit erlangen.

Säuren …

… hemmen die stärkeabbauenden Enzyme (Amylasen), die sonst einen Teil der Stärke zu Malzzucker abbauen würden.

… fördern die Wasseraufnahmefähigkeit während der Teigbereitung.

… geben dem Brot den geschätzten leicht säuerlichen Geschmack.

Die Säuerung des Teiges kann erreicht werden:

a) durch die Sauerteigführungen
   - Dreistufensauer
   - Zweistufensauer
   - Einstufensauer

b) durch Grundsauer und Teigsäuerungsmittel (kombinierte Führung)

c) durch Teigsäuerungsmittel allein (direkte Führung).

Da der Verbraucher wieder einen größeren Wert auf ein geschmackintensiveres Brot legt, muss der Bäcker Sauerteigführungen sicher beherrschen und richtig berechnen können.

Bei den Berechnungen werden wir deshalb eingehen auf:

a) die zu versäuernde Gesamtmehlmenge und deren Aufteilung auf die einzelnen Stufen,

b) die Teigfestigkeit der einzelnen Stufen,

c) die Menge des Anstellgutes, mit der jede Sauerteigführung beginnt,

d) die Reifezeit, die die Mikroorganismen brauchen, um die Mehlmenge zu versäuern,

e) die Temperatur der einzelnen Sauerteigstufen.

## 23.1 Die Dreistufenführung

Die älteste Art der Teigsäuerung ist die Dreistufenführung. Dabei unterscheidet man zwischen

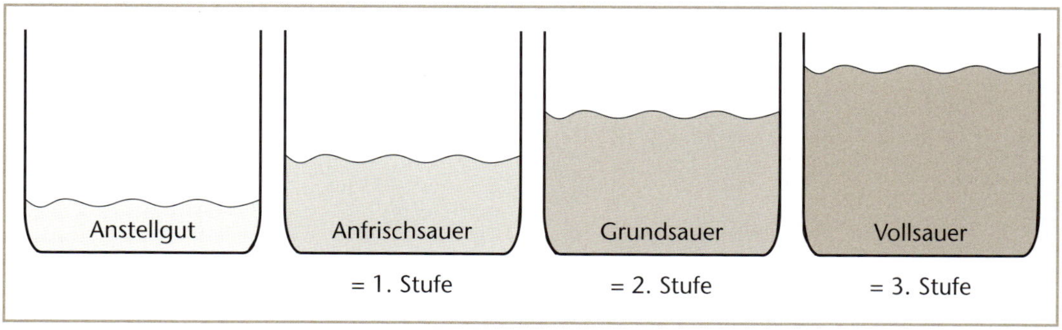


Das **Anstellgut** wird vom reifen Vollsauer genommen und deshalb nicht als eine Sauerteigstufe betrachtet.

| Menge des Anstellgutes |
|---|
| z.B. eine größere Menge Anstellgut kann eine größere Menge zugegebenen Mehles versäuern |

| Reifezeit |
|---|
| bei einer längeren Reifezeit kann eine größere Mehlmenge versäuert werden |

| Mehlmenge |
|---|
| die Menge Mehl, die bei einer bestimmten Menge Anstellgut und einer gewünschten Absteh-(Reife-)Zeit ganz versäuert werden kann |

Sollen z.B. im Anstellgut 200 g versäuertes Mehl enthalten sein, so muss mit Hilfe der TA die Anstellgutmenge berechnet werden. Wenn der reife Vollsauer, von dem das Anstellgut abgenommen wird, eine TA von 200 hat, so ergibt sich folgende Berechnung:

Gegeben: TA = 200; Mehlmenge = 200 g

Gesucht: Menge des Anstellgutes

*Lösung:*

| | | |
|---|---|---|
| TA 200 ➠ | 100 Teile Mehl | ≙ 200 g Mehl |
| + | 100 Teile Wasser | ≙ 200 g Wasser |
| | | ≙ 400 g Anstellgut |

Antwort: Es müssen **400 g** Anstellgut genommen werden.

Den **Anfrischsauer** erhält man, wenn das Anstellgut mit frischem Roggenmehl und Wasser gemischt wird. Wie viel Mehl zugegeben werden darf, wird durch die Abstehzeit festgelegt (je länger die Abstehzeit, desto mehr Mehl). Da die TA stets angegeben wird, kann die Wassermenge leicht berechnet werden.

Ist der Anfrischsauer ausgereift, gibt man wieder Roggenmehl und Wasser zu und setzt somit den Grundsauer, also die 2. Stufe, an. Der Grundsauer steht in der Regel 8 Stunden. Danach wird erneut Roggenmehl und Wasser zu dem nun ausgereiften Grundsauer gegeben. Auf diese Weise erhält man den **Vollsauer**, die 3. Sauerteigstufe. Wenn der Vollsauer nach ca. 4 Stunden ausgereift ist, kann man mit der Teigbereitung beginnen.

Die Menge des Roggenmehls, die bei einer Sauerteigstufe versäuert wird, lässt sich mit der Arkady-Vervielfältigungsregel berechnen:

**Versäuerte Mehlmenge der vorhergehenden Stufe**

×

**Reifezeit der nachfolgenden Stufe**

=

**Mehlmenge, die in der nachfolgenden Stufe versäuert sein wird.**

**Beispiel (hier 2. Stufe):**

1 kg = versäuerte Mehlmenge im Anfrischsauer

×

8 Stunden Reifezeit des Grundsauers

=

8 kg Mehl, die nach 8 Stunden Reifezeit im Grundsauer versäuert sein werden

Mit dieser Arkady-Regel lässt sich demnach einfach und schnell errechnen, mit wie viel kg Anstellsauer wie viel kg Mehl insgesamt bei einer Dreistufenführung verarbeitet werden können.[1]

### 23.1.1 Die Verteilung der Mehlmenge auf die einzelnen Stufen

**Musteraufgabe**

Von 200 g versäuerter Mehlmenge, die im Anstellgut enthalten sind, soll errechnet werden, wie viel kg Mehl bei den drei Stufen versäuert werden. Die Reifezeiten sind:

Anfrischsauer: 5 Stunden,
Grundsauer: 8 Stunden und
Vollsauer: 4 Stunden.

***Musterlösung***

| | | | | | | |
|---|---|---|---|---|---|---|
| 0,200 kg Mehl | × | 5 Std. Reifezeit = 1 kg Mehl | × | 8 Std. Reifezeit = 8 kg Mehl | × | 4 Std. Reifezeit = 32 kg Mehl |
| **Anstellgut** | × | **Anfrischsauer** | × | **Grundsauer** | × | **Vollsauer** |

## Übungsaufgaben

**1** Berechnen Sie im Kopf, wie viel kg Roggenmehl bei den einzelnen Sauerteigstufen nach der abgelaufenen Reifezeit jeweils versäuert sind.

| | Anstellgut | Anfrischsauer | Grundsauer | Vollsauer |
|---|---|---|---|---|
| Ⓐ Mehlmenge | 100 g | = ? | = ? | = ? |
| Reifezeit | – | 5 Std. | 8 Std. | 4 Std. |
| Ⓑ Mehlmenge | 150 g | = ? | = ? | = ? |
| Reifezeit | – | 5 Std. | 9 Std. | 3 Std. |
| Ⓒ Mehlmenge | 250 g | = ? | = ? | = ? |
| Reifezeit | – | 6 Std. | 8 Std. | 4 Std. |

**Umkehrung der Arkady-Vervielfältigungsregel**

In der Praxis geht man jedoch nicht vom Anstellgut, sondern von der Mehlmenge aus, die im Vollsauer versäuert sein soll. Dies bedeutet, dass man die Arkady-Vervielfältigungsregel umkehren muss, an Stelle der Multiplikation sind nun Divisionen durchzuführen.

**Musteraufgabe**

Für die Herstellung eines Roggenmischbrotes sollen 40 kg Roggenmehl mit Hilfe der Dreistufenführung versäuert werden. Die Reifezeiten der einzelnen Stufen sind:

Anfrischsauer: 5 Stunden, Grundsauer: 8 Stunden, Vollsauer: 4 Stunden.

Berechnen Sie die Aufteilung der zu versäuernden Roggenmehlmenge auf die einzelnen Sauerteigstufen.

[1] Selbstverständlich wird in den einzelnen Säuerungsstufen ja nicht nur frisches Roggenmehl, sondern auch Wasser (Schüttflüssigkeit) zugegeben. Hier interessiert jedoch zuerst ausschließlich die Menge Mehl, die versäuert werden kann. Berechnungen zur Schüttflüssigkeit folgen anschließend.

| | | |
|---|---|---|
| Gegeben: | 40 kg Roggenmehl müssen im Vollsauer enthaiten sein; | |
| | Reifezeit des Vollsauers: | 4 Stunden; |
| | Reifezeit des Grundsauers: | 8 Stunden; |
| | Reifezeit des Anfrischsauers: | 5 Stunden; |
| Gesucht: | Mehlmenge der einzelnen Stufen | |

*Musterlösung*

Die Umkehrung der Arkady-Vervielfältigungsregel ergibt:

$$\frac{\textbf{Mehlmenge}}{\textbf{Reifezeit}} = \textbf{Mehlmenge der vorherigen Stufe}$$

$$\frac{\text{40 kg Mehl}}{\text{4 Std. Reifezeit}} = \frac{\text{10 kg Mehl}}{\text{8 Std. Reifezeit}} = \frac{\text{1,250 kg Mehl}}{\text{5 Std. Reifezeit}} = \text{0,250 kg Mehl}$$

| Vollsauer | Grundsauer | Anfrischsauer | Anstellgut |
|---|---|---|---|

Bei allen Sauerteigberechnungen müssen Sie ganz besonders auf einen übersichtlichen Ablauf des Lösungsschemas (Darstellung) achten, da Sie sich sonst in Ihren Aufzeichnungen nicht mehr zurechtfinden.

Das nachfolgende Schema ist nur eine Möglichkeit von vielen.

## Übungsaufgaben

**2** Berechnen Sie die Aufteilung der zu versäuernden Mehlmengen auf die einzelnen Sauerstufen im Kopf.

| | Vollsauer | Grundsauer | Anfrischsauer | Anstellgut |
|---|---|---|---|---|
| Ⓐ enthaltene Mehlmenge | 32 kg | ? | ? | ? |
| Reifezeit in Stunden | 4 | 8 | 5 | – |
| Ⓑ enthaltene Mehlmenge | 27 kg | ? | ? | ? |
| Reifezeit in Stunden | 3 | 9 | 5 | – |
| Ⓒ enthaltene Mehlmenge | 28 kg | ? | ? | ? |
| Reifezeit in Stunden | 4 | 7 | 6 | – |

### Berechnung der Mehlzugabe beim Anfrischen der Sauerteigstufen

**Erweiterte Musteraufgabe**

Wie viel kg Roggenmehl muss man beim Anfrischen den nachfolgenden Sauerteigstufen zugeben?

In der Musteraufgabe (siehe oben) sind folgende Mengen errechnet worden:

| | Vollsauer | Grundsauer | Anfrischsauer | Anstellgut |
|---|---|---|---|---|
| enthaltene Mehlmenge | 40 kg | 10,000 kg | 1,250 kg | 0,250 kg |
| Mehlzugabe | 30 kg | 8,750 kg | 1,000 kg | |

*Musterlösung*

1 Da bereits im Anstellgut, das vom reifen Vollsauer abgenommen wurde, 0,250 kg Roggenmehl versäuert sind, muss bei der Herstellung des Anfrischsauers nur noch 1 kg frisches Mehl zugegeben werden. Die Mehlmengen können leicht im Kopf berechnet werden.

Gesamte Mehlmenge einer Stufe
– bereits enthaltene Mehlmenge der vorhergehenden Stufe

= **Mehlzugabe zur Sauerteigstufe**

| | | |
|---|---|---|
| z.B. | Grundsauer | = 10,000 kg |
| | – Anfrischsauer | = 1,250 kg |
| z.B. | beim Grundsauer | = 8,750 kg |
| oder | | |
| z.B. | Vollsauer | = 40 kg |
| | – Grundsauer | = 10 kg |
| z.B. | beim Grundsauer | = 30 kg |

*Antwort:*

Bei der Herstellung des Anfrischsauers müssen 1,000 kg,
Bei der Herstellung des Grundsauers müssen 8,750 kg,
Bei der Herstellung des Vollsauers müssen 30,000 kg

Roggenmehl zugegeben werden.

2 Wir tragen die errechneten Werte von Seite 135 in das erweiterte Schema ein, Sie ergänzen die Mehlzugabe. Fügen Sie bitte auch gleich je eine Spalte für Teigausbeute, Gesamtflüssigkeit und Flüssigkeitszugabe mit ein, die in den nächsten Aufgaben berechnet werden.

| | Vollsauer | Grundsauer | Anfrischsauer | Anstellgut |
|---|---|---|---|---|
| gesamte Mehlmenge | 40 kg | 10 kg | 1,250 kg | 0,250 kg |
| Reifezeit | 4 Std. | 8 kg | 5 kg | – |
| Mehlzugabe | 30 kg | 8,750 kg | 1,000 kg | – |
| Teigausbeute | 200 | 170 | 200 | gleich demVollsauer |
| gesamte Flüssigkeit | 40 kg (l) | 7,000 kg (l) | 1,250 kg (l) | 0,250 kg |
| Flüssigkeitszugabe | 33 kg (l) | 6,750 kg (l) | 1,000 kg (l) | |

## 23.1.2 Berechnung der Gesamtflüssigkeit und Flüssigkeitszugabe je Sauerteigstufe

### Musteraufgabe zu dem oben angegebenen Beispiel

**Vollsauer**

Ⓐ Gesamtflüssigkeit: Vollsauer enthält 40 kg Mehl, TA = 200
TA 200 ➠ 100 kg Mehl : 100 kg (l) Wasser
40 kg Mehl : 40 kg (l) Wasser

Grundsauer enthält 10 kg Mehl, TA = 170
10 kg Mehl : 7 kg (l) Wasser

Anfrischsauer enthält 1,25 kg Mehl, TA = 200
1,25 kg Mehl : 1,25 kg (l) Wasser

Ⓑ Flüssigkeitszugabe:

Sie wird wie die Mehlzugabe errechnet:

| | | | |
|---|---|---|---|
| **gesamte Flüssigkeit einer Stufe** | Vollsauer 40 kg (l) | Grundsauer 7 kg (l) | Anfrischsauer 1,250 kg (l) |
| **– gesamte Flüssigkeit der Vorstufe** | Grundsauer 7 kg (l) | Anfrischsauer 1,250 kg (l) | Anstellgut 0,250 kg (l) |
| **= Flüssigkeitszugabe** | Vollsauer 33 kg (l) | Grundsauer 6,750 kg (l) | Anfrischsauer 1,000 kg (l) |

## Übungsaufgaben

**1** Berechnen Sie zu den Aufgaben der Nr. **1** Ⓐ, Ⓑ, Ⓒ, auf den Seiten 135/136 die Gesamtflüssigkeit je Stufe und anschließend die Wassermengen, die bei jeder Stufe zugegeben werden müssen.

| | Vollsauer | Grundsauer | Anfrischsauer |
|---|---|---|---|
| zu Nr. **1** Ⓐ TA | 190 | 175 | 190 |
| zu Nr. **1** Ⓑ TA | 210 | 165 | 190 |
| zu Nr. **1** Ⓒ TA | 190 | 180 | 200 |

**2** Berechnen Sie bei den folgenden Angaben ㉑ bis ㉓ …

Ⓐ … die Verteilung der zu versäuernden Roggenmehlmenge auf die einzelnen Sauerteigstufen

Ⓑ … die Gesamtflüssigkeit je Stufe

Ⓒ … die Mehlmenge, die zum Anfrischen jeweils gebraucht wird

Ⓓ … die Wasserzugabe bei jeder Stufe

Ⓔ … die Anstellgutmenge, die immer vom reifen Vollsauer abgenommen wird und somit auch dieselbe Teigausbeute hat (siehe Seite 133).

㉑ Zu versäuernde Roggenmehlmenge = 48 kg Roggenmehl

| | **Vollsauer** | **Grundsauer** | **Anfrischsauer** |
|---|---|---|---|
| Reifezeit | 4 Std. | 8 Std. | 5 Std. |
| Teigausbeute | 200 | 170 | 190 |

㉒ Zu versäuernde Roggenmehlmenge = 42 kg

| | **Vollsauer** | **Grundsauer** | **Anfrischsauer** |
|---|---|---|---|
| Reifezeit | 3 Std. | 7 Std. | 6 Std. |
| Teigausbeute | 190 | 180 | 200 |

㉓ Zu versäuernde Roggenmehlmenge = 64 kg

| | **Vollsauer** | **Grundsauer** | **Anfrischsauer** |
|---|---|---|---|
| Reifezeit | $4^{00} – 8^{00}$ | $20^{00} – 4^{00}$ | $15^{00} – 20^{00}$ |
| Teigausbeute | 190 | 175 | 200 |

## 23.1.3 Berechnung der Dreistufenführung bei Mehlmischungen und des nachfolgenden Teiges

### Musteraufgabe

Mit 70 kg Gesamtmehl (Roggenmehl : Weizenmehl = 60 : 40) soll ein Teig für Roggenmischbrot bereitet werden. Vom Roggenmehl sind 40% zu versäuern.

| | | | |
|---|---|---|---|
| Teigausbeute des Teiges | = 172 | | |
| Teigausbeute des Vollsauers | = 200 | Reifezeit des Vollsauers | = 4 Std. |
| Teigausbeute des Grundsauers | = 165 | Reifezeit des Grundsauers | = 8 Std. |
| Teigausbeute des Anfrischsauers | = 190 | Reifezeit des Anfrischsauers | = 5 Std. |

Berechnen Sie die Werte für das Führungsschema.

### *Musterlösung*

Gegeben: Gesamte Mehlmenge = 70 kg, davon 60% RM und 40% WM;
Gesamtmehlmenge des Vollsauers = 40% vom Roggenmehl;
Teigausbeute der einzelnen Stufen = 172, 200, 165, 190;
Reifezeit der Sauerteigstufen = 4 Std., 8 Std., 5 Std.;
1,8% Salz.

Gesucht: Werte des Führungsschemas

Schritt ① Roggen- und Weizenmehl berechnen.

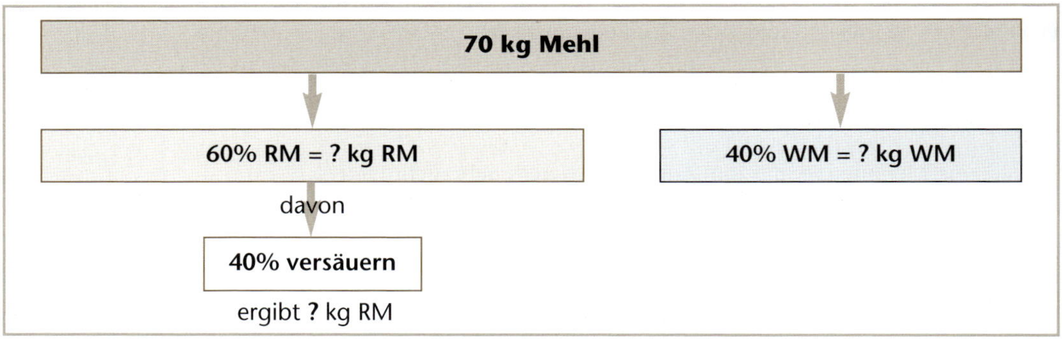


**Tragen Sie alle errechneten Werte sofort ins Führungsschema ein.**

Schritt ② Berechnung des zu versäuernden Mehls bei den einzelnen Sauerteigstufen (s. Seite 135).

Schritt ③ Berechnung der Mehlzugaben bei den Sauerteigstufen (siehe Seite 135).

Schritt ④ Berechnung der Gesamtf lüssigkeit je Stufe (siehe Seite 136).

Schritt ⑤ Berechnung der Flüssigkeitszugaben je Stufe (siehe Seite 136).

Schritt ⑥ Berechnung der Salzmenge (die Prozentangabe bezieht sich immer auf die gesamte Mehlmenge); das Salz wird bei der Teigbereitung zugegeben.

Da Sie alle Berechnungen schon oftmals durchgeführt haben, muss der Lösungsweg nicht weiter erklärt werden. Die Seitenangaben zeigen Ihnen an, wo Sie eine entsprechende Musterlösung finden. Zwei Zahlen im Lösungsschema sind falsch, die Sie finden sollen.

| Führungsschema | | | | | |
|---|---|---|---|---|---|
| | Teig | Vollsauer | Grundsauer | Anfrischsauer | Anstellgut |
| gesamte Mehlmenge | 70 = 42 kg RM<br>28 kg WM | 16,800 kg | 4,200 kg | 0,525 kg | 0,105 kg |
| Reifezeit | | 4 Std. | 8 Std. | 5 Std. | – |
| Mehlzugabe | 25,200 kg RM<br>28,000 kg WM | 12,600 kg | 2,675 kg | 0,420 kg | |
| Teigausbeute | 172 | 200 | 165 | 190 | wie Vollsauer |
| gesamte Wassermenge | 50,400 kg | 16,800 kg | 2,730 kg | 0,473 kg | 0,105 kg |
| Flüssigkeitszugabe | 33,200 kg | 14,070 kg | 2,257 kg | 0,368 kg | – |
| Teigtemperatur | 26 °C | 27 °C | 26 °C | 25 °C | wie Vollsauer |
| | Salz = 1,260 kg | | | | |

Als Zusatzaufgabe können Sie die Temperatur der Schüttflüssigkeit bei jeder Sauerteigstufe berechnen. Die Mehltemperatur ist mit 20 °C anzunehmen, das Anstellgut soll dieselbe Temperatur wie der Vollsauer haben.

## Übungsaufgaben

**1** Mit 75 kg Mischmehl (Roggenmehl : Weizenmehl = 60 : 40) ist ein Teig für Weizenmischbrot herzustellen. Vom Roggenmehl sind 60% im Rahmen einer Dreistufenführung zu versäuern. Die beiden Mehle haben eine Temperatur von 18 °C.

(A) Berechnen Sie die einzelnen Werte des Führungsschemas.

(B) Überprüfen Sie auch die Ergebnisse.
Werden die Mehlzugaben beim Teig, Voll-, Grund- und Anfrischsauer sowie die enthaltene Mehlmenge im Anstellgut addiert, so müssen sie zusammen die gesamte Mehlmenge ergeben. Dasselbe gilt auch für die Flüssigkeitszugabe.

| Führungsschema | | | | | |
|---|---|---|---|---|---|
| | Teig | Vollsauer | Grundsauer | Anfrischsauer | Anstellgut |
| gesamte Mehlmenge | 75 kg | RM ? | RM ? | RM ? | RM ? |
| Reifezeit | – | $5^{00}$ – $8^{00}$ | $21^{00}$ – $5^{00}$ | $16^{00}$ – $21^{00}$ | – |
| Mehlzugabe | RM = ? kg<br>WM = ? kg | RM ? | RM ? | RM ? | RM ? |
| Teigausbeute | 168 | 200 | 170 | 200 | wie Vollsauer |
| gesamte Flüssigkeit | ? | ? | ? | ? | ? |
| Flüssigkeitszugabe | ? | ? | ? | ? | ? |
| Temperatur der Stufe | 26 °C | 29 °C | 26 °C | 25 °C | wie Vollsauer |
| Temperatur der Schüttflüssigkeit | ? | ? | ? | ? | ? |
| | 1,8% Salz | | | | |

**2** Von 80 kg Gesamtmehl (Roggenmehl : Weizenmehl = 80 : 20) soll ein Roggenmischbrot hergestellt werden. Im Vollsauer sollen 45% des Roggenmehls enthalten sein.

Berechnen Sie die Werte für das Führungsschema.

| | Teig | Vollsauer | Grundsauer | Anfrischsauer |
|---|---|---|---|---|
| Reifezeit | – | $3^{30}$ – $7^{30}$ | $19^{30}$ – $3^{30}$ | $13^{30}$ – $19^{30}$ |
| Teigausbeute | 174 | 190 | 170 | 200 |
| Teigtemperatur | 26 °C | 30 °C | 26 °C | 26 °C |

1,8 % Salz; Anstellgut 18 °C; Mehltemperatur 18 °C.

**3** Ausgehend von 81 kg Gesamtmehl (Roggenmehl : Weizenmehl = 2 : 1) soll ein Teig für Roggenmischbrot bereitet werden. 40% des Roggenmehls sind im Rahmen eines Dreistufensauers zu versäuern.

Berechnen Sie die Werte für das Führungsschema.

| | Teig | Vollsauer | Grundsauer | Anfrischsauer |
|---|---|---|---|---|
| Reifezeit | – | $5^{00}$ – $9^{00}$ | $20^{00}$ – $5^{00}$ | $14^{00}$ – $20^{00}$ |
| Teigausbeute | 173 | 190 | 160 | 190 |
| Temperatur der Teige | 26 °C | 28 °C | 26 °C | 25 °C |
| | 1,8 % Salz | | | |

Mehltemperatur = 18 °C, Anstellgut 12 °C.

**4** Erstellen Sie das Führungsschema für den Dreistufensauer einschließlich des Anstellgutes und des Teiges für ein Mischbrot, das von 70 kg Gesamtmehl (RM : WM = 50 : 50) ausgehend hergestellt werden soll. Die Hälfte des Roggenmehls soll im Vollsauer versäuert sein.

Die Führungsdaten sind:

| | Teig | Vollsauer | Grundsauer | Anfrischsauer |
|---|---|---|---|---|
| Reifezeit | – | 3,5 Std. | 8 Std. | 5 Std. |
| Teigausbeute | 170 | 200 | 170 | 210 |
| Teigtemperatur | 25 °C | 30 °C | 26 °C | 25 °C |
| | 1,8% Salz | | | |

Berechnen Sie auch die Temperatur der Schüttflüssigkeit. Das Anstellgut hat dieselbe Temperatur wie der Vollsauer und die Mehltemperatur ist 18 °C.

**5** Berechnen Sie die Werte für das Führungsschema nach folgenden Angaben:

Weizenmischbrot (RM : WM = 30 : 70);
60 kg Gesamtmehl;
Saueranteil = 80% v. RM
1,8% Salz

| | Teig | Vollsauer | Grundsauer | Anfrischsauer |
|---|---|---|---|---|
| Reifezeit | – | 3 Std. | 8 Std. | 5 Std. |
| Teigausbeute | 168 | 210 | 165 | 190 |
| Teigtemperatur | 25 °C | 30 °C | 24 °C | 26 °C |

Temperatur des Mehls = 18 °C, Anstellgut = 10 °C.

**6** Berechnen Sie die Führungsdaten für den Dreistufensauer und den Teig.

Weizenmischbrot (RM : WM = 20 : 80);
60 kg Gesamtmehl;
Saueranteil = 100% v. RM
1,8% Salz

| | Teig | Vollsauer | Grundsauer | Anfrischsauer |
|---|---|---|---|---|
| Reifezeit | – | 3 Std. | 8 Std. | 5 Std. |
| Teigausbeute | 166 | 190 | 170 | 200 |
| Teigtemp. | 24 °C | 30 °C | 25 °C | 26 °C |

Temperatur des Mehles = 17 °C, Anstellgut = 12 °C.

## 23.2 Die Zweistufenführung[1]

Bei der Zweistufenführung müssen zwei aufeinander aufbauende Sauerteige bereitet werden. Man beginnt auch hier mit dem Anstellgut, dessen Gewicht 2% vom gesamten zu versäuernden Roggenmehl betragen soll. Dieses Anstellgut wird mit der 12fachen Menge seines Gewichtes mit Roggenmehl und mit der 6fachen Menge an Wasser zum Grundsauer angefrischt.

**Beispiel**

Für ein Roggenbrot sollen 50 kg Roggenmehl versäuert werden. Als Anstellgut werden 2% von 50 kg Roggenmehl = 1 kg genommen.

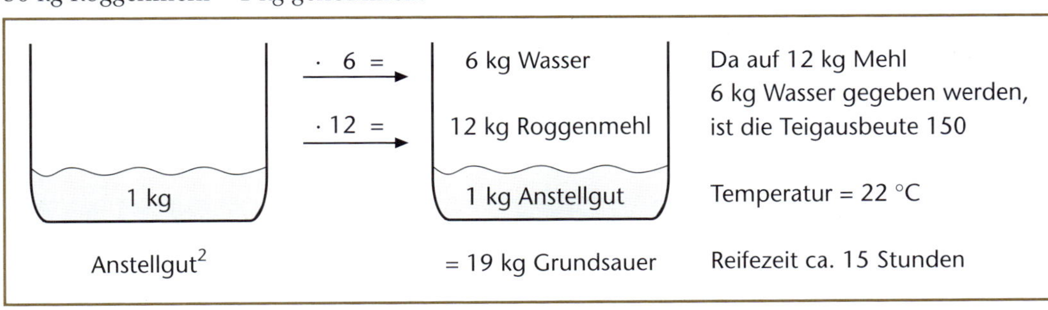


Sobald die Reifezeit des Grundsauers abgelaufen ist, wird er mit der zweifachen Menge seines Gewichtes mit Roggenmehl sowie der zweifachen Menge an Wasser zum Vollsauer angefrischt.

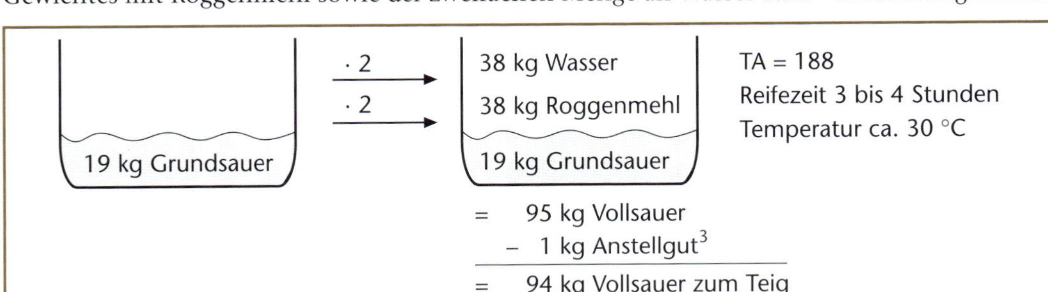


[1] Diese Führung wird auch häufig als Detmolder Zweistufenführung bezeichnet.

[2] Beachte: Bei der Zweistufenführung beinhalten die 2% Anstellgutmenge Mehl + Wasser.

[3] Die gleiche Menge Anstellgut, die zu Beginn für den Grundsauer eingesetzt wurde, wird dem Vollsauer für weitere Sauerteigführungen wieder entnommen. Damit ergibt sich am Ende ein Teiggewicht, dass den Rezeptmengen entspricht. Das Anstellgut ist also gewichtsneutral.

Man kann das Berechnungsschema für die Zweistufenführung auch auf 1 Teil Anstellgut beziehen (die Menge des Anstellgutes wird = 1 Teil gesetzt).

| | Zugabe zum Grundsauer | Zugabe zum Vollsauer |
|---|---|---|
| Anstellgut = 1 Teil | 12 Teile Roggenmehl | 38 Teile Roggenmehl |
| | 6 Teile Wasser | 38 Teile Wasser |

**Beachte:**
***Alle „Teile" beziehen sich auf das 1 Teil Anstellgut!***

### Musteraufgabe

Für ein Roggenmischbrot sollen 40 kg Roggenmehl mit Hilfe des Zweistufensauers versäuert werden. Berechnen Sie die Werte für Zweistufenführung.

Gegeben: 40 kg Roggenmehl. Da ein Zweistufensauer verlangt wird, sind auch die Führungsdaten gegeben (siehe oben), ohne nochmals genannt zu werden.

Gesucht: Ⓐ Menge des Anstellgutes
Ⓑ Mehl- und Wassermenge für den Grundsauer
Ⓒ Mehl- und Wassermenge für den Vollsauer

### *Musterlösung*

Ⓐ Anstellgut = 2% von 40 kg = 0,800 kg

Ⓑ Setzt man nun für 1 Teil = 0,800 kg in das Schema ein, so erhält man die Menge für den Grundsauer.

Ⓒ Ebenso verfährt man dann beim Vollsauer.

| | Grundsauer | Vollsauer |
|---|---|---|
| Roggenmehl: | 12 · 0,800 kg = 9,600 kg | 38 · 0,800 kg = 30,400 kg |
| Wasser: | 6 · 0,800 kg = 4,800 kg | 38 · 0,800 kg = 30,400 kg |

## Übungsaufgaben

**1** Für die Herstellung von Roggenbrot werden 25 kg (30 kg, 45 kg, 35 kg) versäuertes Roggenmehl benötigt. Die Versäuerung des Mehls soll mit einem Zweistufensauer erfolgen.

Ⓐ Wie viel kg Anstellgut werden benötigt?

Ⓑ Wie viel kg Roggenmehl und Wasser sind zum Anfrischen der beiden Sauerteigstufen jeweils vorzubereiten?

Ⓒ Wie viel Wasser enthält der Vollsauer?

Ⓓ Welche Teigausbeute hat der Vollsauer?

**2** Aus 50 kg Gesamtmehl (Roggenmehl : Weizenmehl = 60 : 40) soll ein Teig für Roggenmischbrot hergestellt werden. Die Hälfte des Roggenmehls ist mit Hilfe des Zweistufensauers zu versäuern. Der Hauptteig wird mit 1% Hefe, 1,5% Salz und der Teigausbeute 172 hergestellt.

Ⓐ Wie viel kg Roggenmehl müssen versäuert werden?

Ⓑ Wie viel kg Anstellgut werden gebraucht?

Ⓒ Wie viel kg Roggenmehl und Wasser werden für den Grund- und für Vollsauer benötigt?

Ⓓ Wie viel kg Roggen-, Weizenmehl, Wasser, Hefe und Salz sind bei der Herstellung des Hauptteiges noch zu ergänzen?

**3** Von 40 kg Gesamtmehl (Roggen- : Weizenmehl = 50 : 50) ausgehend, soll der Auszuhildende Jochen die einzelnen Mengen für die beiden Sauerteigstufen und den Hauptteig nach folgenden Vorgaben berechnen:

Ⓐ Die Hälfte des Roggenmehls soll im Rahmen einer Zweistufensauerteigführung versäuert werden.

Ⓑ Teigausbeute des Hauptteiges = 172.

Ⓒ Beim Hauptteig sind noch 1,6 % Salz und 1,2 % Hefe erforderlich.

Die Berechnung der Detmolder Zweistufenführung soll hier kurz angeführt werden:

| | Zugabe zum Grundsauer | Zugabe zum Vollsauer |
|---|---|---|
| Anstellgut (2,5% des Sauermehles) = 1 Teil | 16 Teile Roggenmehl | 24 Teile Roggenmehl |
| | 8 Teile Wasser | 24 Teile Wasser |

Bei der Berechnung braucht nur „1 Teil" gegen die Menge des Anstelgutes ausgetauscht werden.

## 23.3 Die Einstufenführungen

Um weitere Arbeitszeiten einzusparen, wurden die Einstufenführungen entwickelt. Beim Zweistufensauer verzichtet der Bäcker schon auf die Anfrischstufe, hier schließlich reduziert er die Sauerteigführung auf eine Stufe (= Kurzsauer). Die Detmolder Einstufenführung entspricht auf Grund der Führungsdaten mehr dem Grund- als dem Vollsauer.

Die bekanntesten Einstufenführungen sind:

a) Berliner Kurzsauer (TA ca. 200, 3 – 4 Std. Reifezeit, Temperatur ca. 35 °C)
b) Detmolder Einstufensauer (TA ca. 180, 15 – 24 Std. Reifezeit, Temperatur 20 – 28 °C)
c) Salzsauerführung (TA ca. 200, 15 – 72 Std. Reifezeit, Temperatur ca. 35 °C, Salzzugabe)

Die Einstufenführungen dienen vorwiegend der Versäuerung des Roggenmehls innerhalb der Gesamtrezeptur. Die Hefe wird beim Hauptteig zugegeben.

Bei der Berechnung der Teigführung muss – neben den Mengen für den Hauptteig – nur das Anstellgut, das Roggenmehl und das Wasser für die Sauerteigführung (Kurzsauer) berechnet werden.

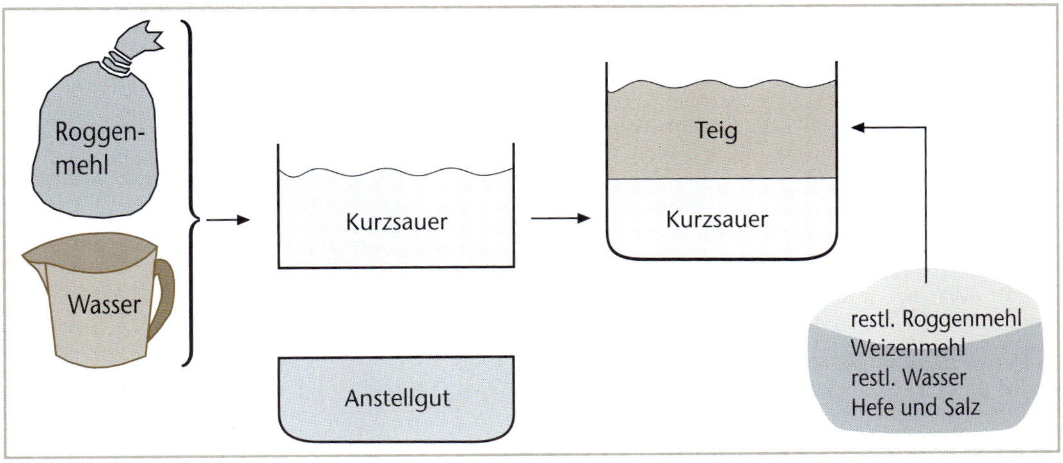


Das Anstellgut wird vom ausgereiften Sauer abgenommen und für den nächsten Einstufensauer verwendet.

## 23.3.1 Die Berliner Kurzsauerführung

### Musteraufgabe

Aus 100 kg Gesamtmehl (RM : WM = 80 : 20) soll ein Teig für Roggenmischbrot mit der TA 172 hergestellt werden. Anzuwenden ist die Berliner Kurzsauerführung mit 45% des Roggenmehls. Das Anstellgut muss 20% vom zu versäuernden Roggenmehl wiegen. Die Teigausbeute des Sauers soll 200 betragen. Bei der Teigbereitung sind noch 1,2% Hefe und 1,8% Salz zuzugeben.

Berechnen Sie die Führungsdaten für den Kurzsauer und den Teig.

Gegeben:
Ⓐ Gesamtmehl (RM : WM = 80 : 20) = 100 kg
Ⓑ Kurzsauer: TA 200, Anstellgut 20% vom zu versäuernden Roggenmehl, Sauermehlanteil 45% vom Roggenmehl
Ⓒ Teig: TA 172, Salz 1,8%, Hefe 1,2% (Zur Wiederholung: die Prozente bei Hefe und Salz beziehen sich auf das Gesamtmehl!)

Gesucht:
Ⓐ Menge des zu versäuernden Mehls
Ⓑ Menge des Anstellgutes
Ⓒ Wasserzugabe zum Kurzsauer
Ⓓ Roggen- und Weizenmehlzugabe zum Teig
Ⓔ Wasserzugabe zum Teig
Ⓕ Salz- und Hefemenge

### *Musterlösung*

Ⓐ 100 kg Gesamtmehl = 80 kg Roggen- und 20 kg Weizenmehl; 45% von 80 kg = 36 kg Sauermehl

Ⓑ 20% von 36 kg = 7,2 kg Anstellgut

Ⓒ Bei TA 200 kommen zu 36 kg Roggenmehl 36 l Wasser

Ⓓ RM = 80 kg – 36 kg (bereits im Kurzsauer enthalten) = 44 kg
WM = 20 Teile von 100 kg = 20 kg

Ⓔ Bei TA 172 kommen auf 100 kg Mehl 72 l Wasser, 72 l – 36 l (im Vollsauer bereits enthalten) = 36 l

Ⓕ 1,2% von 100 kg = 1,2 kg Hefe und 1,8% von 100 kg = 1,8 kg Salz

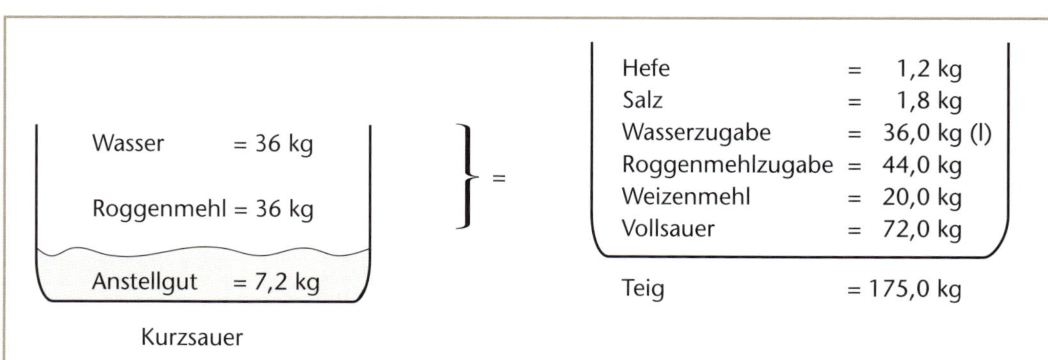

## Übungsaufgaben

1 Berechnen Sie die Werte für den Berliner Kurzsauer und für den Teig bei 80 kg Gesamtmehl. Alle weiteren Angaben sind von der Musteraufgabe zu übernehmen.

2 Aus 40 kg Gesamtmehl ist ein Teig für Roggenmischbrot (RM : WM = 70 : 30) herzustellen. Im Berliner Kurzsauer sollen 45% des Roggenmehls versäuert werden.

Das Anstellgut muss 20% vom zu versäuernden Roggenmehl schwer sein, der Kurzsauer ist mit der TA 210 zu führen. Der Teig soll eine TA von 172 haben und noch 1,5% Hefe, 1,8% Salz und 0,4% Brotgewürz erhalten.

(A) Berechnen Sie die Zutaten für den Kurzsauer.

(B) Berechnen Sie die restlichen Zutaten, die bei der Teigbereitung noch beizuwiegen sind.

3 Erstellen Sie das Führungsschema für den Kurzsauer und den Teig für Weizenmischbrot (RM : WM = 40 : 60) bei folgenden Vorgaben: 45 kg Gesamtmehl (60kg Gesamtmehl).

(A) **Kurzsauer** Anstellgut 20% von der zu versäuernden Roggenmehlmenge, 60% des Roggenmehls müssen versäuert werden, TA 190, Temperatur 35 °C, Reifezeit 3,5 Stunden

(B) **Teig** TA 168, 2,2% Hefe, 1,8% Salz, 0,4% Brotgewürz, Temperatur 27 °C

Welche Temperatur muss das Wasser für den Kurzsauer und den Teig jeweils haben, wenn das Mehl 18 °C und das Anstellgut 10 °C hat?

### 23.3.2 Die Detmolder Einstufenführung

Gegenüber der Berliner Kurzsauerführung wird der Detmolder Einstufensauer fester und kühler geführt. Seine Abstehzeit liegt dadurch zwischen 15 und 24 Stunden.

Die Menge des Anstellgutes ist abhängig von der Temperatur des Kurzsauers.

Die Detmolder Einstufenführung wird wie der Berliner Kurzsauer berechnet. (Siehe Musterlösung Seite 143.)

## Übungsaufgaben

1 Bäckermeister Schubert möchte aus 40 kg Roggenschrot Vollkornbrote herstellen. Er entscheidet sich für die Detmolder Einstufenführung, mit der er 20% des Gesamtmehls versäuert. Das Anstellgut muss 24% des Sauermehls wiegen, den Sauerteig will er mit einer TA 180 führen. Die TA des Teiges hingegen legt er mit 178 fest. Für den Teig hat er eine Zugabe von 1,5% Hefe und 1,8% Salz berechnet. Welche einzelnen Mengen hat er für den Sauerteig und den Hauptteig abzuwiegen?

2 Berechnen Sie die Werte für den Kurzsauer und den Teig nach den unten angegebenen Werten.

| | (A) | (B) | (C) | (D) | (E) |
|---|---|---|---|---|---|
| Gesamte Mehlmenge | 50 kg | 60 kg | 45 kg | 40 kg | 60 kg |
| Mehlmischung RM : WM | 80:20 | 70:30 | 60:40 | 20:80 | 40:60 |
| Zu versäuerndes RM | 40% | 40% | 40% | 60% | 50% |
| Anstellgut in % vom zu versäuernden RM | 10% | 20% | 20% | 10% | 5% |
| TA des Kurzsauers | 180 | 180 | 180 | 180 | 180 |
| TA des Teiges | 174 | 174 | 171 | 166 | 168 |
| Hefe | 1,2% | 1,3% | 1,4% | 1,8% | 1,6% |
| Salz | 1,8% | 1,8% | 1,8% | 1,8% | 1,8% |

### 23.3.3 Die Salzsauerführung

Der Salzsauer wird warm und weich geführt. Sein besonderes Merkmal besteht darin, dass 2% Salz bereits der zu versäuernden Roggenmehlmenge zugesetzt werden (diese 2% beziehen sich also auf die zu versäuernde Roggenmehlmenge). Auf Grund der konservierenden Wirkung des Salzes kann die Reifezeit auf 15 Stunden bis zu 3 Tagen ausgedehnt werden.

Dem Hauptteig wird das restliche Salz noch zugesetzt, diese Prozentangabe bezieht sich dann wieder auf die gesamte Mehlmenge.

## Übungsaufgaben

**1** Für ein Mischbrot (RM : WM = 50 : 50) soll 24 Stunden vor der Herstellung des Hauptteiges ein Salzsauer angesetzt werden. Der Hauptteig ist mit 60 kg Mehlmischung bei einer TA von 170, 1,8% Salzzugabe und 3% Hefe herzustellen.

Der Sauerteig soll nach folgenden Angaben vorbereitet werden: 40% des Roggenmehls sind zu versäuern, das Anstellgut muss $\frac{1}{3}$ vom Sauermehl wiegen, TA 200 und 2% Salzzugabe.

Ⓐ Berechnen Sie die einzelnen Mengen für den Salzsauer.

Ⓑ Wie viel Roggenmehl, Weizenmehl, Wasser, Hefe und Salz müssen beim Hauptteig noch zugegeben werden? Beachten Sie, dass bei der Salzsauerführung im Sauerteig schon Salz enthalten ist.

Ⓒ Überprüfen Sie die Einzelergebnisse mit der Probe[1].

**2** Der Auszubildende Mark erhält von seinem Meister am Samstag den Auftrag, einen Salzsauer mit der TA 200, 2% Salz und 1\3 des zu versäuernden Roggenmehls als Anstellgut herzustellen. Der Salzsauer wird am darauf folgenden Montag für folgende Teige verwendet:

| Brotart | RM:WM | Gesamtmehl | zu versäuerndes Roggenmehl |
|---|---|---|---|
| Weizenmischbrot | 20:80 | 40 kg | 60% |
| Weizenmischbrot | 40:60 | 50 kg | 40% |
| Roggenmischbrot | 70:30 | 60 kg | 35% |

Ⓐ Mit wie viel kg Roggenmehl muss Mark den Sauerteig ansetzen?

Ⓑ Wie viel kg Anstellgut, Wasser und Salz braucht er für den Salzsauer?

Ⓒ Wie viel kg Salzsauer muss er am Montag für die einzelnen Teige abwiegen?

Ⓓ Wie viel Mehl, Wasser, Hefe und restliches Salz hat er bei der Teigbereitung vorzubereiten, wenn die einzelnen Brotteige wie folgt geführt werden sollen.

Ⓔ Vergessen Sie die Probe nicht.

| | TA | Salz | Hefe |
|---|---|---|---|
| Weizenmischbrotteig (20:80) | 166 | 1,8% | 3,3% |
| Weizenmischbrotteig (40:60) | 168 | 1,8% | 3,0% |
| Roggenmischbrotteig (70:30) | 173 | 1,8% | 2,7% |

[1] Zur Erinnerung: Gesamte Mehlmenge · (TA in % + Hefe in % + Salz in %) muss gleich der gesamten Teigmenge sein.

**3** Bei Weizenmischbrot sollen 15% des Gesamtmehls versäuert sein.

Ⓐ Wie viel kg reifen Salzsauer braucht man dann für Weizenmischbrot, das aus 50 kg Gesamtmehl hergestellt werden soll?
Der Salzsauer ist mit der TA 200 und 2% Salz angesetzt worden.

Ⓑ Wie viel g Salz sind in der abgewogenen Sauerteigmenge enthalten?

**4** Wie viel kg Salzsauer, der mit TA 200 und 2% Salz angesetzt worden ist, muss man jeweils abwiegen:

Ⓐ für einen Roggenmischbrotteig, der mit 60 kg Gesamtmehl hergestellt wird?
Die versäuerte Roggenmehlmenge im Salzsauer muss 25% vom Gesamtmehl betragen.

Ⓑ für einen Mischbrotteig, der mit 70 kg Gesamtmehl hergestellt wird und bei dem der Sauermehlanteil 20% vom Gesamtmehl betragen soll?

# 24 Die Kalkulation

## 24.1 Einführung in die Kalkulation

Jeder Gewerbetreibende oder, allgemeiner, jedes Unternehmen muss laufend Kalkulationen, d.h. Berechnungen zur Preisermittlung durchführen. Wenn jemand Waren herstellt, um sie anschließend zu verkaufen (Produktion) oder Waren ein- und wieder verkauft (Handel), muss er wissen, was er für das, was er verkaufen will, zunächst einmal selbst aufgewendet hat. Das sind seine Kosten.

Dann muss er sein eigenes Einkommen, also das, was er in einem anderen Betrieb mindestens verdienen würde, hinzurechnen.

Aus seinen Kosten und seinem geplanten Gewinn (zuzüglich der Mehrwertsteuer) ergibt sich dann der (Mindest-) Preis, zu dem er die Waren verkaufen muss. Kalkulation heißt also: Wie hoch muss der Ladenpreis sein, damit alle Kosten und ein angemessener Lohn (Unternehmerlohn) abgedeckt sind?

Man erkennt hieraus, wie wichtig für ein Unternehmen Kalkulationen sind, weil andernfalls ein Weiterbestehen am Markt und damit auch die Sicherheit der Arbeitsplätze für alle Mitarbeiter gefährdet wäre.

Stellt ein Betrieb nur eine einzige Ware her, ist die Ladenpreisberechnung relativ einfach. Schwieriger wird es aber, wenn viele unterschiedliche Erzeugnisse gleichzeitig produziert werden. Dies ist in der Bäckerei der Fall. Hier wird man einen Kompromiss schließen müssen zwischen ganz genauen Kalkulationen mit großem finanziellen sowie zeitlichem Aufwand und Kalkulationsmethoden, die nur „hinreichend genau“ sind. Selbstverständlich ersetzen diese nicht die Notwendigkeit, mindestens einmal im Jahr Kosten und Erträge genau zu ermitteln.

Die nachfolgend beschriebenen, in der Bäckerei üblichen Kalkulationsverfahren zeichnen sich dadurch aus, dass sie einfach zu handhaben sind (meist nur Dreisatzrechnungen), schnell durchgeführt werden können und dennoch so genau sind, dass die ermittelten (kalkulierten) Ladenpreise eine gute Orientierungshilfe für die endgültige Preisfestsetzung sind.

## 24.2 Das Kalkulationsschema

**Materialkosten (MK)**

Wenn ein Betrieb etwas produzieren will, muss er Rohstoffe einsetzen = Materialkosten. Grundlage hierfür sind die Einkaufspreise. Materialverluste und Schwund müssen an dieser Stelle bereits berücksichtigt werden.

**+ Betriebskosten (BK), auch Gemeinkosten genannt**

Es muss auch eine Betriebsstätte vorhanden sein, also Räume mit Maschinen und Strom, und natürlich Mitarbeiter (Löhne/Gehälter) = Betriebskosten.

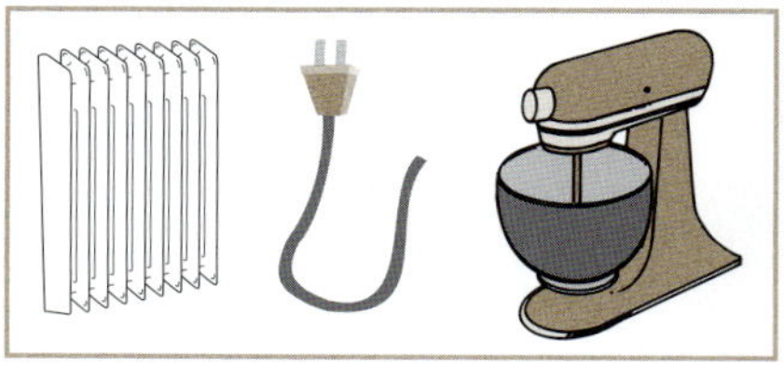

## = Selbstkosten (SK)

Es sind die Gesamtkosten, die bei der Herstellung und dem Verkauf entstehen. Sie umfassen die Material- und die Betriebskosten. Diesen Betrag muss der Meister erst einmal selber vorlegen.

## + Gewinn und Risisko (G + R)

Der Bäcker hat aber auch Anspruch auf ein eigenes Einkommen, auf Zinsen für sein Kapital und einen Wagniszuschlag, z.B. für liegengebliebene Ware = Gewinn und Risiko.

## = Nettoverkaufspreis (NVP)

Addiert man zu den Selbstkosten den Gewinn, so erhält man den Nettoverkaufspreis. Alle Erlöse aus dem NVP sind die Einnahmen des Betriebes.

## + Mehrwertsteuer[1] (MWSt)

Allen Nahrungsmitteln (Genussmittel 19%) werden 7% Mehrwertsteuer zugeschlagen. Der Meister kassiert die Mehrwertsteuer für das Finanzamt und führt sie anschließend ab.

## = Bruttoverkaufspreis (BVP)

Es ist der Betrag, den der Kunde für die Ware bezahlen muss (= Ladenpreis). Die Mehrwertsteuer ist in diesem Betrag enthalten. Der BVP ist demnach immer ein erhöhter Grundwert, z.B. 107% bzw. 119%.

## Zusammenfassung

**Materialkostenen**

+ Betriebskosten

**Selbstkosten** + Gewinn

**Nettoverkaufspreis** + MWSt

**Bruttoverkaufspreis** = Ladenpreis

[1] Der Begriff Mehrwertsteuer kann auch durch das Wort Umsatzsteuer ersetzt werden.

Daraus ergibt sich:

Kalkulationen müssen durchgeführt werden,

a) um die Selbstkosten für jedes Produkt zu ermitteln.

b) um einen angemessenen Gewinn einzuplanen.

c) um den Verkaufspreis zu berechnen.

d) um auszurechnen, ob bei einem bestimmten Ladenpreis, den der Bäckermeister z.B. aus Konkurrenzgründen anders festlegen musste, noch ein ausreichender Gewinn erzielt wird.

## 24.3 Berechnung der Materialkosten

Die Materialkosten berechnen wir, indem wir die Zutatenmengen für einen Teig in Kilogramm umwandeln und mit dem Kilopreis multiplizieren bzw. die Anzahl der Einheiten mit dem Preis je Einheit multiplizieren (z.B. Eier). Sind die Materialkosten z.B. für die fünffache Menge eines Rezeptes gefragt, so errechnet man erst die Zutatenmengen und anschließend dann die Materialkosten, um Rundungsfehler zu vermeiden.

Die Kosten für das Wasser als Schüttflüssigkeit werden hier nicht mit einbezogen, da sie in den Betriebskosten enthalten sind.

### Musteraufgabe

Berechnen Sie die Materialkosten für 1 kg Weizenmischbrot, wenn die Backausbeute 140 beträgt.

### *Musterlösung*

Zuerst werden die Materialkosten für den Teig gemäß Rezeptur und anschließend für 1 kg Brot entsprechend der angegebenen Backausbeute berechnet.

**1. Materialkosten Teig**

Wir legen ein Rezepturblatt an und füllen es mit den Angaben, die wir bereits aus der Aufgabe oder den Einkaufs-Preislisten haben.

**Rezepturblatt**

| Mengen | Zutaten | Preis je Einheit | Betrag |
|---|---|---|---|
| 36,000 kg | Weizenmehl | 34,00 €/dt | 12,24 € |
| 24,000 kg | Roggenmehl | 32,00 €/dt | 7,68 € |
| 42,000 kg (l) | Wasser | – | – |
| 1,080 kg | Salz | 0,72 €/kg | 0,78 € |
| 0,900 kg | Hefe | 1,40 €/kg | 1,26 € |
| | + Streumehl für insgesamt | | 0,20 € |
| 103,980 kg | Teig | | **22,16 €** |

Jetzt errechnen wir die Spalte „Betrag“:

Weizenmehl: 1 dt = 100 kg ≙ 34,00 €

$$1\text{ kg} \mathrel{\hat{=}} \frac{34{,}00}{100} = 0{,}34\ €$$

$$36\text{ kg} \mathrel{\hat{=}} 0{,}34 \cdot 36 = 12{,}24\ €$$

Dreisatz: $\frac{34 \cdot 36}{100}$ = **12,24 €**

Roggenmehl: s. Weizenmehl

Dreisatz: $\frac{32{,}00 \cdot 24}{100}$ = **7,68 €**

Salz: Dreisatz: $\frac{0{,}72 \cdot 1{,}080}{1}$ = **0,78 €**

Hefe: Dreisatz: $\frac{1{,}40 \cdot 0{,}900}{1}$ = **1,26 €**

Streumehl: ergibt sich aus der betrieblichen Praxis = **0,20 €**

Am Schluss werden die Spalten „Mengen“ und „Betrag“ aufsummiert, sodass sich ergibt:

**103,980 kg Teig kosten 22,16 €.**

**2. Materialkosten für 1 kg Brot**

60 kg Mehl (36 kg WM + 24 kg RM) = $\frac{140 \cdot 60}{100}$ = 84 kg Brot (siehe Backausbeute)

Für die Herstellung von 84 kg Brot kosten die Rohstoffe insgesamt 22,16 €.

84 kg ≙ 22,16 €

$$1\text{ kg} \mathrel{\hat{=}} \frac{22{,}16}{84} = 0{,}26\ €$$

**Die Materialkosten für 1 kg Weizenmischbrot betragen 0,26 €.**

## Übungsaufgaben

1 Berechnen Sie die Materialkosten für 1 kg Weizenmischbrot bei einer Backausbeute von 143.

| Mengen | Zutaten | Preis je Einheit | Betrag |
|---|---|---|---|
| 42,000 kg | Weizenmehl | 34,00 €/dt | ? |
| 18,000 kg | Roggenmehl | 32,00 €/dt | ? |
| 40,800 kg (l) | Wasser | – | |
| 1,200 kg | Salz | 0,70 €/kg | ? |
| 0,950 kg | Hefe | 1,40 €/kg | ? |
| | Streumehl für insgesamt 0,20 € | | ? |

**2** Berechnen Sie die Materialkosten für 1 kg Brot, das jeweils bei indirekter Führung (mit Sauerteig) nach folgenden Angaben hergestellt wird:

| Brotsorte | Gesamtmehl | RM : WM | Hefe | Salz | Backausbeute |
|---|---|---|---|---|---|
| Ⓐ Roggenmischbrot (Dreistufensauer) | 50 kg | 80 : 20 | – | 1,8% | 152 |
| Ⓑ Roggenmischbrot (Zweistufensauer) | 80 kg | 70 : 30 | 1,4% | 1,8% | 150 |
| Ⓒ Mischbrot (Einstufensauer) | 60 kg | 50 : 50 | 1,8% | 1,8% | 148 |

| | |
|---|---|
| Roggenmehl | 32,00 €/dt |
| Weizenmehl | 34,00 €/dt |
| Hefe | 1,40 €/kg |
| Salz | 0,70 €/kg |

**3** Rezept für Brötchen:

| Mengen | Zutaten | Preis je Einheit | Betrag |
|---|---|---|---|
| 40,000 kg | Weizenmehl | 38,00 €/dt | ? |
| 24,000 kg (l) | Wasser | – | |
| 2,000 kg | Backmittel | 3,70 €/kg | ? |
| 2,000 kg | Hefe | 1,40 €/kg | ? |
| 0,700 kg | Salz | 0,70 €/kg | ? |
| 0,900 kg | Streumehl | 0,30 €/kg | ? |

Ⓐ Berechnen Sie die Materialkosten für den Teig.

Ⓑ Wie viele Brötchen mit je 46 g erhält man, wenn Gär- und Backverlust insgesamt 22% betragen?

Ⓒ Wie hoch sind die Materialkosten für 100 Brötchen?

**4** Wie hoch sind die Materialkosten für ein 500 g schweres Toastbrot, das nach folgenden Angaben hergestellt werden soll:

| Mengen | Zutaten | Preis je Einheit | Betrag |
|---|---|---|---|
| 10,000 kg | Weizenmehl | 0,38 €/kg | ? |
| ......... kg | Wasser (TA 158) | – | |
| ......... kg | Hefe 4% | 1,40 €/kg | ? |
| ......... kg | Salz 2% | 0,70 €/kg | ? |
| ......... kg | Milchpulver = 0,8% | 4,70 €/kg | ? |
| ......... kg | Butterreinfett = 4,2% | 3,40 €/kg | ? |
| ......... kg | Zucker = 0,1% | 0,94 €/kg | ? |
| ......... kg | Streumehl = 0,1% | 0,30 €/kg | ? |

Das Rezept ergibt 30 Toastbrote mit je 500 g Backgewicht.

**5** Berechnen Sie die Materialkosten für 15 kg (12 kg) Hefeteig.

| Mengen | Zutaten | Preis je Einheit | Betrag |
|---|---|---|---|
| 1000 g | Mehl | 0,40 €/kg | ? |
| 525 g (ml) | Milch | 0,60 €/kg | ? |
| 120 g | Zucker | 0,94 €/kg | ? |
| 125 g | Butter | 3,30 €/kg | ? |
| 150 g | Eier | 1,70 €/kg | ? |
| 60 g | Hefe | 1,40 €/kg | ? |
| 20g | Salz | 0,70 €/kg | ? |

**6** Wie teuer ist 1 kg Plunderteig, wenn in den Hefeteig von Aufgabe Nr. 5 30% Ziehfett (2,40 €/kg) eingezogen werden?

**7** Rezept für Löffelbiskuits:

| Mengen | Zutaten | Preis je Einheit | Betrag |
|---|---|---|---|
| 30 Stück | Eier mit je 50 g | 0,11 €/Stück | ? |
| 625 g | Zucker | 0,90 €/kg | ? |
| 375 g | Mehl | 0,40 €/kg | ? |
| 325 g | Weizenpuder | 0,80 €/kg | ? |
| | Aromen für insgesesamt | 0,30 € | ? |

Bei der Herstellung bleiben 5% der Masse an den Geräten haften.

(A) Wie viele Päckchen Löffelbiskuits mit 125 g Füllgewicht können verkauft werden, wenn der Backverlust 34% beträgt?

(B) Wie hoch sind die Materialkosten je Päckchen?

**8** Rezept für Haselnussmakronen:

| Mengen | Zutaten | Preis je Einheit | Betrag |
|---|---|---|---|
| 1250 g | geriebene Haselnüsse | 4,50 €/kg | ? |
| 1250 g | Zucker | 0,94 €/kg | ? |
| 600 g | Eiklar | 1,60 €/kg | ? |
| | Gewürze für insgesamt | 0,40 € | ? |

(A) Wie teuer ist 1 kg der abgerösteten Masse, wenn 2% Verarbeitungsveriuste entstehen?

(B) Wie hoch sind die Materialkosten für 125 g Haseinußmakronen, wenn der Backverlust 12% beträgt?

9 Rezept für Quarktaschen:

| | Mengen | Zutaten | Preis je Einheit | Betrag |
|---|---|---|---|---|
| *Plunderteig:* | | | | |
| | 1000 g | Hefeteig | 0,80 €/kg | ? |
| | …… | Ziehfett 30% | 2,40 €/kg | ? |
| *Füllung:* | | | | |
| | 500 g | Quark | 1,60 €/kg | ? |
| | 100 g | Eier (zwei Stück) | 0,10 €/St. | ? |
| | 100 g | Zucker | 0,94 €/kg | ? |
| | 70 g | Milch | 0,60 €/l | ? |
| | 30 g | Krempulver | 2,90 €/kg | ? |
| | 5 g | Gewürze | 6,00 €/kg | ? |

Berechnen Sie die Materialkosten für eine Quarktasche, die aus 65 g eingezogenem Hefeteig und 25 g Quarkfüllung besteht.

10 Rezept für Mürbeteig:

| Mengen | Zutaten | Preis je Einheit | Betrag |
|---|---|---|---|
| 700 g | Zucker | 0,94 €/kg | ? |
| 1300 g | Butter | 3,40 €/kg | ? |
| 2400 g | Mehl | 0,40 €/kg | ? |
| 100 g | Eier (zwei Stück) | 0,11 €/St. | ? |
| 10 g | Gewürze | 6,00 €/kg | ? |

Ⓐ Berechnen Sie die Materialkosten für einen Tortenboden mit 325 g Teiggewicht.

Ⓑ Wie hoch sind die Materialkosten für einen Tortenboden (325 g Teiggewicht), wenn für den Teig an Stelle von Butter eine billige Margarine zu 2,70 €/kg verwendet wird?

Ⓒ Um wie viel Prozent sind die Materialkosten beim Tortenboden, der aus dem teureren Teig hergestellt wird, höher?

## 24.4 Berechnung der Betriebskosten (Gemeinkosten)

Betriebskosten sind die Kosten, die ganz allgemein durch den Bäckereibetrieb entstehen, also keine Materialkosten sind. Um überhaupt Backwaren herstellen zu können, braucht der Bäckermeister ja Betriebsräume und Maschinen, Mitarbeiter, Strom, Wasser, Versicherungen usw.[1]

Die hierfür anfallenden Ausgaben werden in der Buchhaltung zu den einzelnen Kostenarten (Kostenblöcken) zusammengefasst. Nachfolgend sind als Beispiel die Betriebskosten der Bäckerei Hoffmann für das abgelaufene Geschäftsjahr aufgeführt:

[1] In der betriebswirtschaftlichen Fachliteratur bezeichnet man die meisten dieser Kosten als „Gemeinkosten". Sie fallen allgemein für alle produzierten Waren an (etwa die Beleuchtungskosten) und lassen sich gewöhnlich nicht für die Herstellung einzelner Gebäcke herausrechnen. Entsprechend der Vorgabe des Rahmenlehrplanes fassen wir hier alle Kosten, die nicht Materialkosten sind (Materialeinzelkosten lt. Rezeptur), als Betriebskosten zusammen.

| | |
|---|---|
| Personalkosten | 438 000,00 € |
| Maschinen und Reparatur | 82 000,00 € |
| Miete bzw. Gebäudekosten | 56 000,00 € |
| Strom, Öl, Gas und Wasser | 28 000,00 € |
| Gewerbesteuer | 20 000,00 € |
| Kraftfahrzeugkosten | 24 000,00 € |
| Zinsen | 15 000,00 € |
| Bürokosten | 36 000,00 € |
| Versicherungen und Beiträge | 14 000,00 € |
| Verpackungsmaterial | 15 000,00 € |
| **Gesamte Betriebskosten** | **728 000,00 €** |

Bäckermeister Hoffmann steht nun vor dem Problem, diese Kosten in die Kalkulation der vielfältigen Backwaren einzubringen, d.h. diese allgemeinen Kosten auf das einzelne Erzeugnis umzulegen. Dies wäre einfach, wenn das ganze Jahr über nur ein Produkt hergestellt würde, was aber leider nicht der Fall ist. Wie können nun die Betriebskosten auf die einzelnen Erzeugnisse verteilt werden?

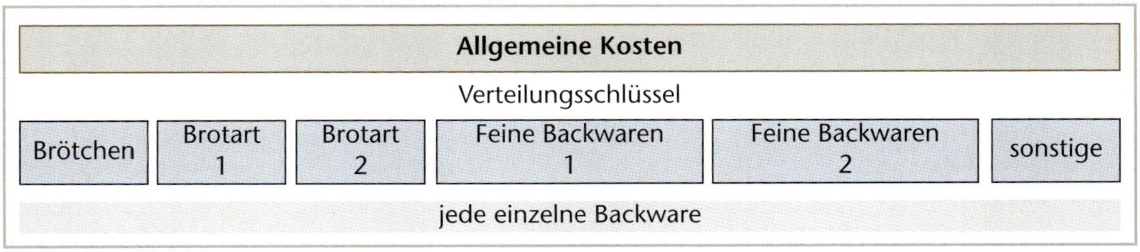


In der Preisberechnung gibt es dazu folgende Methoden:

a) Die Betriebskosten werden in Prozent den Materialkosten hinzugerechnet.

b) Die Betriebskosten werden auf die Arbeitszeit, die man für die Herstellung einer Backwarenart braucht, umgerechnet.

c) Die Betriebskosten werden auf 1 kg Mehlverbrauch umgerechnet. Wenn Herr Hoffmann in einem Jahr 180000 kg Mehl verarbeitet hätte, so müsste er

   728000 : 180000 = 4,04 €/kg bei der Kalkulation einsetzen.

   Diese Methode wurde früher angewandt, als in der Bäckerei noch die Brotherstellung ganz im Vordergrund stand. Dass diese Berechnung bei Kleingebäcken und Feinen Backwaren zu großen Verlusten führen würde, sollen die folgenden zwei Beispiele zeigen:

   Für 1000 g Brot benötigt man 0,700 kg Mehl. Die Betriebskosten sind dann
   0,700 · 4,04 € je kg Mehl = **2,83 €**

   Für 35 Plunderstücke werden ebenfalls zur Herstellung 0,700 kg Mehl verarbeitet.
   0,700 · 4,04 € je kg Mehl = **2,83 €**

   Mit 2,83 € müsste Meister Hoffmann also die Betriebskosten (BK) für 35 Plunderstücke decken. Da ein Geselle ca. 20 Minuten für die Herstellung braucht, betragen allein die Lohnkosten schon 16,50 €.

   Will ein Bäckermeister die Betriebskosten je kg Mehl in die Kalkulation trotzdem einbeziehen, so muss er die unterschiedlichen BK für die einzelnen Backwaren-Gruppen berechnen, was aber sehr aufwendig ist.

   Die Betriebskostenverteilung, die sich jeweils auf die verbrauchte Mehlmenge bezieht, wird heute nur noch in stark spezialisierten Betrieben angewendet und soll deshalb hier nicht weiter berücksichtigt werden.

### 24.4.1 Betriebskosten in Prozent der Materialkosten

**Musteraufgabe 1**

Bei dieser Kalkulationsmethode werden die Betriebskosten nach dem jeweiligen Materialverbrauch für das einzelne Gebäck berechnet (umgelegt). Das bedeutet, dass ein Produkt mit einem teuren Materialeinsatz auch einen hohen Betriebskostenanteil zugeschlagen bekommt.

Der Zuschlag erfolgt mit einer einmal im Jahr errechneten Prozentzahl zu den Materialkosten (MK) und ist für alle Gebäcke gleich.

Bäckermeister Hoffmann hat in dem abgelaufenen Geschäftsjahr 112000,00 € an Materialkosten bezahlt. Wie hoch sind die Betriebskosten (728000,00 €) in Prozent gegenüber den Materialkosten?

Gegeben: MK = 100% ≙ 112000,00 €

BK = ≙ 728000,00 €

Gesucht: Betriebskosten in Prozent

Da bei dieser Berechnung von den Materialkosten ausgegangen wird, sind die MK der Grundwert und somit 100%.

***Musterlösung zu 1***

112000,00 € ≙ 100%

$$1{,}00\ € \triangleq \frac{100}{112000}\,\%$$

$$728000{,}00\ € \triangleq \frac{100 \cdot 728000}{112000} = 650\%$$

Die Betriebskosten betragen **650%** von den Materialkosten.

**Musteraufgabe 2**

Berechnen Sie die Betriebs- und Selbstkosten (SK) für 600 Brötchen, wenn die Materialkosten 12,60 € und die Betriebskosten 610% betragen.

Gegeben: MK = 12,60 €; BK = 610%

Gesucht: Ⓐ BK in €;

Ⓑ SK in €

***Musterlösung zu 2***

zu Ⓐ 100% ≙ 12,60 €

$$610\% \triangleq \frac{24 \cdot 610}{100} = 76{,}86\ €$$

zu Ⓑ

| | |
|---|---|
| MK | = 12,60 € |
| + BK | = 76,86 € |
| SK | = 89,46 € |

Die Betriebskosten betragen **76,86 €**, die Selbstkosten **89,46 €.**

## Übungsaufgaben

1 In der Bäckerei Aumann erhöhen sich in vier aufeinander folgenden Geschäftsjahren die Material- und Betriebskosten wie folgt:

| Geschäftsjahr | 5 | 6 | 7 | 8 |
|---|---|---|---|---|
| Materialkosten in € | 135 000,00 | 137 300,00 | 138 900,00 | 144 100,00 |
| Betriebskosten in € | 796 500,00 | 815 562,00 | 829 233,00 | 867 482,00 |

Berechnen Sie die Betriebskosten in Prozent von den Materialkosten.

2 Wie hoch waren die Selbstkosten für Bäckermeister Aumann in den vier aufeinander folgenden Jahren für 100 Brötchen, wenn er mit den in Aufgabe 1 ermittelten Betriebskostensätzen rechnet? Die Materialkosten betrugen für 100 Brötchen im 5. Geschäftsjahr 2,04 €, im 6. und 7. Geschäftsjahr je 2,06 € und im 8. Geschäftsjahr 2,10 €.

3 Berechnen Sie die Betriebs- und Selbstkosten für eine mit Aprikosen gefüllte Blätterteigtasche. Die Materialkosten für 50 Stück betragen 5,40 €. An Betriebskosten sind 610% der Materialkosten einzusetzen.

4 Meister Kempf hat bei der Kalkulation von 80 Quarktaschen 6,10 € Materialkosten und 39,04 € Betriebskosten errechnet.

(A) Mit welchem Betriebskostensatz hat er kalkuliert?

(B) Wie viel € kostet ihn die Herstellung einer Quarktasche?

## 24.4.2 Betriebskosten nach der Produktionszeit

Bei der Berechnung der Betriebskosten gingen wir im vorigen Kapitel von den Materialkosten aus. Waren die Materialkosten niedrig, so blieben auch die Betriebskosten niedrig. Die Materialkosten sind aber von Gebäck zu Gebäck unterschiedlich. Zu welch großen Unterschieden dies bei den Betriebskosten führt, zeigt das Beispiel mit Blätterteig, der einmal mit Ziehfett und einmal mit Butter hergestellt ist.

| | | | | |
|---|---|---|---|---|
| 1 kg Blätterteig mit Butter: | MK = 1,50 € | **BK = 650%** | ➠ | BK = 9,75 € |
| 1 kg Blätterteig mit Ziehfett: | MK = 1,02 € | **BK = 650%** | ➠ | BK = 6,63 € |
| | | Unterschied | | = 3,12 € |

Obwohl sich die Arbeitszeit und der sonstige Aufwand nicht ändern, werden einmal 9,75 € und dann nur 6,63 € je kg für die Betriebskosten errechnet. Dies führt zu sehr unterschiedlichen Ladenpreisen (siehe Seite 162).

Ein weiterer großer Nachteil dieser Betriebskostenberechnung (BK in % der MK) besteht dann, dass für alle Backwaren ein durchschnittlicher Arbeitsaufwand zu Grunde gelegt wird. Die Arbeitszeiten sind aber sehr unterschiedlich, z.B. bei Mischbrot und bei Plundergebäck. Betriebskostenberechnungen, die die Arbeitszeit einbeziehen, zeigen auf, dass z.B. 650% Betriebskosten beim Mischbrot zu hoch und beim Plunder zu niedrig sind. Der Bäckermeister erfährt somit nie genau, welchen Gewinn er bei jeder einzelnen Gebäckart tatsächlich erzielt.

Eine sehr viel bessere Ermittlung der Betriebskosten in der Bäckerei wird erreicht, wenn die Herstellungskosten auf die Arbeitszeit umgelegt werden. Diese Methode ist schon deshalb zu empfehlen, weil die Lohnkosten teilweise mehr als 60% der Betriebskosten ausmachen.

Wie werden nun die Betriebskosten auf die Arbeitszeit verteilt?

Zunächst werden die gesamten Arbeitsstunden innerhalb eines Jahres ermittelt.

In der Bäckerei Hoffmann sind in der Backstube beschäftigt:

| | |
|---|---|
| Meister mit | 960 Stunden im Jahr[1] |
| 5 Gesellen mit je 1920 Stunden im Jahr = | 9600 Stunden im Jahr |
| 2 Auszubildende mit je 600 Stunden im Jahr = | 1200 Stunden im Jahr[2] |
| Gesamte Arbeitszeit: | 11760 Stunden im Jahr |

Der Bäckerei Hoffmann entstanden in einem Jahr 728 000,00 € an BK.

Ihre Betriebskosten je Arbeitsstunde sind dann $\frac{728000{,}00\ €}{11760\ \text{Std.}} = \mathbf{61{,}90\ €}$.

**Die Betriebskosten für eine Arbeitsstunde je Beschäftigten =**

$$\frac{\textbf{gesamte Betriebskosten eines Jahres}}{\textbf{gesamte Arbeitsstunden eines Jahres}}$$

Da jetzt alle Betriebskosten auf eine Arbeitsstunde umgerechnet (umgelegt) sind, bezeichnet man den errechneten Betrag als Stundenkostensatz.

### Rechnen mit dem Stundenkostensatz (SKS)

#### Musteraufgabe

In einer Arbeitsstunde werden in der Bäckerei Hoffmann 120 Blätterteigstücke hergestellt (= Stundenleistung). Die MK betragen für 100 Stück 6,10 €.

Wie hoch sind die Betriebs- und die Selbstkosten für 100 Blätterteigstücke bei einem Stundenkostensatz von 61,90 €?

Gegeben: MK für 100 Stück = 6,10 €, SKS = 61,90 €,
Stundenleistung = 120 Stück

Gesucht: Ⓐ BK für 100 Stück
Ⓑ SK für 100 Stück

#### *Musterlösung*

zu Ⓐ In einer Arbeitsstunde werden 120 Stück Blätterteig hergestellt. Eine Betriebsstunde kostet 61,90 €. Daraus ergibt sich folgender Ansatz:

120 Stück ≙ 61,90 €

$$100\ \text{Stück} \triangleq \frac{61{,}90\ € \cdot 100}{120} = 51{,}58\ €\ \text{Betriebskosten}$$

zu Ⓑ

| | | |
|---|---|---|
| | MK für 100 Stück = | 6,10 € |
| + | BK für 100 Stück = | 51,58 € |
| = | SK für 100 Stück = | 57,68 € |

Für 100 Blätterteigstücke betragen die Betriebskosten **51,58 €**, die Selbstkosten **57,68 €.**

Berechnen Sie zum Vergleich, wie viel Prozent die Betriebskosten von den Materialkosten betragen.

[1] Der Meister ist hauptsächlich mit Organisationsaufgaben, Einkauf, Verwaltung usw. beschäftigt, deshalb werden für die Backstube hier nur 960 Stunden angesetzt.

[2] Der Auszubildende ist nur 4 Tage je Woche im Betrieb, und er hat auch mehr Urlaubstage als ein Geselle. Ferner wird seine Arbeitsleistung mit 40 – 50% eines Gesellen angesetzt.

Die Kalkulation mit dem Stundenkostensatz setzt eine gewissenhafte Zeitmessung bei den einzelnen Herstellungsstufen für ein bestimmtes Gebäck voraus. Die gesamte Arbeitszeit setzt sich zusammen aus:

**Rüstzeit ca. 8 Minuten**

Vorbereitungs- und Nachbereitungsarbeiten (Aufbau, Umbau und Abbau von Maschinen, Rezepte umrechnen, Zutaten heranholen und wieder zurückstellen). Die Rüstzeit ist in weiten Bereichen gleichbleibend, ob nur 1 Brot oder 100 Brote hergestellt werden.

\+ **Grundzeit oder Tätigkeitszeit**

Arbeitszeiten für Einwiegen, Überwachung des Knetprozesses, Auswiegen, Wirken, Formen, Schießen, Ausbacken, Abtransport der Brote. Diese Zeiten werden mit der Stoppuhr gemessen und dann addiert.

\+ **Verteilzeit ca. 30% von der Grundzeit**

Zeitaufwand für das Reinigen des Arbeitsplatzes und der Maschinen, Wartung und Pflege der Maschinen, mögliche Störungen beheben, Händewaschen, Trinken sowie z.B. Gespräche während der Arbeitszeit.

= **Auftragungszeit bzw. gesamte Arbeitszeit**

Die Auftragungszeit (gesamte Arbeitszeit) beträgt dann für die Herstellung von 100 Hörnchen:

| | | | |
|---|---|---|---|
| | Rüstzeit | = | 8,0 Minuten (Durchschnittswert) |
| | Grundzeit | = | 25,0 Minuten (mit der Stoppuhr gemessen) |
| + | Verteilzeit | = | 7,5 Minuten (30% von 25 Minuten) |
| | Auftragungszeit | = | **40,5 Minuten** |

## Übungsaufgaben

1. Berechnen Sie die Betriebs- und Selbstkosten für 100 Blätterteigstücke, wenn die Materialkosten 5,80 € für 100 Stücke betragen. In einer Stunde werden 110 Stücke hergestellt und eine Betriebsstunde kostet 63,00 € (SKS).

2. Der zweite Geselle von der Bäckerei Hoffmann stellt in einer Stunde 125 Blätterteigstücke her.

   Wie hoch sind dann die Betriebs- und Selbstkosten für 100 Stück?
   SKS und MK sind von Aufgabe 1 zu übernehmen.

3. Bäckermeister Stöppel errechnet für 100 Brötchen einen Materialeinsatz (MK) von 2,10 €. Eine Arbeitskraft stellt in einer Stunde 430 Brötchen her. Der Stundenkostensatz beträgt 61,00 €.

   Welche Betriebs- und welche Selbstkosten muss Meister Stöppel für 480 Brötchen ansetzen?

4. Meister Kühn ist ein Berufskollege von Herrn Stöppel. Da er die Brötchenherstellung stärker automatisiert hat, werden in seiner Bäckerei 650 Brötchen je Stunde bei einem Stundenkostensatz von 70,00 € hergestellt. Seine Materialkosten betragen ebenfalls 2,10 € je 100 Stück.

   (A) Berechnen Sie die Selbstkosten für 100 Brötchen.

   (B) Welcher Meister hat die niedrigeren Selbstkosten?

**5** In der Bäckerei Stromberger werden von einem Gesellen innerhalb von 66 Minuten Arbeitszeit 40 Kilobrote hergestellt. An Materialkosten fallen für 40 Brote 12,80 € an.

Ⓐ Wie hoch sind die Betriebskosten für die 40 Brote bei einem Stundenkostensatz von 65,00 €?

Ⓑ Wie hoch sind die Selbstkosten für 1 kg Brot?

**6** Wenn in der Bäckerei Stromberger zwei Gesellen zusammenarbeiten, produzieren sie in 38 Minuten 50 Kilobrote.

Ⓐ Berechnen Sie die Selbstkosten für 50 Brote. (Stundenkostensatz für eine Person = 65,00 €, Materialkosten für 40 Brote = 12,80 €.)

Ⓑ Wie hoch sind die Ausgaben (SK) für 1 kg Brot?

Große Chargen (Mengen) verringern die Betriebskosten, da die Rüstzeit immer 8 Minuten beträgt, ob nun 20 oder 60 Brote hergestellt werden. Auch für das Einwiegen der Zutaten und die Überwachung des Knetvorganges ist die Grundzeit (Tätigkeitszeit) bei 60 Broten nicht dreimal so lang wie bei 20.

**7** Meister Binder hat in seinem Betrieb für die einzelnen Chargen folgende Grundzeiten gestoppt:

Grundzeit für die Herstellung von: 20 Broten = 23 Minuten
40 Broten = 41 Minuten
60 Broten = 56 Minuten

Die Rüstzeit ist immer gleichbleibend 8 Minuten lang, und an Verteilzeit werden den Grundzeiten auch jeweils 30% zugeschlagen.

Ⓐ Berechnen Sie die Auftragungszeiten (ges. Arbeitszeiten) für 20, 40 und 60 Brote.

Ⓑ Welche Auftragungszeit ergibt sich jeweils für 1 Brot?

Ⓒ Wie hoch sind die Betriebskosten für 1 Brot bei den einzelnen Chargen, wenn der Stundenkostensatz 58,00 € beträgt?

**8** Bäckermeister Ettner vergleicht seine Betriebskosten bei der Herstellung von gestüpfelten Brötchen.

| | | 400 Brötchen | 800 Brötchen | 1200 Brötchen |
|---|---|---|---|---|
| | gemessene Grundzeit | 47 Minuten | 85 Minuten | 125 Minuten |
| + | 30% Verteilzeit | ? Minuten | ? Minuten | ? Minuten |
| + | Rüstzeit | 8 Minuten | 8 Minuten | 8 Minuten |
| = | Auftragungszeit | ? Minuten | ? Minuten | ? Minuten |

Ⓐ Berechnen Sie jeweils die Verteil- und Auftragungszeit.

Ⓑ Wie viel Minuten Auftragungszeit errechnen Sie für 100 Brötchen bei den unterschiedlichen Mengen?

Ⓒ Zu welchem Ergebnis wird Meister Ettner kommen, wenn er die Betriebskosten für 100 Brötchen miteinander vergleicht? Eine Betriebsstunde kostet gleichbleibend 57,00 €.

### Betriebskosten je Betriebsstunde

Sollen bei der Kalkulation die Betriebskosten je Betriebsstunde berechnet werden, so muss der Stundenkostensatz mit der Anzahl der Beschäftigten in der Backstube multipliziert werden. Diese Methode setzt jedoch voraus, dass alle Beschäftigten gemeinsam das gleiche Produkt (Gebäck) herstellen. Da das in der Praxis nur selten der Fall ist, soll diese Betriebskostenberechnung mit dem folgenden Beispiel nur kurz aufgezeigt werden:

**Beispiel**

In der Backstube arbeiten 1 Meister, 2 Gesellen und 1 Auszubildender (40% der Arbeitsleistung eines Gesellen) = 3,4 Arbeitskräfte.

Wenn der Stundenkostensatz 61,00 € beträgt, so ergeben sich 61,00 € · 3,4 Arbeitskräfte = 207,40 € Betriebskosten je Betriebsstunde.

**Betriebskosten je Betriebsstunde = Stundenkostensatz · Anzahl der Arbeitskräfte**

## 24.5 Berechnung von Gewinn und Risiko sowie der Mehrwertsteuer

### Gewinn und Risiko

Bei seiner Preisberechnung muss der Meister davon ausgehen, dass er nicht alle produzierten Backwaren verkaufen kann. Für liegengebliebene Waren muss er deshalb einen Risikoaufschlag einplanen, der bei Kleingebäck zwischen 5 und 12% und bei Brot bei ca. 3% der Selbstkosten liegt.

Auch für seine Unternehmertätigkeit mit all den damit verbundenen Mühen, Sorgen, finanziellen Gefahren und dem persönlichen Einsatz hat der Meister einen Anspruch auf einen angemessenen Gewinn.

Da sich der Gewinn und das Risiko gemeinsam auf die Selbstkosten beziehen (SK gemeinsamer Grundwert), können sie zusammengefasst werden.

**Musteraufgabe**

Die Selbstkosten betragen für 100 Brötchen 16,00 €. An Gewinn sind 12% und an Risiko 5% zu berechnen.

Berechnen Sie den Gewinn (G) und das Risiko (R) zusammen in EURO.

Gegeben: SK = 100%
SK = 16,00 €
G + R = 17%

Gesucht: G + R in €

*Musterlösung*

$$100\% \mathrel{\hat{=}} 16{,}00\ €$$

$$1\% \mathrel{\hat{=}} \frac{16{,}00}{100}\ €$$

$$17\% \mathrel{\hat{=}} \frac{16{,}00 \cdot 17}{100} = 2{,}72\ €$$

Gewinn und Risiko betragen für 100 Brötchen **2,72 €.**

### Mehrwertsteuer

Die MWSt beträgt bei Nahrungsmitteln 7%, es sei denn, sie werden unmittelbar in einem Lokal/Café verzehrt. Dann ist der MWSt-Satz 19%. Die MWSt wird vom Nettoverkaufspreis berechnet und zu diesem addiert. Der Nettoverkaufspreis ist die Summe aus Selbstkosten + Gewinn/Risiko.

## Musteraufgabe

Berechnen Sie den Nettoverkaufspreis, die MWSt in DM und den Bruttoverkaufspreis (Ladenpreis) für 100 Brötchen, wenn die Selbstkosten 16,00 € und G + R 2,72 € betragen.

Gegeben: SK = 16,00 €
G + R = 2,72 €
MWSt = 7%

Gesucht: Ⓐ Nettoverkaufspreis (NVP)
Ⓑ Mehrwertsteuer in DM
Ⓒ Bruttoverkaufspreis (BVP)

## *Musterlösung*

zu Ⓐ

| | | |
|---|---|---|
| | SK | = 16,00 € |
| + | (G + R) | = 2,72 € |
| | NVP | = 18,72 € |

Der Nettoverkaufspreis beträgt **18,72 €.**

zu Ⓑ Die MWSt wird vom NVP berechnet. Daraus folgt, dass der NVP zum neuen Grundwert wird.

$$100\% \mathrel{\hat{=}} 18{,}72\ €$$

$$1\% \mathrel{\hat{=}} \frac{18{,}72}{100}\ €$$

$$7\% \mathrel{\hat{=}} \frac{18{,}72 \cdot 7}{100} = 1{,}31\ €$$

Die MWSt beträgt **1,31 €.**

zu Ⓒ

| | | |
|---|---|---|
| | NVP | = 18,72 € |
| + | MwSt. | = 1,31 € |
| | BVP | = 20,03 € |

Für 100 Brötchen beträgt der Bruttoverkaufspreis (Ladenpreis) 20,03 €.

Alle bisherigen Rechenschritte zusammengefasst ergeben das vollständige Kalkulationsschema, das am Beispiel für 100 Brötchen nochmals dargestellt wird:

| | | | | |
|---|---|---|---|---|
| | Materialkosten (MK) | 2,10 € | | |
| + | Betriebskosten (BK) | 13,90 € | | (SKS = 66,72 €; Stundenleistung = 480 Brötchen) |
| | Selbstkosten (SK) | 16,00 € | ≙ 100% | |
| + | Gewinn + Risiko (G + R) | 2,72 € | ≙ 17% | |
| | Nettoverkaufspreis (NVP) | 18,72 € | ≙ **117%** | |
| | | | **100%** | (Weil die MWSt vom NVP zu berechnen ist, wird dieser auf 100% gesetzt.) |
| + | Mehrwertsteuer (MWSt) | 1,31 € | ≙ 7% | |
| = | Bruttoverkaufspreis (BVP) | **20,03 €** | ≙ 107% | |
| = | Ladenpreis | | | |

## 24.6 Zusammenfassende Übungsaufgaben zur Berechnung des Bruttoverkaufspreises

❶ Wie hoch ist der Ladenpreis (BVP) für eine Brezel, wenn die Selbstkosten für 300 Stück 89,72 € betragen, für Gewinn und Risiko 25% sowie 7% Mehrwertsteuer anzusetzen sind?

❷ Berechnen Sie den Ladenpreis für ein Milchbrötchen nach den folgenden Angaben:
MK für 100 Stück = 2,15 €,
BK für 10 Pressen = 42,50 €,
Gewinn 19%,
Risiko 6% und
MWSt 7% (1 Presse = 30 Brötchen).

❸ Wie teuer muss ein Sesambrötchen im Laden verkauft werden, wenn die Rohstoffe für 100 Brötchen 2,23 € kosten und die Betriebskosten 610% von den Materialkosten betragen?
An Gewinn und Risiko werden 24% zum Selbstkostenpreis addiert. Es ist mit dem üblichen MWSt-Satz zu rechnen.

❹ Kalkulation für Roggenmischbrot (mit Zweistufen-Führung)

| Mengen | Zutaten | Einzelpreis |
|---|---|---|
| 70,000 kg | Roggenmehl | 32,00 €/dt |
| 30,000 kg | Weizenmehl | 36,00 €/dt |
| 74,000 kg (l) | Wasser | – |
| 1,800kg | Salz | 0,70 €/kg |
| 1,200 kg | Hefe | 1,40 €/kg |
| 0,500 kg | Streumehl | 0,30 €/kg |

- Backausbeute = 150 (%)
- Leistung je Stunde = 40 Brote
- Stundenkostensatz = 55,70 €
- Gewinn und Risiko = 20%
- Mehrwertsteuer = 7%

Ⓐ Berechnen Sie die MK für das Rezeptgewicht.

Ⓑ Wie viele Kilobrote ergibt das Rezeptgewicht?

Ⓒ Berechnen Sie den Ladenpreis für ein Kilobrot.

❺ Erstellen Sie die Kalkulation für Mischbrot.

MK für 40 Kilobrote = 9,80 €,
Stundenkostensatz = 64,80 €,
Gewinn und Risiko = 20%,
MWSt = 7%.

Zur Herstellung von 40 Broten werden 50 Minuten einschließlich des Zweistufensauers gebraucht.

Berechnen Sie den BVP für ein Mischbrot mit je 1000 g Gewicht.

**6** Berechnen Sie den Ladenpreis für ein Brot mit je 1000 g Backgewicht.

| | A | B | C | D |
|---|---|---|---|---|
| Materialkosten in € | 17,50 | 7,40 | 20,80 | 12,40 |
| für Anzahl der Brote | 70 | 30 | 80 | 50 |
| Leistung je Stunde (Stück) | 35 | 50 | 50 | 40 |
| Stundenkostensatz in € | 46,20 | 59,30 | 62,00 | 52,90 |
| Gewinn und Risiko in % | 19 | 24 | 21 | 22 |
| MWSt in % | 7 | 7 | 7 | 7 |

**7** Kalkulation für Brötchen

| Mengen | Zutaten | Einzelpreis |
|---|---|---|
| 50,000 kg | Weizenmehl | 38,00 €/dt |
| 30,000 kg (l) | Wasser | – |
| 2,500 kg | Backmittel | 2,40 €/kg |
| 1,500 kg | Hefe | 1,40 €/kg |
| 0,900 kg | Fett | 2,40 €/kg |
| 0,900 kg | Salz | 0,70 €/kg |
| 0,900 kg | Wirkmehl | 0,30 €/kg |

- Gär- und Backverlust = 22%
- Backgewicht je Brötchen = 46g
- Stundenleistung = 500 Brötchen
- Stundenkostensatz 63,90 €
- Gewinn + Risiko 26%
- Mehrwertsteuer 7%

Berechnen Sie:

A die Materialkosten für das Rezeptgewicht,

B die Anzahl der Brötchen,

C den BVP für alle Brötchen, die das Rezeptgewicht ergibt,

D den BVP für ein Brötchen.

**8** Bäckermeister Krammer hat in seinem Betrieb für 20 Pressen Brötchen eine gesamte Arbeitszeit von 1,5 Stunden ermittelt.

Wie teuer wird bei ihm ein Brötchen verkauft, wenn er der Kalkulation folgende Angaben zu Grunde legt:
MK für 100 Brötchen = 2,10 €,
Gewinn + Risiko = 28%,
MWSt = 7%,
Stundenkostensatz = 52,90 €?

**9** Welchen Ladenpreis errechnet Meister Büttner für ein Mohnbrötchen, wenn ihm dazu folgende Angaben zur Verfügung stehen:

MK für 100 Brötchen = 2,10 €,
Stundenkostensatz = 52,10 €,
Arbeitszeit je Brötchen = 0,2 Minuten,
Gewinn + Risiko = 20%,
MWSt = 7%.

**10** Kalkulation für Berliner (Krapfen)

Materialkosten einschließlich Füllung und Staubzucker = 7,10 € je 100 Stück, Leistung je Stunde = 95 Stück, Stundenkostensatz = 48,75 €, Gewinn + Risiko = 28 %, MWSt = 7 %.

Berechnen Sie den Ladenpreis für einen Berliner.

**11** In der Bäckerei Metzner stellen am Rosenmontag zwei Gesellen von $7^{00}$ bis $12^{00}$ Uhr 1200 Berliner her.

Zu welchem Ladenpreis kann Meister Metzner an diesem Tag je fünf Krapfen anbieten?

MK für 100 Stück = 7,10 €,
Stundenkostensatz = 50,75 €,
Gewinn + Risiko = 22%,
MWSt = 7%.

**12** Kalkulation für Mandelstollen

| Mengen | Zutaten | Einzelpreis |
|---|---|---|
| 10,000 kg | Weizenmehl | 0,38 €/kg |
| 3,300 kg | Mandeln | 4,70 €/kg |
| 0,600 kg | Hefe | 1,40 €/kg |
| 1,200 kg | Zucker | 0,94 €/kg |
| 3,600 kg (l) | Milch | 0,60 €/l |
| 4,000 kg | Butter | 3,40 €/kg |
| 1,900 kg | Zitronat | 1,90 €/kg |
| 0,600 kg | Orangeat | 1,80 €/kg |
| 0,100 kg | Stollengewürz | 7,20 €/kg |
| 0,080 kg | Salz | 0,70 €/kg |

- Das Rezept ergibt 30 Stollen je 750g Backgewicht.
- Betriebskosten = 314%
- Gewinn + Risiko = 28%
- Mehrwertsteuer = 7%

Berechnen Sie den Ladenpreis für einen Stollen zu 750 g.

**13** Kalkulation für Bienenstich

| | Mengen | Zutaten | Einzelpreis |
|---|---|---|---|
| Teig: | 3,000 kg | Hefeteig | 0,80 €/kg |
| Masse: | 0,320 kg | Zucker | 0,93 €/kg |
| | 0,320 kg | Honig | 2,70 €/kg |
| | 0,450 kg | Butter | 3,40 €/kg |
| | 0,060 kg | Milch | 0,60 €/kg |
| | 0,450 kg | Mandeln (gehobelt) | 4,70 €/kg |
| Füllung: | 1,200 kg | Grundkrem | 0,80 €/kg |
| | 0,600 kg | Butter | 3,40 €/kg |

Das Rezeptgewicht ergibt 90 Teile. Berechnen Sie den BVP für einen Bienenstich, wenn die BK 424%, der Gewinn 18%, das Risiko 7% und die MWSt 7% betragen.

**14** Welcher Ladenpreis wird für einen Bienenstich ermittelt, wenn man zur Herstellung von 90 Stück 50 Minuten braucht? Der Stundenkostensatz beträgt 48,20 €. Alle weiteren Angaben, die zur Kalkulation benötigt werden, sind von Aufgabe 13 zu übernehmen.

## 24.7 Die rückwärts gerichtete Kalkulation

Während Ladenpreiskalkulationen stufenweise von den Selbstkosten (Material- + Betriebskosten), dem Gewinn- und Risikoaufschlag und der Mehrwertsteuer zu dem Bruttoverkaufspreis kommen, gehen Rückwärtskalkulationen genau den umgekehrten Weg: Sie beginnen bei dem (bekannten) Ladenpreis, rechnen die Mehrwertsteuer heraus, ziehen die Selbstkosten ab und zeigen als Ergebnis, welcher Betrag bzw. Prozentsatz für Gewinn und Risiko übrig bleibt.

Eine solche Berechnung ist z.B. wichtig, wenn ein Richt- oder Festpreis etwa bei einem Großauftrag vom Besteller festgelegt wird und der Bäckermeister wissen will, ob unter diesen Umständen noch ein angemessener Gewinn verbleibt.

Wenn wir uns das allgemeine Kalkulationsschema für die Bestimmung des Ladenpreises (S. 148) vor Augen halten, wird deutlich, dass wir natürlich nicht nur Gewinn und Risiko rückkalkulieren, sondern z.B. auch nach den Material- oder den Betriebskosten fragen können.

*Rückkalkulationen werden durchgeführt:*

a) um die Mehrwertsteuer zu ermitteln, die im Bruttoverkaufspreis enthalten ist. Jeder Gewerbetreibende muss aus den Gesamteinnahmen eines Monats die enthaltene MWSt herausrechnen und an das Finanzamt abführen.

b) um den Gewinn und das Risiko bei den einzelnen Backwaren immer wieder zu überprüfen.

c) um zu kontrollieren, ob die im Ladenpreis enthaltenen Betriebskosten ausreichend sind, die tatsächlich entstandenen Kosten abzudecken.

d) um entsprechende Unterlagen bei eventuellen Preisvergleichen mit der Konkurrenz zu haben.

*Wie führt man eine rückwärtsgerichtete Kalkulation durch?*

Wie bereits oben gesagt, gehen wir den umgekehrten Weg wie bei der Vorwärtskalkulation[1]. Dies bedeutet, dass aus Additionen nun Subtraktionen werden. Da die Prozentverhältnisse bei dieser Kalkulation nicht gleich einsichtig sind, sollten Sie mit dem Schema für die Vorwärtskalkulation beginnen und die Prozentsätze eintragen.

### Musteraufgabe

100 Quarkstollen werden im Laden zu 449,40 M verkauft. In diesem BVP sind 7% MWSt, 20% Gewinn und Risiko und 250% Betriebskosten enthalten.

Berechnen Sie:

Ⓐ die enthaltene MWSt in €,

Ⓑ den Gewinn und das Risiko in €,

Ⓒ die Betriebskosten in €.

Gegeben: BVP = 449,40 M,
MWSt = 7%,
G + R = 20%,
BK = 250%

Gesucht: Ⓐ MWSt in €
Ⓑ G+R in €
Ⓒ BK in €

[1] Die in Kapitel 24.1 dargestellte Kalkulation bezeichnet man auch als Vorwärtskalkulation, da von den Materialkosten ausgegangen wird.

### *Musterlösung*

1. Lösungsschritt:

   Das Kalkulationsschema für die Vorwärtskalkulation erstellen und die gegebenen Prozentsätze einsetzen, ferner den M-Betrag zuordnen. Wenn Sie nämlich mit der Vorwärtskalkulation beginnen, werden Ihnen die Prozentverhältnisse bei der Rückwärtskalkulation einsichtiger.

*Vorwärtskalkulation*

| | | |
|---|---|---|
| | Materialkosten | 100% |
| + | Betriebskosten | 250% |
| | Selbstkosten[1] | **350%** |
| | | ↓ |
| | | **100%** |
| + | Gewinn & Risiko | 20% |
| = | Nettoverkaufspreis | **120%** |
| | | ↓ |
| | | **100%** |
| + | Mehrwertsteuer | 7% |
| = | Bruttoverkaufspreis | 107% |

| | | | | |
|---|---|---|---|---|
| = | Materialkosten | 100% | ≙ | 100,00 € |
| – | Betriebskosten | 250% | ≙ | 250,00 € |
| | Selbstkosten[2] | **350%** | ≙ | 350,00 € |
| | | ↑ | | |
| | | **100%** | ≙ | 350,00 € |
| – | Gewinn & Risiko | 20% | ≙ | 70,00 € |
| | Nettoverkaufspreis[2] | **120%** | ≙ | 420,00 € |
| | | ↑ | | |
| | | **100%** | ≙ | 420,00 € |
| – | Mehrwertsteuer | 7% | ≙ | 29,40 € |
| | Bruttoverkaufspreis | 107% | ≙ | 449,40 € |

*Rückwärtskalkulation*

*Rückwärtskalkulation*

| | | | | |
|---|---|---|---|---|
| | Bruttoverkaufspreis | 107% | ≙ | 449,40 € |
| – | Mehrwertsteuer | 7% | ≙ | 29,40 € |
| | | **100%** | ≙ | 420,00 € |
| | | ↓ | | |
| | Nettoverkaufspreis | **120%** | ≙ | 420,00 € |
| – | Gewinn & Risiko | 20% | ≙ | 70,00 € |
| | | **100%** | ≙ | 350,00 € |
| | | ↓ | | |
| | Selbstkosten[2] | **350%** | ≙ | 350,00 € |
| – | Betriebskosten | 250% | ≙ | 250,00 € |
| = | Materialkosten | 100% | ≙ | 100,00 € |

[1] Zur Erinnerung: Bei der Berechnung des Gewinns werden die Selbstkosten wieder zum Grundwert (350% → 100%), ebenso der NVP (120% → 100%).

[2] Bei der Rückwärtskalkulation ist es dann auch umgekehrt: NVP (100% → 120%) und SK (100% → 350%).

2. Lösungsschritt:
   Berechnung der gesuchten €-Beträge:

zu Ⓐ MWSt: $107\% \triangleq 449{,}40$ €

$$1\% \triangleq \frac{449{,}40}{107} \text{ €}$$

$$7\% \triangleq \frac{449{,}40 \cdot 7}{100} \text{ €} = 29{,}40 \text{ €}$$

| | | |
|---|---|---|
| | BVP | = 449,40 € |
| – | MWSt | = 29,40 € |
| | NVP | = 420,00 € |

Die Mehrwertsteuer beträgt **29,40 €.**

zu Ⓑ G + V: $120\% \triangleq 420{,}00$ €

$$1\% \triangleq \frac{420{,}00}{120} \text{ €}$$

$$20\% \triangleq \frac{420{,}00}{120} \cdot 20 \text{ €} = 70{,}00 \text{ €}$$

| | | |
|---|---|---|
| | NVP | = 420,00 € |
| – | (G + R) | = 70,00 € |
| | SK | = 350,00 € |

Gewinn und Risiko betragen **70,00 €.** Beträge in das Schema übertragen.

zu Ⓒ BK: $350\% \triangleq 350{,}00$ €

$$1\% \triangleq \frac{350{,}00}{350} \text{ €}$$

$$250\% \triangleq \frac{350 \cdot 250}{350} \text{ €} = 250{,}00 \text{ €}$$

| | | |
|---|---|---|
| | SK | = 350,00 € |
| – | BK | = 250,00 € |
| | MK | = 100,00 € |

Die Betriebskosten betragen **250,00 €.** Beträge in das Schema übertragen.

## 24.7.1 Berechnung der enthaltenen Mehrwertsteuer

### Übungsaufgaben

**1** Die Bäckerei Zauner erzielt an einem Tag einen Umsatz in Höhe von 3678,50 €.
Laut Registrierkasse wurden für 252,70 € Waren mit 19% MWSt verkauft (Kaffee, Tee und alkoholische Getränke enthalten den vollen MWSt-Satz).

Ⓐ Berechnen Sie die enthaltenen 19% MWSt in € bei Kaffee, Tee usw.

Ⓑ Wie hoch war der Warenumsatz mit 7% MWSt und wie hoch die darin enthaltene Steuer in €?

Ⓒ Für wie viel € hat Meister Zauner an diesem Tag Waren netto verkauft (NVP)?

**2** In der Bäckerei Kettler wurden im März bei Waren mit 7% MWSt ein Umsatz von 68752,60 € und bei Waren mit 19% MWSt ein Umsatz von 4812,50 € erreicht.

Ⓐ Berechnen Sie jeweils die enthaltene MWSt.

Ⓑ Wie viel € muss der Meister bis zum 3. April an das Finanzamt überweisen, wenn er 2840,00 € Vorsteuer[1] abziehen kann?

Ⓒ Wie hoch war der gesamte Nettoverkaufspreis aller Artikel?

**3** In der Bäckerei Mang werden von einer Firma für eine Betriebsfeier Backwaren für insgesamt 285,00 € (Ladenpreis) abgeholt. Der Meister gewährt der Firma 12% Rabatt auf den Ladenpreis.

Ⓐ Berechnen Sie den Rabatt in €.

Ⓑ Berechnen Sie die im verminderten Verkaufspreis enthaltene MWSt (7%).

**4** Meister Hoffmann kauft verschiedene Kleingeräte für die Backstube. Der Rechnungsendbetrag in Höhe von 1280,00 € enthält 19% MWSt Wenn die Rechnung innerhalb von 10 Tagen bezahlt wird, können 2% Skonto vom Rechnungsendbetrag abgezogen werden.

Ⓐ Wie viel € Skonto können bei Zahlung innerh. von 10 Tagen abgezogen werden?

Ⓑ Wie viel € MWSt enthält der verminderte Rechnungsbetrag (= skontiert)?

Ⓒ Mit welchem Wert in € werden die Geräte netto eingekauft,

1. wenn das Skonto abgezogen wird?
2. wenn der volle Rechnungsbetrag (also ohne Skonto) zu zahlen ist?

## 24.7.2 Berechnung des enthaltenen Gewinnes und der Selbstkosten

### Übungsaufgaben

**1** Für ein Volksfest soll die Bäckerei Hauff täglich 3000 Brötchen zu einem Nettoverkaufspreis von 0,15 € je Stück liefern. Für 100 Brötchen hat Meister Hauff einen Materialkostenpreis in Höhe von 2,05 € errechnet. Da die Brötchen in großen Mengen hergestellt werden können, kann von einer Stundenleistung mit 680 Stück ausgegangen werden. Der Stundenkostensatz beträgt 66,80 €.

Berechnen Sie:

Ⓐ die Selbstkosten,

Ⓑ den Gewinn in €

Ⓒ den Gewinn in %.

**2** Bäckermeister Schindler verkaufte im vorigen Jahr ein Brötchen zu je 0,14 €. Im Vorjahr kalkulierte er mit einem Stundenkostensatz von 48,00 €. Die Materialkosten betrugen für 100 Brötchen 2,10 €. Je Arbeitskraft wurden je Stunde 520 Brötchen hergestellt. Der Ladenpreis beinhaltet die zurzeit übliche MWSt.

Ⓐ Wie hoch war seine Gewinnspanne im Vorjahr?

Ⓑ Im nachfolgenden Geschäftsjahr kann er den Brötchenpreis nicht erhöhen.
Mit welcher Gewinnspanne in % muss er sich in diesem Jahr begnügen, wenn der Stundenkostensatz auf 50,40 € steigt? Die Materialkosten und die Stundenleistung ändern sich nicht.

[1] Beim Wareneinkauf muss an den Lieferanten die enthaltene MWSt gezahlt werden. Diese Steuer bezeichnet man im Geschäftsleben als Vorsteuer.

3 Mit welcnem Gewinn hat der Geschäftsführer der Großbäckerei Lorenz kalkuliert, der sich vertraglich verpflichtete, für die Dauer eines Jahres je 8 Brötchen zu einem Nettopreis von 0,54 € zu liefern. Da die Rohstoffe in großen Mengen eingekauft werden, betragen die Materialkosten für 100 Brötchen nur 1,90 €. Je Stunde werden 1550 Brötchen hergestellt (Stundenkostensatz = 65,00 €).

4 Wie hoch sind die Selbstkosten?

| | A | B | C | D | E |
|---|---|---|---|---|---|
| Bruttoverkaufspreis in € | 64,20 | 92,13 | 60,60 | 110,05 | 32,37 |
| Mehrwertsteuer in % | 7 | 7 | 7 | 7 | 7 |
| Gewinn und Risiko in % | 20 | 23 | 18 | 21 | 22 |

# ㉕ Wiederholungsaufgaben zur Prüfung

❶ Ein ausgerollter Plunderteig ist 1,50 m lang, 50 cm breit und 4,2 mm dick.

Ⓐ Berechnen Sie die Fläche der Teigbahn in $dm^2$ und ihr Volumen in $dm^3$.

Ⓑ Wie viele Quadrate mit 10 cm Seitenlänge erhält man aus dem Teig?

Ⓒ Wie viele Dreiecke mit 10 cm Grundlinie und 25 cm Höhe könnte man von derselben Teigbahn für Hörnchen herstellen?

Ⓓ Berechnen Sie die Fläche eines Dreiecks in $cm^2$.

Ⓔ Um wie viel cm würde die Teigbahn länger werden, wenn sie von 4,2 mm bis auf 3 mm Dicke ausgerollt werden würde?

❷ Ein Ei der Gewichtsklasse M wiegt 56 g. Bei dieser Gewichtsklasse beträgt der Schalenanteil 11%.

Ⓐ Wie viel g Vollei (Eiweiß und Eigelb) erhält man, wenn 30 Eier aufgeschlagen werden?

Ⓑ Wie viele Eier dieser Gewichtsklasse müssen für 1000 g Vollei aufgeschlagen werden?

❸ Die einzelnen Plunderarten unterscheiden sich hauptsächlich durch den Anteil des Ziehfettes:

| | |
|---|---|
| Deutscher Plunder: | 500 g Hefeteig + 150 g Ziehfett |
| Dänischer Plunder: | 500 g Hefeteig + 250 g Ziehfett |
| Kopenhagener Plunder: | 500 g Hefeteig + 500 g Ziehfett |

Ⓐ Wie viel % Ziehfett rechnet man jeweils auf den Hefeteig?

Ⓑ Wie viel % Ziehfett enthält der tourierte Plunderteig bei den einzelnen Arten?

❹ Nach dem Abzug von 15% Rabatt müssen noch 1275,00 € an den Lieferanten überwiesen werden. Berechnen Sie …

Ⓐ … den ursprünglichen Rechnungsbetrag,

Ⓑ … den Rabatt in €,

Ⓒ … die enthaltene MWSt (19%) im Überweisungsbetrag.

❺ Rezept für Berliner:

500 g Mehl,
40 g Hefe,
160 g Milch,
50 g Butter,
50 g Zucker,
100 g Vollei,
44 g Eigelb,
6 g Salz,
Gewürze.

Ⓐ Berechnen Sie die Zutaten für 13,3 kg Teig.

Ⓑ Am folgenden Tag muss der Auszubildende Tom die 20fache Menge des Rezeptgewichtes abwiegen. Durch ein Versehen schüttet er statt 3,2 kg (l) Milch 400 g mehr, also 3,6 kg Milch.

Wie viel Gramm muss er von den übrigen Zutaten nachwiegen, damit die Mengenverhältnisse des Grundrezeptes wieder eingehalten werden?

❻ Ein Geselle verdient monatlich 2907,00 € brutto. Von diesem Lohn werden abgezogen:

| | |
|---|---|
| Lohnsteuer | 208,25 € |
| Kirchensteuer | 16,66 € |
| Solidaritätszuschlag[1] | 11,45 € |
| Krankenversicherung | 229,65 € |
| Rentenversicherung | 289,25 € |
| Arbeitslosenversicherung | 47,96 € |
| Pflegeversicherung | 28,34 € |

Ⓐ Berechnen Sie die Abzüge für Lohnsteuer, Solldaritätszuschlag, Krankenversicherung, Rentenversicherung, Arbeitslosenversicherung und Pflegeversicherung in Prozent.

Ⓑ Wie hoch ist der prozentuale Kirchensteueranteil? Die Bemessungsgrundlage (= Grundwert) für die Kirchensteuer ist die Lohnsteuer.

Ⓒ Wie viel € erhält der junge Geselle ausbezahlt?

Ⓓ Berechnen Sie die gesamten Abzüge in Prozent.

❼ Ein Karton Sultaninen mit 12,5 kg Füllgewicht wird je kg mit 2,40 € bezahlt.

Ⓐ Berechnen Sie den gesamten Nettoeinkaufspreis.

Ⓑ Da die Sultaninen sehr trocken gelagert werden, entstehen 300 g Lagerverlust. Berechnen Sie den Lagerverlust in Prozent.

Ⓒ Welchen Kilopreis muss der Meister bei den Kalkulationen für die stark getrockneten Sultaninen einsetzen?

Ⓓ Wie viel € sind dem Lieferanten einschließlich der 7% MWSt. zu überweisen?

❽ Für die Herstellung eines Weizenmischbrotes sind 45 kg Gesamtmehl vorzubereiten. Die Mehle sind wie folgt zu mischen:

| | | |
|---|---|---|
| 3 Teile Weizenmehl (Type 1050) | Preis je dt | = 38,00 € |
| 2 Teile Weizenmehl (Type 1200) | Preis je 25 kg | = 7,75 € |
| 4 Teile Roggenmehl (Type 997) | Preis je Tonne | = 320,00 € |

Ⓐ Berechnen Sie die Mengen, die vorzubereiten sind.

Ⓑ Wie teuer ist die gesamte Mehlmischung?

❾ Für 5kg gehobelte Mandeln müssen nach einer Preisanhebung des Lieferanten jetzt 0,96 € mehr bezahlt werden. Dies entspricht einer Erhöhung von 4%.

Ⓐ Wie teuer waren 5 kg gehobelte Mandeln vor der Preiserhöhung?

Ⓑ Berechnen Sie den neuen Kilopreis.

❿ Für ein Darlehen müssen monatlich 45,00 € Zinsen bezahlt werden. Das Darlehen ist mit einem Zinssatz von 12% ausgeliehen.

Berechnen Sie die Höhe des Kapitals.

⓫ Ein Gehaltskonto wurde vom 3.4. bis zum 15.5. um 1200,00 € überzogen. Die Bank berechnet für den Überziehungskredit Zinsen in Höhe von 12,5%.

Wie viel hat die Überziehung gekostet?

[1] Solidaritätszuschlag wird nach der Lohnsteuer berechnet.

⓬ Rezept für Löffelbiskuits:

| | | |
|---|---|---|
| 1200 g | Eigelb | 1577 kJ je 100 g |
| 500 g | Zucker | 1649 kJ je 100 g |
| 1800 g | Eiklar | 230 kJ je 100 g |
| 750 g | Zucker | 1649 kJ je 100 g |
| 700 g | Mehl | 1548 kJ je 100 g |
| 650 g | Weizenpuder | 1544 kJ je 100 g |
| | Würzstoffe | – |

Ⓐ Wie viel Gramm Löffelbiskuits ergibt das Rezept, wenn 36% Backverlust angenommen werden?

Ⓑ Wie viel Päckchen mit 125 g Füllgewicht können verkauft werden?

Ⓒ Wie viel kJ enthalten 100 g Löffelbiskuits?

⓭ Rechnen Sie das folgende Literrezept in ein Kilorezept um.

| | |
|---|---|
| 1000 g (ml) | Wasser |
| 1613 g | Mehl |
| 32 g | Salz |
| 80 g | Hefe |
| 80 g | Backmittel |

⓮ Zwei Sorten Teegebäck sollen so gemischt werden, dass man einen Mischungspreis von 5,46 € je 200 g erhält.
Von der Sorte A kosten 1000 g 28,70 € und von Sorte B 500 g 13,30 €.

Ⓐ In welchem Verhältnis sind die Sorten A und B zu mischen?

Ⓑ Wie viel g müssen von jeder Sorte abgewogen werden, wenn 30 Päckchen Gebäckmischung zu je 200 g benötigt werden?

⓯ Für ein Roggenmischbrot sind 48 kg Mehlmischung erforderlich. Die Mehle sind im folgenden Verhältnis zu mischen: 5 Teile RM Type 997, 3 Teile RM Type 1150 und 4 Teile WM Type 1050.

Ⓐ Wie viel kg sind von den einzelnen Typen abzuwiegen?

Ⓑ Welche Teigausbeute hat das Mischmehl, wenn Type 997 eine TA von 170, die Type 1150 eine TA von 172 und die Type 1050 eine TA von 165 hat?

⓰ Eine 40%ige Zuckerlösung soll mit Wasser zu einer 30%igen Lösung verdünnt werden.

Ⓐ In welchem Verhältnis sind die 40%ige Lösung und das Wasser zu mischen?

Ⓑ Wie viel g 40%ige Zuckerlösung und Wasser sind abzumessen, wenn 600 g Mischung (30%) benötigt werden?

Ⓒ Wie viel g Zucker sind in den 600 g der Mischung Ⓑ enthalten?

⓱ Laut Backzettel sind 1050 Brötchen herzustellen. Der Teig soll nach folgenden Vorgaben bereitet werden: TA 158, 2% Salz, 4% Hefe und 4% Backmittel.

Ⓐ Wie viel kg Teig müssen bereitet werden bei einem Pressengewicht von je 1680 g?

Ⓑ Wie viel kg Weizenmehl sind für den Teig vorzubereiten?

Ⓒ Berechnen Sie die Schüttflüssigkeit und die weiteren Zutaten.

Ⓓ Welches Backgewicht hat ein Brötchen, wenn 20,5% Backverlust entstehen?

Ⓔ Welche Backausbeute ergibt dieser Arbeitsauftrag?

⑱ Berechnen Sie die Führungsdaten für den Dreistufensauer und den Teig.

50 kg Gesamtmehl (RM : WM = 80 : 20); 40% des Roggenmehls sind zu versäuern; Salzzugabe beim Teig 1,8%.

| | Teig | Vollsauer | Grundsauer | Anfrischsauer | Anstellgut |
|---|---|---|---|---|---|
| Reifezeit | – | 4 Std. | 8 Std. | 5 Std. | |
| Teigausbeute | 175 | 210 | 175 | 200 | siehe Vollsauer |

⑲ Von 40 kg Gesamtmehl (RM : WM = 1 : 1) ausgehend sind 30 Mischbrote mit je 875 g Teigeinlage, ferner 20 Mischbrote mit der Teigeinlage 1150 g und schließlich noch 13 Brote mit je 1435 g Teigeinlage herzustellen. Die Hälfte des Roggenmehls ist mit Hilfe der Detmolder Einstufenführung zu versäuern. Das Anstellgut für den Einstufensauer soll 5% vom zu versäuernden Roggenmehl entsprechen, und der Sauerteig ist mit der TA 180 zu führen.

Der Mischbrotteig soll eine TA von 170 haben, ferner sind noch 1,8% Salz und 1,8% Hefe zu ergänzen.

Ⓐ Wie viel g Anstellgut (TA = 180) werden gebraucht?

Ⓑ Wie viel kg Roggenmehl und wie viel Liter Wasser werden dem Anstellgut beigemischt?

Ⓒ Wie viel kg müssen von den übrigen Zutaten beim Mischbrot jeweils noch zugegeben werden?

Ⓓ Wie viel kg werden insgesamt für das Teigrohgewicht (Rezeptgewicht) aufgewandt?

Ⓔ Berechnen Sie den Gär- und Einwiegeverlust in Prozent.

Ⓕ Welche Backausbeute wird erzielt, wenn die oben angegebenen Teigeinlagen Brote mit 750, dann mit 1000 g und 1250 g Backgewicht ergeben. (Backgewicht = Brotgewicht nach dem Auskühlen.)

⑳ Kalkulation für Napfkuchen

| Mengen | Zutaten | Einzelpreis |
|---|---|---|
| 1000 g | Weizenmehl | 0,38 €/kg |
| 700 g (ml) | Milch | 0,60 €/l |
| 100 g | Hefe | 1,40 €/kg |
| 700 g | Butter | 3,40 €/kg |
| 800 g | Eier | 1,80 €/kg |
| 500 g | Zucker | 0,94 €/kg |
| 18 g | Salz | 0,70 €/kg |
| 17 g | Gewürze | 6,20 €/kg |
| 400 g | Sultaninen | 2,40 €/kg |
| 115 g | Korinthen | 2,30 €/kg |
| 250 g | Mandeln | 4,70 €/kg |

- Teigeinlage je Form = 460 g
- Betriebskosten = 430%
- Risiko und Gewinn = 25%
- Mehrwertsteuer = 7%

Ⓐ Berechnen Sie die Zutaten für 30 Napfkuchen.

Ⓑ Zu welchem Preis muss 1 Kuchen im Laden verkauft werden?

(21) Kalkulation für Zwieback

| Mengen | Zutaten | Einzelpreise | kJ je 100 g |
|---|---|---|---|
| 1000 g | Weizenmehl | 0,38 €/kg | 1548 |
| 450 g | Milch | 0,60 €/kg | 275 |
| 90 g | Zucker | 0,92 €/kg | 1648 |
| 100 g | Eier | 1,80 €/kg | 700 |
| 75 g | Margarine | 1,90 €/kg | 3184 |
| 70g | Hefe | 1,40 €/kg | 427 |
| 12 g | Salz | 0,70 €/kg | – |
| 3 g | Gewürze | 6,80 €/kg | – |

- Es werden 39 Päckchen Zwieback mit je 150 g Füllgewicht gebraucht.
- Gär-, Back- und Röstverlust sind insgesamt 35%
- Betriebskosten = 650%
- Gewinn + Risiko = 28%
- Mehrwertsteuer = 7%

Berechnen Sie:

Ⓐ das gesamte Backgewicht,

Ⓑ das erforderliche Teiggewicht,

Ⓒ die Schlüsselzahl,

Ⓓ die einzelnen Zutaten,

Ⓔ die Backausbeute,

Ⓕ den Ladenpreis für ein Päckchen Zwieback,

Ⓖ den Joulegehalt je 100 g Zwieback.

(22) Kalkulation für Croissants

| | Mengen | Zutaten | Einzelpreise |
|---|---|---|---|
| Teig: | 1000 g | Mehl | 0,38 €/kg |
| | 100 g | Fett | 1,90 €/kg |
| | 450 g (ml) | Milch | 0,60 €/l |
| | 20 g | Zucker | 0,92 €/kg |
| | 100 g | Eier (2 Stück) | 0,12 €/St. |
| | 65 g | Hefe | 1,40 €/kg |
| | 15 g | Salz | 0,70 €/kg |
| | 420 g | Ziehfett | 2,60 €/kg |
| Füllung: | 30 g je Stück | Schinkenfüllung | 9,00 €/kg |

- Teiggewicht (ohne Füllung) je Stück = 70 g
- Mehrwertsteuer = 7%
- Gewinn + Risiko = 28%

Ⓐ Berechnen Sie die Schlüsselzahl und die Zutaten für 155 Stück.

Ⓑ Mit welchem BK-Satz wurde kalkuiiert, wenn ein Croissant im Laden für 1,10 € verkauft wird?

# Sachwortverzeichnis

## R



## S



## T



## U



## V



## W



## X



## Z